이상환 교수가 다시 한번 의미 있는 저작을 우리에게 내놓았다. 많은 평신도들이 궁금해하는 성경의 이슈들을 평이한 언어로 적절한 답을 제시한다. 최신의 연구 성과를 반영하지만, 평신도들도 이해하기 쉬운 언어로 작성되어 있는 본 책을 통하여 많은 이들이 도움을 받을 것이라고 확신한다. 이 책은 교회와 선교 단체 등 다양한 공동체에서 이루어지는 진지한 성경 공부에서도 유익하게 사용될 수 있을 것이다. 또한 가정에서는 잠들기 전에 부모가 자녀들과 함께 읽어도 좋을 것이다. 이렇게 흥미로운 내용을 유려한 산문으로 이처럼 이해하기 쉽게 담아낼 수 있는 것은 아무나 할 수 있는 작업이 아니다. 『아이가 묻고 아빠가 답하다』가 오래도록 한국 교회에서 사랑받을 것을 확신한다.

김규섭
아신대학교 교수

신앙 안에서 자녀를 양육하고자 하는 그리스도인 부모라면 누구나 한 번쯤 어떻게 해야 아이들 눈높이에 맞춰 성경의 본질을 들려줄 수 있을까 고민해 보았을 것이다. 『아이가 묻고 아빠가 답하다』는 아이에게 성경을 가르쳐 주기를 원하는 어른들을 위한 책이다. 좋은 스승이 되기 위해서 먼저 깊은 배움의 시간이 필요하다는 것은 자명하다. 저자인 이상환 교수는 이 책을 통해 그 깊은 배움으로 그리스도인 부모를 인도한다. 저자의 말처럼 한 그루의 나무에만 초점을 맞춘다면,

나무가 그곳에 위치한 이유를 발견하지 못할 때가 있다. 성경을 향한 아이들의 질문 역시 마찬가지다. 뿌리 깊은 신앙을 자녀에게 만들어 주기 위해서는 더 넓은 맥락에서 성경 말씀을 바라보고 아이들의 질문에 대답해 주어야 한다. 이전 저서들로 성경 배경에 있어 탁월한 설명을 보여주었던 저자는 『아이가 묻고 아빠가 답하다』에서도 역시 독자들이 폭 넓게 성경을 이해하도록 돕는다. 특히나 세 자녀에게 저자가 직접 가르친 성경 공부, 그 시간에 아이들이 아이의 눈으로 던진 질문과 답을 다루고 있기에 더욱 실제적이다. 인간론, 죄론, 그리고 그리스도론을 아우르는 저자의 통찰은 한 순간의 공부가 아닌 단단한 신앙의 부모를 만드는 데 도움이 될 것이다. 이 책을 통하여 단단해진 신앙과 하나님을 아는 지식을 겸비해 이 땅에서 맡겨주신 자녀들에게 성경의 가르침을 유산으로 물려주는 부모들이 많아지기를 바란다.

김병삼
만나교회 담임목사

세 자녀를 둔 젊은 신약신학자가 자녀들의 신앙 교육을 위해 아빠의 마음으로 다독거려가며 쓴 책이다. 책상에 둘러앉아 아이들과 성경을 공부하는 모습이 참으로 정겹고 따스하다. 어린 자녀들이 성경을 읽다가 묻는 순진한 신학적 질문들을 아빠로서, 목사로서, 신학자로서 친절하고 진지하게 대답한다. 책 서두에 나오는 "아버지의 유산"을 떠올려 볼 때, 이것은 소크라테스적 방식일까? 아니면 하브루타 방식일까? 어찌 됐든 가정 신앙과 성경 교육의 좋은 모델로 보인다. 실제로 이 책은 건전한 성경 해석 위에 세워진 거룩한 상상력이 가득한 책이다. 창세기 앞장들(창 1-3장)을 주요 본문으로 삼지만, 결국 새 아담이신 예수 그리스도에 관한 이야기로 귀결된다. 그렇기에 저자가 말했듯이, "아빠가 자녀에게 들려주는 복음 이야기"라고 할 수 있다. 하지만 결코 가벼운 책이 아니다. 아이들의 질문에 대답하기 위해 저자는 학문의 깊은 샘에서 신선한 물을 길어 올린다. 최근의 학술 자료들과 저서들을 소개하고 인용하는 각주들이 이를 증명한다. 한 마디로, 재미있고, 진지하고, 친절하고, 신뢰할 만하고, 공감적인 글이기에 가독성이 아주 뛰어나다. 저자 이상환 교수와 같이 자녀를 둔 목회자들, 교회의 청년들과 중년층 신자들, 그리고 성경을 알고 싶어 하는 신학생들에게 적극 추천한다.

류호준
백석대학교 은퇴 교수

재미있고, 유익하며, 배움의 넓이와 깊이를 주는 책이다. 저자는 성경의 첫 책이자 기독교의 본질과 기원의 토대를 제공하는 창세기 1-3장을 토대로, 하나님의 뜻과 계획과 마음을 가르쳐 준다. 또한 인간의 본질과 소명 그리고 '죄'로부터의 해방의 길에 대한 성경의 가르침을 쉽고도 명쾌하게 전달한다. 『아이가 묻고 아빠가 답하다』는 고대 근동 언어와 역사의 맥락을 배경으로 창세기 본문을 읽도록 유도하기에 창세기 읽기의 지평을 더욱 넓혀준다. 이 책을 자녀들과 함께 읽고 가정에서 토론한다면 자녀들뿐만 아니라 부모 또한 기독교의 진리를 아는 데서 더욱 자랄 수 있을 것이다. 자녀들에게 신앙을 가르치는 일로 고민하는 부모들에게 일독을 권한다.

박윤만
대신대학교 교수

최고 수준의 성서학자가 쉽지만 또한 깊고 풍성하게 복음을 펼쳐낸다. 『아이가 묻고 아빠가 답하다』 내용의 대부분은 아이들이 이해할 수 있을 정도로 명료하다. 동시에 저자의 '독백' 부분은 목회자들과 학자들을 충분히 만족시킬 수 있을 정도로 깊고 풍성하다. 이 책의 백미는 10장인데, 창세기 초반부의 내용을 주로 다루는 1-9장에서 착착 쌓아올린 복선들을 10장에서 많은 신약성경 본문들과 연결지으면서 성경 전체 이야기의 절정을 찬란하게 드러낸다. 또한 「나가며」에 등장하는 네 가지 적용점도 복음의 내러티브를 믿는 사람들이 어떻게 일상을 살아내야 하는지를 고민하게 만든다. 비록 『아이가 묻고 아빠가 답하다』에서 말하는 해석 모두에 동의하는 것은 아니지만, 그럼에도 이 책은 누구든 (특히 창세기 초반부를 연구하는 사람들은 반드시!) 읽어보고 적용해 보아야 할 통찰로 가득한 책임에 분명하다!

이정규
시광교회 담임목사

아이가 묻고
아빠가 답하다

이상환 지음

하나님의 형상으로 지어진

내 아이들

연, 슬, 후에게

"아이가 묻고 아빠가 답하다"

이상환 지음

목 차

· 일러두기

1. 한글 역본은 주로 『새번역』을 사용했다. 그러나 필요에 따라 다른 역본들도
   사용했다. 역본 정보가 따로 없을 경우 『새번역』을 인용했다고 보면 된다.
2. 본서는 신명사문자(יהוה)를 "야훼"로 번역했다. 역본을 인용할 경우, "여호
   와"로 번역된 신명사문자를 "야훼"로 고쳐 인용했다.

아버지의 유산

모든 것이 여기에서 시작되었다. 지금도 생생히 기억난다. 그때 받았던 충격을 … 그때 느꼈던 감동을 … 그때 다짐했던 결심을 … 2016년, 나는 만으로 두 살 된 아들과 함께 달라스에 위치한 기독교 박물관에 방문했다. 그곳에서 특별한 행사, 곧 희귀한 성경 사본들을 전시하는 행사가 열렸기 때문이다. 한참 사본학에 매료되어 있던 나는 아들에게 성경 사본들을 보여주고 싶었다.

그러나 정작 내 시선을 사로잡은 것은 사본이 아니었다. 대신 "아버지의 유산"(A Father's Heritage)이라는 제목이 붙어 있는 벽화였다. 벽화 그림을 본 나는 그 자리에서 돌처럼 굳어버렸다. 그림에 담겨 있는 교훈이 나를 압도했기 때문이다.

그림 속의 아버지는 아들과 딸에게 성경을 가르쳐 주고 있다. 그러자 성경의 이야기들이 아이들의 상상 속에 파노라마처럼 펼쳐지기 시작한다. 성경에서는 밝은 빛이 나오고, 아버지와 아이들의 얼굴은 그 빛을 반사하고 있다. 마치 코넬리아 푼케(Cornelia Funke)의 베스트셀러인 『잉크하트』(Inkheart)를 보는 듯했다. 그래서였을까? 내 아들도 벽화를 오랜 시간 동안 쳐다 보고 있었다. 이 장엄한 광경을 목격한 나는 내가 해야 할 일이 무엇인지를 바로 알 수 있었다. 바로 하나님께서 내게 맡기신 아이들에게 성경의 가르침을 유산으로 물려주는 일이었다.

그 당시 내게는 두 살 된 아들과 갓 태어난 딸이 있었다. 아쉽게도 성경 공부를 하기에는 너무 어렸다. 나는 아이들이 소통할 수 있는 나이가 될 때까지 기다리기로 하고, 어떻게 하면 심오한 성경의 이야기를 쉽게 설명해 줄 수 있을지를 고민하기 시작했다. 그렇게 8

년이라는 시간이 흘렀다. 어느덧 두 살이었던 아들은 열 살이 되었고, 갓 태어났던 딸은 여덟 살이 되었다. 그렇다면 나는 달라스 박물관에서 작정했던 바를 실행에 옮겼을까? 아이들이 푼케의 『잉크하트』와 비교할 수 없을 정도로 재미있는 하나님의 말씀을 통해 시공간 여행을 하고 있으니 그렇다고 할 수 있다.

보이지 않는 세계로 향하는 포털

우리 집 거실에는 6명 정도 함께 앉을 수 있는 책상이 있다. 나와 아이들은 책상에 둘러앉아 성경 공부를 한다. 공부 방식은 복잡하지 않다. 우선 아이들은 그날 공부할 성경 본문을 두 번씩 읽는다. 읽기가 끝나면 내가 본문을 해석한 후, 해석된 본문이 우리의 삶에 어떻게 적용될 수 있는지를 나눈다.[1] 아이들은 궁금한 점들을 질문하고, 나는 질문에 답한다. 아이들의 질문은 공부 시간에 배운 내용의 범위를 넘어갈 때도 있다. 교회에서 배운 내용, 학교에서 배운 내용, 다른 책에서 읽은 내용들도 등장한다. 감사하게도 아이들은 성경 공부 시간을 즐기고, 성경이 계시하는 내용에 대해 고민하고, 질문하고, 수용한다.[2] 아이들의 이런 모습은 내게 큰 힘이 된다.

---

1 내가 적용을 위해 사용하는 방법론은 의사소통 모형이다. 의사소통 모형에 대해서는 이상환, 『Re: 성경을 읽다』(도서출판 학영, 2023)를 참고하라.
2 세 살 된 막내 아들도 있는데, 막내는 성경 공부에 참여하기에 너무 어리다. 그래도 형과 누나가 성경 공부할 때 옆에서 그림 놀이를 한다. 언젠가 그림 놀이와 비교할 수 없을 정도로 재미있는 성경 공부에 참여할 날이 올 것이다.

내가 성경 공부를 인도하며 깨닫게 된 부분이 있다. 아이들이 사고하는 깊이와 너비가 내가 기대했던 것 이상으로 깊고 넓다는 점이다. 아이들은 형이하학적 영역은 물론 형이상학적 영역까지 사유한다. 궁금한 점은 솔직하게 질문하고 수용할 점은 과감하게 받아들인다. 아직 고정관념에 의해 딱딱해지지 않은 아이들의 머리에는 사방팔방으로 거침없이 뻗어 나갈 수 있는 생각이 꿈틀대고 있다. 나는 아이들의 질문에 최선을 다해 답하며 그 생각에 상상의 나래를 달아준다. 그러면 우리가 공부하는 책상은 보이지 않는 세계로 향하는 포털이 되고, 시공간을 뛰어넘는 우리의 여행이 시작된다.

『해리포터』의 킹스크로스역 9와 3/4 승강장, 『나니아 연대기』의 옷장, 『센과 치히로의 행방불명』의 터널 사이에는 공통점이 있다. 모두 두 개의 세상을 연결하는 포털이라는 점이다. 킹스크로스역 9와 3/4 승강장은 실제계와 호그와트를 연결한다. 옷장은 실제계와 겨울 세계를 연결한다. 그리고 터널은 실제계와 영계를 연결한다. 중요한 점은 우리가 살고 있는 세상에도 이와 같은 포털이 있다는 사실이다. 그 포털이 무엇일까? 바로 하나님의 특별 계시인 성경이다. 성경은 단순한 책이 아니다. 보이는 세계와 보이지 않는 세계를 연결하는 유일무이한 포털이다. 우리는 성경을 통해 하늘의 신령한 비밀이 가득한 세상, 곧 "하나님께서 사랑하시는 그 아들의 나라"(τὴν βασιλείαν τοῦ υἱοῦ τῆς ἀγάπης αὐτοῦ)를 방문하게 된다.[3]

---

3   골로새서 1:13을 보라.

거룩한 상상력

이와 같은 이유로 성경은 독자들에게 상상력을 요구한다. 성경에는 상상하지 않고 이해만 하기에는 너무 웅장하고 장엄한 내용이 가득 들어 있다. 아담과 하와가 에덴 동산을 걷는 내용, 하와가 뱀과 이야기를 나누는 내용, 선악과를 먹는 아담과 하와에 관한 내용, 에덴 동산에서 추방당하는 두 사람에 관한 내용, 그리고 예수님께서 십자가에 달려 돌아가시는 내용, 예수님께서 부활하시는 내용, 예수님께서 승천하시는 내용, 예수님께서 재림하시는 내용, 예수님께서 정의와 공의로 심판하시는 내용 등은 우리의 상상력을 자극한다. 그래서 나는 아이들과 자주 상상한다. 매번 느끼지만, 말씀을 근거로 펼쳐지는 상상은 우리의 성경 공부를 기름지게 만든다.

안타깝게도 현대인들은 종종 상상력을 유치한 것으로 치부하는 경향이 있다. 이성주의, 합리주의, 근대주의, 실증주의의 영향을 균형 있게 분별하지 못했기 때문이다. 특히 유교의 현실주의에 깊게 노출된 한국인들은 상상력을 부정적인 요소로 치부하기까지 한다. 신화학자 정재서 교수는 이 부분을 꼬집으며 말했다. "중국에서 환상적인 것은 일찍이 공자에 의해 배척되었다. 공자는 '괴상하고 신비스런 일들에 대해 말씀하지 않으셨다(子不語怪力亂神)'고 하였는데 이러한 언급은 후세에 유교에서 환상성을 이단시하는 근거가 되었다."[4] 정 교수는 최근에 출판된 책을 통해서도 "괴상한 초능력 이야기, 어지러운 신들의 이야기는 하지 마라"는 공자의 가르침이 유교의 영향 아래 있는 한국인의 상상력을 억압하고 있다고 탄식했다.[5] 이는 심히 안타까운 현실이 아닐 수 없다.

과연 상상력은 쓸데없는 것일까? 나는 결코 아니라고 생각한다. 도리어 상상력은 하나님께서 우리에게 주신 선물이라고 생각한다. 상상력은 성경에 담겨 있는 깊고도 오묘한 이야기에 알록달록 색을 입히지 않던가? 주디 펜트레스-윌리암스(Judy Fentress-Williams) 교수는 『거룩한 상상력: 성경 전체에 대한 문학적 및 신학적 입문서』의 서두에서 이렇게 말했다.

---

4   정재서, 『사라진 신들과의 교신을 위하여: 동아시아 이미지의 계보학』 (문학동네, 2007), 226.

5   정재서, 『사라진 신들의 귀환』 (문학동네, 2022), 261-62.

우리의 상상력은 불완전한 언어와 미완성된 서사 사이에 있는 틈을 메워준다. … "상상력 없이" 성경을 읽는 행위는 존재할 수 없다고 본다. … 성경은 독자에게 자기 상상력을 독서의 행위에 활용하도록 유도한다. … 성경은 신학적인 문서이기 때문에 우리에게 하나님과 세상에 펼쳐지는 하나님의 사역을 상상해 보도록 초대하고 있다.[6]

우리는 상상을 통해 보이지 않는 것을 볼 수 있고, 들을 수 없는 것을 들을 수 있으며, 말할 수 없는 것을 말할 수 있다. 따라서 상상력을 바르게 활용하여 성경을 읽는다면, 훨씬 더 풍성한 성경 읽기가 가능해진다.

물론 우리가 조심해야 할 부분도 있다. 상상력은 두 종류로 분류된다. 첫 번째는 어떤 근거 위에 세워지는 안전한 상상력이다. 두 번째는 마땅한 근거 없이 세워지는 위험한 상상력이다. 우리에게 필요한 것은 첫 번째 종류의 상상력, 곧 **건전한 성경 해석 위에 세워진 거룩한 상상력**이다. 이를 위해서는 성경을 깊이 연구한 학자들의 의견에 귀를 기울여야 한다.[7] 그리고 계시의 영이신 성령 하나님께 도움을 구해야 한다. 우리가 이와 같은 자세로 성경 공부에 임한다면, 안전한 상상력이 우리를 더욱 기름지고 풍요로운 여행으로 인도할 것이다.

---

6 Judy Fentress-Williams, *Holy Imagination: A Literary and Theological Introduction to the Whole Bible* (Nashville: Abingdon, 2021), 1–2.

7 내 상상력이 근거하고 있는 학자들의 연구물을 각주를 통해 소개할 것이다. 독자들은 그 자료들을 통해 상상의 나래를 더욱 힘차게 펼 수 있을 것이다.

알림 사항

이제 여섯 가지 알림 사항을 나눠야 할 때이다. 모든 여행에는 안전 수칙이 있다. 본서에 소개된 여행 곧 나와 두 아이가 떠나는 성경 여행도 예외는 아니다. 독자들이 우리의 여행에 오해 없이 동참하기 위해서는 아래에 언급된 여섯 가지 사항을 알아야 한다.

첫째, 본서는 한글로 쓰였다. 당연한 말처럼 들리겠지만 사실은 그렇지 않다. 나와 아이들의 성경 공부는 한국어와 영어로 진행된다. 그리고 아이들이 모두 미국에서 태어나 자라다 보니 한국어보다 오히려 영어가 더 편하다. 비록 한글을 열심히 배우기는 하지만 아이들의 실력으로 한글 성경을 이해하거나 한국어로만 성경 공부를 진행하기에는 역부족이다. 그래서 우리는 영어 성경을 읽고 영어와 한국어를 혼용하며 대화를 나눈다. 본서에서는 성경 공부 시간에 영어로 소통했던 모든 부분을 한국어로 번역하였음을 밝힌다.

둘째, 본서는 아들의 말을 직/간접 인용했다. 첫째 아들은 언어 발달 장애를 겪었다. 그래서 본인이 생각하는 바를 언어로 표현하는 데 무척 서투르다. 나는 항상 아들의 말을 신중하게 듣고, 몸짓과 표정까지 살핀다. 그래도 이해가 안 되면 아들에게 질문하면서 그의 의도를 파악한다. 본서에는 이와 같은 과정이 모두 생략되었다. 만약 나와 아들이 주고받은 대화의 내용을 모두 옮긴다면 수많은 페이지가 필요할 것이다. 그러므로 본서에 등장하는 아들의 말은 실제로 발화된 말(*Ipsissima Verba*)과 아들의 의도를 담고 있는 말(*Ipsis-*

sima Vox)을 혼용했음을 밝힌다.

셋째, 본서는 대화체와 독백체를 모두 사용했다. 아이들과 내가 가볍게 생각을 공유하는 부분은 대화체, 내가 신학적 근거를 설명하는 부분은 독백체로 구성했다. 이런 구조를 취한 이유는 지면의 한계 때문이다. 짧게는 30분, 길면 1시간 동안 주고받은 대화의 내용을 있는 그대로 옮길 수는 없었다. 그래서 나는 신학적 설명이 들어간 부분을 독백체로 처리함으로써 지면의 한계를 극복하려 했다.

넷째, 본서는 정답서가 아니다. 아이들은 답을 찾고 싶어서 나에게 질문한다. 하지만 그 질문 중에는 학자들 사이에서도 이견이 분분한 난제들이 있다. 이럴 경우, 부모가 취할 수 있는 이상적인 행동은 학자들의 견해들을 모두 균형 있게 설명해 주는 것이다. 하지만, 아직 열 살 이하인 아이들을 상대로 그렇게 하는 것도 한계가 있었다(참고로 본서에 담겨 있는 내용은 첫째 아들이 만 8세, 둘째 딸이 만 6세였을 때부터 2년 동안 반복적으로 배운 내용들을 각색한 묶음이다). 그래서 나는 아이들이 가장 쉽고 직관적으로 이해할 수 있는 해석을 먼저 소개했다. 그리고 아이들이 성장함에 따라 다른 해석들을 소개해 주고 있다. 본서는 아이들이 가장 쉽고 직관적으로 이해했던 해석을 담고 있음을 밝힌다.

다섯째, 본서는 반복적으로 가르치는 내용을 담고 있지 않다. 나는 아이들에게 선악과 사건을 열 번도 넘게 가르쳤다. 일 년에 한두 번씩은 꼭 가르친다고 해도 과장이 아니다. 아이들이 배운 내용을 자주 잊어버리기 때문이다. 불과 몇 주 전에도 선악과 사건을 다시 공부했다. 아이들은 다시 잊어 버릴 것이고, 또 다시 배울 것이다. 본서는 아이들에게 반복적으로 가르쳤던 내용을 생략했음을 밝힌다. 덧붙여 말하자면, 아이들은 같은 내용을 다시 배울 때마다 새로운 깨달음을 얻고 새로운 질문을 한다. "낙숫물이 댓돌을 뚫는다"라는 옛말처럼, 반복적이고 꾸준하게 가르치고 배우는 길이 공부의 왕도라고 생각한다.

여섯째, 본서는 아이들이 읽는 책이 아니라 아이들을 위한 책이다. 더 구체적으로 말하자면, 본서는 아이들에게 성경을 가르쳐 주기 원하는 부모님들이 읽어야 하는 책이다. 곧 알게 되겠지만, 독백체로 구성된 부분에는 생각해야 할 요소들이 적지 않게 들어 있다. 개중에는 부드러운 것도 있지만 제법 딱딱한 것들도 있다. 후자의 경우, 아이들이 직접 읽는 것보다는 부모님들이 읽고 아이들에게 쉽게 설명해 주는 방법이 좋다. 본서에 들어있는 예화, 도표, 그림은 이러한 부모님들의 작업을 돕기 위해 첨가된 것이다.

여행의 경로

이제 여행의 경로를 살펴보며 첫 장을 펼칠 준비를 하자. 본서는 열 개의 장으로 구성되어 있다.

제1장 | 우리가 흙으로 만들어졌어요?
제2장 | 하나님의 형상이 뭐예요?

제1장부터 제9장이 나와 아이들이 공부한 내용을 담고 있다면, 제10장은 내가 앞으로 아이들에게 가르칠 내용을 담고 있다.[8] 독자들은 제10장을 통해 창세기 사건과 십자가 사건이 어떻게 연결되는지, 그리고 아담의 후손인 우리에게 예수님이 필요한 이유가 무엇인지를 간략히 배우게 된다. 부모님들이 제10장의 내용을 먼저 소화한 후, 제1-9장을 공부한 아이들에게 가르쳐 준다면 금상첨화일 것이다. 조직신학적 관점으로 부연하자면, 책의 총체적 내용이 인간론(제1-6장)에서 시작해 죄론(제7-9장)을 거쳐 그리스도론(제10장)으로 흐른다.[9] 이로 미루어 보아 본서의 주제를 한 문장으로 요약하면 "아빠가 자녀에게 들려주는 복음 이야기"가 된다.

나는 그 이야기 속으로 독자들을 초대하고 싶다.

---

8   제10장은 제1-9장과 달리 독백체로만 쓰였다.

9   물론 제1-9장에도 그리스도론이 부분적으로 등장한다.

제1장

우리가 흙으로 만들어졌어요?

성경 구절

⁴ 하늘과 땅을 창조하실 때의 일은 이러하였다. 주 하나님이 땅과 하늘을 만드실 때에, ⁵ 주 하나님이 땅 위에 비를 내리지 않으셨고, 땅을 갈 사람도 아직 없었으므로, 땅에는 나무가 없고, 들에는 풀 한 포기도 아직 돋아나지 않았다. ⁶ 땅에서 물이 솟아서, 온 땅을 적셨다. ⁷ 주 하나님이 땅의 흙으로 사람을 지으시고, 그의 코에 생명의 기운을 불어넣으시니, 사람이 생명체가 되었다. ⁸ 주 하나님이 동쪽에 있는 에덴에 동산을 일구시고, 지으신 사람을 거기에 두셨다. (창 2:4-8)

공부의 시작

오늘 본문은 하나님께서 사람을 창조하시는 창세기 2:4-8이다.

나는 여느 때와 마찬가지로 아이들에게 본문을 읽고 느낀 바를 서로에게 나누어 보라고 권했다. 잠시 후, 아이들은 서로 몇 마디를 주고받았다. 그런데 아들이 갑자기 딸의 볼을 잡아당기는 것이 아닌가? 그러더니 딸도 질세라 아들의 볼을 잡아당겼다. 둘은 깔깔대며 웃기 시작했다. 이유를 들어보니 이들은 서로의 얼굴이 정말 흙으로 되어 있는지 확인해 보고 싶었다고 했다.

우리 집 앞에는 작은 화단이 있다. 그곳에는 보슬보슬한 흙이 있는데, 학교에서 돌아온 아이들은 종종 그 흙을 만지며 논다. 아들은 흙을 파서 두꺼비집을 만들고, 딸은 흙으로 소꿉장난을 한다. 아이들은 그 흙을 연상하며 창세기 본문의 흙을 이해했던 것 같다. 한참을 웃던 딸이 나를 보며 물었다.

아빠, 저도 흙으로 만들어졌어요? 아니지요? 만약 제가 흙으로 만들어졌다면 오빠가 꼬집었을 때 볼이 풀어져야 하잖아요. 그리고 저는 어제 목욕도 했어요. 만약 제가 흙으로 만들어졌다면 물에 들어갈 때 풀어져야 하잖아요. 그런데 저는 아무렇지도 않았어요.

나는 딸의 질문이 합당하다고 생각했다. 아직 열 살도 안 된 딸에게 "사람이 흙으로 만들어졌다"라는 표현은 상당히 어렵게 들렸을 것이다. 마침 책상 위에 내가 즐겨 사용하는 커피잔이 있었다. 나는 그 잔을 만지며 딸에게 질문했다.

슬아, 여기에 아빠가 자주 사용하는 커피잔이 있어. 이것도 흙으로 만들어진 거야. 그런데 커피를 담거나 설거지할 때 풀어지지 않아. 왜 그럴까?

딸은 신기해하며 물었다.

그게 흙으로 만들어진 거예요? 몰랐어요. 그런데 잔이 왜 딱딱해요?

나는 흙이 커피잔으로 변하는 과정을 설명했다. 초벌구이와 유약 바르기, 그리고 재벌구이의 과정도 간략히 덧붙였다.

신기하게 듣던 딸이 묻는다.

그럼, 하나님께서 흙으로 아담을 빚으신 후 불에 구운 거예요? 불에 구우면 흙이 딱딱해지잖아요. 아빠의 커피잔처럼요. 그러면 움직이지도 못할 테고요. 그런데 아담은 움직였잖아요.

나는 웃으며 말했다.

아빠는 하나님께서 아담을 불에 구웠다고 생각하지 않아. 네 말처럼 불에 구우면 딱딱해지니까! 오늘 읽은 성경 구절을 다시 한번 볼래? 하나님께서 불 대신 사용하신 요소가 무엇인지 찾을 수 있어.

아이들은 눈을 크게 뜨고 성경을 다시 읽기 시작했다. 아들이 긴가민가한 목소리로 먼저 입을 열었다.

음 … 혹시 "생명의 기운"이에요?

나는 손뼉을 치며 말했다.

맞아! 하나님께서는 흙으로 사람을 만드신 후에 "생명의 기운"을 불어 넣으셨어. 아빠는 이 부분이 아주 중요하다고 생각해.

딸이 무엇인가를 이해했다는 듯이 말했다.

어, 정말 그렇네요. 하나님께서 "생명의 기운"을 불어 넣으셨다고 나와요.
그러면 "생명의 기운" 때문에 아담은 딱딱해지지 않고 움직일 수 있었던
거예요?

나는 말을 이었다.

아빠는 그렇다고 생각해. 커피잔의 경우, 흙과 불이 만나 단단해졌어.
그런데 아담의 경우, 흙과 "생명의 기운"이 만나 생명체가 됐어. 아빠
는 "생명의 기운"이 아담을 커피잔과 다른 상태로 만들었다고 생각해.
아담이 물에 풀어질 정도로 약하지 않고, 혹은 움직이지 못할 정도로 딱딱하
지 않은 생명체가 된 이유는 하나님께서 "생명의 기운"[1]을 사용하셨기
때문이지.

아들과 딸은 모두 고개를 끄덕이며 이해했다는 신호를 보냈다.
하지만 아들에게는 질문이 더 남아있었다.

---

1   "생명의 기운"(נשמת חיים)이 무엇을 의미하는지에 관한 학계의 이견(이를
    테면 숨, 영, 혼, 정신, 말하는 능력, 몸을 움직이는 힘)이 있다. J. T. A. G. M.
    Van Ruiten and George Van Kooten (eds), *Dust of the Ground and Breath of
    Life (Gen 2:7): The Problem of a Dualistic Anthropology in Early Judaism and
    Christianity* (Leiden: Brill, 2016)를 참고하라.

아빠, 우리도 흙으로 만들어졌어요? 아니면 아담만 흙으로 만들어졌어요?

나는 아들을 바라보며 말했다.

아주 중요한 질문이야! 오늘 우리가 읽은 본문만 보면 하나님께서 아담만 흙으로 만드셨다고 생각할 수 있어. 언이와 슬이에 대한 이야기는 안 나오니까. 그런데 아빠는 우리도 흙으로 만들어졌다고 생각해.

나는 아이들에게 이사야 64:8을 읽어줬다.

그러나 야훼 하나님, 당신은 우리의 아버지이십니다. 우리는 진흙이요, 당신은 우리를 빚으신 토기장이이십니다. 우리 모두가 야훼께서 손수 지으신 피조물입니다. (사 64:8)

그리고 말을 이었다.

어때? "우리"라는 표현이 나오지? 아담만 흙으로 만든 것이 아니라 "우리"도 흙으로 만들어졌다는 뜻이야. 아빠는 언이와 슬이, 그리고 아빠와 엄마도 본문이 말하는 "우리"에 포함된다고 생각해.

하지만 아들의 궁금증은 여기에서 끝나지 않았다.

음… 그런데 저는 엄마 배 속에서 나왔잖아요? 슬이도 그렇고요. 그런데 우리가 어떻게 흙으로 만들어졌어요?

나는 아들이 고민하며 성경 공부에 참여한다는 사실에 기뻤고, 궁금한 부분을 서슴없이 묻는다는 점이 기특했다. 아들을 격려하며 시편 139편을 폈다. 그리고 인간 창조에 관한 이야기를 들려줬다.

[13] 주님께서 내 장기를 창조하시고, 내 모태에서 나를 짜 맞추셨습니다. [14] 내가 이렇게 빚어진 것이 오묘하고 주님께서 하신 일이 놀라워, 이 모든 일로 내가 주님께 감사를 드립니다. 내 영혼은 이 사실을 너무도 잘 압니다. (시 139:13-14)

본문을 읽은 아들은 손을 맞대며 말했다.

아하! 그러면 하나님께서 저를 엄마 배 안에서 흙으로 만드신 거예요? 그러면 엄마 배 안에 흙이 있었어요?

딸도 궁금하다는 듯이 질문을 던졌다.

엄마 배 안은 깜깜하지 않아요? 그곳에서 어떻게 우리를 만들 수 있어요? 그리고 오빠의 말처럼 엄마 배 안에 흙이 있었어요? 아니면 하나님께서 흙을 가지고 들어가신 거예요?

비유의 껍질과 알맹이

나는 이사야 64:8이 하나님의 인간 창조 과정을 문자적으로 나타내는 과학적 증언이라고 생각하지 않는다. 대신 하나님과 인간의 독특한 관계를 비유로 나타내는 구절이라고 생각한다. 나는 하나님께서 역사적 아담을 손으로 빚어 창조하셨다고 믿는다.[2] 그러나 우리가 알다시피 아담의 후손들은 다른 방법—남편과 아내의 결합—을 통해 태어난다. 그런데도 성경이 아담의 후손들조차도 하나님에 의해 손수 흙으로 빚어진 존재라고 계시하는 이유는, 아담을 흙으로 만드신 하나님의 의도가 아담의 후손들에게도 동일하게 적용됨을 알리기 위함이다. 이 경우, 이사야 64:8은 알맹이를 담고 있는 껍질, 곧 비유로 봐야 한다. 비유의 핵심은 껍데기가 아닌 알맹이에 있다. 우리는 껍데기에 머물러서는 안 된다. 껍데기 안에 있는 알맹이를 찾아야 한다. 그 알맹이는 '하나님께서 정말 인간을 흙으로 만드셨는가?'를 넘어 '성경은 왜 하나님께서 인간을 흙으로 만드셨다고 계시하는가?'에 초점을 맞출 때 발견된다. 나는 이 부분을 가르쳐

---

2   나는 역사적 아담론(Creatio de novo), 인류 진화론, 우주적 원죄론이 공존할 수 있다고 본다. 하지만 그렇게 생각하는 이유를 제대로 설명하기 위해서는 책 한 권에 준하는 지면이 필요할 것이다. 아쉽게도 아이들과 나눈 성경 공부의 내용을 소개하는 본서에서 다룰 수 없는 분량이다. 다음에 기회가 된다면 인류 진화론, 역사적 아담론, 우주적 원죄론이 공존하는 세상을 소개하는 내용으로 독자들에게 인사드리고 싶다. 내게 큰 도움을 주었던 책들을 소개하는 것으로 아쉬움을 달래고자 한다. 본서 뒷면에 「참고 문헌 1」을 보라.

주는 일이 이번 성경 공부에서 가장 중요한 과업이라고 판단했다.

고대 근동의 창조 이야기

　다수의 학자들은 창세기의 천지창조 이야기에 사용된 흙이 인간의 "필멸성"[3]이나 "연약성"[4]을 상징한다고 본다. 전자의 경우, '인간은 필멸의 존재로 만들어졌지만 에덴 동산에 있는 생명나무의 실과를 지속해서 먹음으로써 불멸성을 경험할 수 있었다'라는 해석이 가능해진다. 후자의 경우, '인간은 깨지기 쉬운 존재이지만 하나님을 의지함으로써 강함을 경험할 수 있었다'라는 해석이 가능해진다. 모두 충분히 가능한 해석이다. 하지만 창세기가 고대 근동의 문서라는 점과 함께 창세기의 근접 문맥을 고려한다면, 흙이 필멸성과 연약성은 물론 관계성까지 함축하는 장치로 이해할 수 있다. 지금부터 그 이유를 살펴보자.

3　John H. Walton, *The Lost World of Adam and Eve: Genesis 2–3 and the Human Origins Debate* (Downers Grove, IL: IVP Academic, 2015), 72-74 [=『아담과 하와의 잃어버린 세계』(새물결플러스, 2018)]; J. Richard Middleton, "The Image of God in Ecological Perspective," in *The Oxford Handbook of the Bible and Ecology* (eds. Hilary Marlow and Mark Harris; New York: Oxford University, 2022), 284-98 (290).

4　Joel B. Green, "Why the *Imago Dei* Should not be Identified with the Soul," in *The Ashgate Research Companion to Theological Anthropology* (eds. Joshua R. Farris and Charles Taliaferro; Farnham Surrey; England: Ashgate, 2015), 171-90 (181)을 참고하라.

창세기가 쓰였던 고대 근동 시대에는 여러 종류의 인간 창조 이야기가 있었다. 그중에 하나가 신이 흙을 빚어 인간을 창조하는 이야기이다. 그런데 신을 토기장이의 모습으로 그리는 창조 이야기는 다른 창조 이야기들과 구별되는 지점이 하나 있다. 신과 인간 사이를 인격적이고 긴밀한 관계로 묘사한다는 점이다.[5] 바벨론의 창조 이야기와 이집트의 창조 이야기를 비교해 보면 이를 알 수 있다.

바벨론의 창조 이야기에 따르면, 인간의 창조 전에 신들의 전쟁이 있었다.[6] 강한 신 마르둑은 반역한 신 킹구를 죽였고, 지혜의 신 에아는 킹구의 시체에서 나온 피로 인간을 만들었다. 바벨론 창조 이야기의 방점은 인간 창조에 찍히지 않는다. 강한 신이 반역한 신을 죽였다는 데 찍힌다. 인간 창조는 신들의 전쟁 후에 부차적으로 벌어진 미미한 결과일 뿐이다. 반면에 이집트의 창조 이야기[7]에 따르면, 토기장이의 신 크눔이 본인의 손으로 직접 흙을 빚어 인간을 만든다. 그러면 다산의 여신 하토르가 빚어진 인간의 형체에 생기

---

5   Michael B. Wilkinson and Hugh N. Campbell, *Philosophy of Religion: An Introduction* (London: Continuum, 2010), 96-106; Brian Peterson, *Genesis: A Pentecostal Commentary* (Leiden: Brill, 2022), 41; Stephen G. Dempster, *The Return of the Kingdom: A Biblical Theology of God's Reign* (Downers Grove, IVP Academic, 2024), Chapter 3.

6   「에누마 엘리쉬」(*Enuma Elish*) VI. 31-33. 바벨론의 다양한 창조 이야기들은 W. G. Lambert, *Babylonian Creation Myths of Mesopotamian Civilizations* (Winona Lake, IN: Eisenbrauns, 2013)에서 볼 수 있다.

7   이집트의 다양한 창조 이야기들은 Geraldine Pinch, *Egyptian Myth: A Very Short Introduction of Very Short Introductio*n (Oxford: Oxford University, 2004)에서 볼 수 있다.

를 주입했다. 이 과정에 신들의 전쟁이나 희생[8]은 없었다. 오직 신들과 인간만 이야기의 주인공들이다. 신들은 확실한 의지를 가지고 인간을 창조했을 뿐만 아니라, 인간은 신들의 지문이 묻은 작품으로 탄생했다. 이처럼 바벨론의 창조 이야기와 이집트의 창조 이야기는 인간의 양상을 다르게 정립한다.

이를 기억하며 성경의 인간 창조 이야기를 보자. 성경은 하나님을 토기장이로, 인간을 토기장이에 의해 빚어지는 작품으로 묘사한다. 게다가 성경이 계시하는 인간 창조는 미미한 사건이거나 부차적인 이야기가 아니었다. 하나님께서 만물의 영장을 만드시는 핵심적이고 대대적인 사건이었다. 이 과정에 신들의 전쟁은 없었다. 하나님께서는 인간을 만드실 의지와 목적을 가지고 계셨고, 당신의 손에 직접 흙을 묻혀 인간을 빚으심으로써 그 계획을 이루셨다. 하나님의 "생명의 기운"을 받아 생명체가 된 인간은 창조자의 지문이

---

8   희생되는 신 모티프는 「아트라하시스」(*Atrahasis*) I. 204-12, 223-33에 나온다. 이 신화에 따르면 직급이 낮은 신들이 직접 운하를 파고 관개 시설을 유지하는 등의 힘든 업무를 담당했다. 삶이 고달픈 신들은 결국 봉기했고, 직급이 높은 신들은 이들의 노동력을 대체할 수 있는 인간을 창조하기로 결심한다. 오직 노동을 위해 창조될 인간에게 필요한 능력이 응당 조직력이라고 판단한 신들은 조직력을 속성으로 지닌 신을 살해한 후, 그의 피와 살을 진흙에 섞었다. 그리고 완성된 형체에 침을 뱉어 인간을 만들었다. 비록 「아트라하시스」 신화에도 진흙 모티프가 일부 등장하지만, 이집트 신화에 사용된 진흙 모티프와는 상당히 다른 의미를 지닌다. 전자의 경우에는 신의 노동력을 대체하기 위해 인간이 만들어지지만 (그래서 신의 토기장이 이미지가 드러나지 않지만), 후자의 경우에는 신을 대표하기 위해 인간이 만들어진다 (그래서 신의 토기장이의 이미지가 강하게 드러난다).

묻어 있는 "하나님의 형상"이 되었다. 앞서 언급했듯이, 신을 토기장이로 비유하는 창조 이야기는 신과 인간의 관계를 가장 인격적이고 긴밀하게 드러낸다. 이런 점을 잘 알고 있던 고대 근동 사람들은 성경의 창조 이야기—하나님께서 손으로 흙을 빚어 사람을 하나님의 형상으로 만드시는 이야기—를 통해 다음과 같은 하나님의 음성을 들었을 것이다.

> 나는 너를 위한 계획이 있고, 너는 내 지문이 묻은 작품이란다. 꼭 기억하렴. 너는 내게 매우 특별하고 각별하단다.

무극도예(無極陶藝)

나의 외삼촌은 도공이시다. 충청북도의 무극에서 도자기를 만드신다. 나는 종종 외삼촌의 공장에 방문하곤 했다. 공장은 크게 세 개의 장소—작업실, 상품실, 작품실—로 구분된다. 작업실은 도자기를 만드는 곳이고, 상품실은 판매용 도자기들을 진열하는 곳이다. 그리고 작품실은 작품을 전시하고 보관하는 곳이다.

작품실은 항상 자물쇠로 잠겨 있다. 아무나 그곳에 들어갈 수 없다. 작품실에 출입하기 위해서는 반드시 외삼촌의 허락을 받아야 한다. 도자기를 좋아하는 나는 공장에 갈 때마다 외삼촌께 허락을 구했다. 감사하게도 외삼촌께서는 늘 흔쾌히 자물쇠를 풀어 주셨다. 조카라서 누릴 수 있는 특혜였다. 항상 느끼는 바지만, 작품실에 들어가는 순간 뭔가 모를 분위기에 압도된다. 고요함, 적막함, 웅장함, 장엄함 등이 한데 어우러져 내 가슴에 미묘한 감정을 만들어낸다. 나는 그 느낌이 참 좋다.

그리고 작품실에 난 길을 최대한 천천히 걷는다. 단 하나의 작품도 놓치지 않고 모두 자세히 관찰한다. 작품을 볼 때마다 느끼지만, 작품실에 있는 도자기들은 상품실에 진열된 도자기들과 여러모로 다르다. 작품은 대체 불가능한 보석, 단순히 찍어낼 수 없는 보석이다. 이 보석에는 도공의 숨결이 묻어 있다. 땀이 묻어 있다. 눈물이 묻어 있다. 그리고 지문이 묻어 있다. 그렇게 작품은 도공의 서사를 입게 된다.

외삼촌께서는 각각의 작품에 얽혀 있는 이야기를 들려주셨다. 언제 만드셨는지, 어떻게 만드셨는지, 왜 만드셨는지에 관한 이야기를 말이다. 모든 작품에는 그 작품만의 고유적 서사가 담겨 있다. 외삼촌은 그 서사를 모두 기억하고 계셨다. 바로 그 서사가 작품과 상품을 분리한다. 상품에는 이야기가 없다. 오직 작품에만 이야기가 있다. 나는 작품에 얽혀 있는 서사를 들려주는 외삼촌을 물끄러미 바라보았다. 작품을 바라보는 외삼촌의 눈에는 깊이가 있었다. 나는 그 깊이를 측량할 수 없었다. 그 깊이는 작품을 탄생시키기 위해 해산의 고통을 겪은 도공만 측량할 수 있는 깊이였기 때문이다.

다시 성경 공부로

나는 무극도예에서의 경험을 연상하며 아이들에게 성경의 창조 이야기를 해석해 주었다. 감사하게도 아이들은 내 설명을 어렵지 않게 따라왔다. 아이들에게 하나님께서 우리 모두를 작품으로 만드셨기 때문에 서로를 귀하게 여겨야 한다는 말도 덧붙였다.

이 세상의 모든 사람은 하나님께서 손수 빚으신 작품이야. 그러니까 너희는 모든 사람을 소중하게 여겨야 해. 그러기 위해서는 집에서부터 서로를 소중하게 여기는 훈련을 해야 해. 이 세상에 언이라는 사람은 오직 한 사람뿐이야. 슬이라는 사람도 오직 한 사람뿐이고. 예전에도, 지금도, 앞으로도 그래. 그러니까 너희는 서로를 특별하고 각별하게 대해야 해. 알겠지?

그때 딸이 갑자기 손을 들더니 말한다.

> 그래서 아빠가 맨날 저를 "only daughter"로 부르는 거예요? 오빠는 "only 장자", 행복[9]이는 "only 막내"라고 부르고요? 우리가 오직 한 명뿐이라는 것을 알려주기 위해서요?

나에게는 세 자녀가 있다. 첫째는 아들, 둘째는 딸, 셋째는 아들이다. 나는 아이들을 부를 때 only라는 수식어를 사용한다. 첫째는 "only 장자"(only firstborn son), 둘째는 "only daughter"(유일한 딸), 셋째는 "only 막내"(only youngest child)로 말이다. 이 셋은 나에게 하나씩밖에 없는 소중한 존재들이기 때문이다. 나는 딸의 질문에 답했다.

> 네 말이 맞아! 너희들은 모두 특별하고 각별한 하나님의 작품이야. 이 세상에 딱 하나밖에 없는 작품이지! 그래서 아빠는 너희를 부를 때 "only"라는 표현을 쓰는거야!

그런데 아들이 잠시 머뭇거리더니 살짝 손을 들었다. 그리고 조심스레 질문을 던졌다.

> 아빠, 저는 말을 잘 못하잖아요. 그래도 하나님의 작품이에요?

9　"행복"은 셋째 아이의 태명이다. 우리 가족은 막내를 아직 태명으로 부른다.

첫째 아들은 어렸을 때 언어 발달장애를 겪었다. 그래서 생각을 말로 표현하는 데 적잖은 어려움을 겪는다. 나는 시무룩해진 아들의 손을 꼭 잡고 말했다.

> 물론이지. 하나님께서는 네가 말을 얼마나 잘하는지와 상관없이 너를 작품으로 만드셨어. 너는 그 자체로 하나님의 작품이야. 너 그거 아니? 네가 굳이 입으로 말하지 않아도 하나님께서는 네 마음의 소리를 들으실 수 있어. 우리를 만드신 하나님은 우리의 모든 것을 아시거든. 그러니까, 세상이 너를 어떻게 판단하든지 상관없이 너는 하나님의 작품이야.

아들은 큰 미소를 지었다. 나는 아들을 격려하기 위해 "하나님이 토기장이"라는 가르침이 우리에게 얼마나 큰 평안을 주는지도 덧붙여 설명했다.

> 하나님께서 우리를 손수 지으셨다는 의미를 다르게 표현하면, 하나님께서 우리의 모든 것을 알고 계시다는 뜻이기도 해. 우리를 만드신 하나님은 우리의 이름을 아시고, 우리의 머리카락도 세실 수 있어. 그리고 우리의 신음에도 응답하시고, 우리가 어려울 때 도움을 주셔. 하나님은 우리를 만드신 창조자이시니까.

그때 아이들에게 읽어주고 싶은 편지 한 통이 떠올랐다. 나는 첫째 아들이 아내의 배 속에 있을 때 아들에게 몇 통의 편지를 썼었다.

그중에 두 번째 편지—심한 하혈로 절박유산 판정을 받았을 때 썼던 편지—가 생각났다. 그 이유는 편지의 내용에 토기장이 하나님에 관한 내용이 들어있기 때문이다. 나는 아이들에게 잠깐 기다리라고 말한 후 편지를 찾아왔다. 그리고 아이들에게 말했다.

> 아빠가 읽어주고 싶은 편지 하나가 있어. 이 편지는 언이가 엄마 배 속에 있었을 때 아빠가 썼던 편지야. 그때 언이의 태명은 "평안"이었어. 그러니까 편지에 나오는 "평안"이는 언이라고 생각하고 들으면 돼. 알았지?

내 말이 끝나기가 무섭게 딸이 물었다.

> 저에게 쓴 편지는 없어요?

나는 웃으며 말했다.

> 물론 있지! 너는 엄마 배 속에 있었을 때 "선물"이라고 불렀어. 아빠와 엄마에게 선물처럼 찾아왔거든. 아빠는 "선물"이에게도 편지를 썼었지. 그런데 네 편지는 오늘이 아니라 다음에 읽어 줄 거야. 그래도 되지?

딸의 표정에는 아쉬움이 서려 있었지만, 곧 기쁨으로 바뀌었다. 딸은 고개를 끄덕이며 다음에 꼭 편지를 읽어달라고 부탁했다. 나는 엄지손가락을 들고 그러겠다는 신호를 보냈다. 그러고는 잠시 목소리를 가다듬고 편지를 읽을 준비를 했다. 아이들은 귀를 쫑긋 세우고 나를 바라봤다. 나는 천천히 편지를 읽어 내려갔다.

평안이에게

평안아, 안녕? 아빠가 너에게 쓰는 두 번째 편지구나. 평안이는 아빠가 누군지 잘 모를 거야. 아니, 아예 모르겠구나. 그러나 아빠는 너를 알고 있단다. 네가 나를 보지 못할 때도 나는 너를 보고 있고, 네가 네 이름을 모를 때도 나는 네 이름을 알고 있으며, 네가 네 심장 소리를 듣지 못할 때에도 나는 듣고 있어. 네 주변에 어떤 어려움이 있는지 나는 알고 있고, 네 심장 박동수가 얼마만큼 증가했는지도 알고 있으며, 네가 얼마만큼 성장했는지도 알고 있지. 네가 언제 조직되기 시작했는지, 네가 언제 이 세상의 빛을 볼 것인지는 물론 네가 네 자신이 누구인지 모를 이때도 나는 너를 알고 있단다. 나는 네 아빠니까.

너 그거 아니? 이 세상에는 내가 너를 이처럼 아는 것과는 비교할 수 없을 정도로 너를 더 잘 알고 있는 분이 계신단다. 그분도 네 아버지야. 하나님 아버지… 아버지가 둘이니까 이상하지? 그러나 아빠의 말을 잘 들어보면 금방 이해할 수 있을 거야. 나는 너처럼 연약한 사람 아버지이지만 그분은 우리와는 전혀 다른 전지전능하신 하나님 아버지란다. 그분께서 너를 모태에서 조직하고 계시고, 험한 피의 범람 속에서도 지켜주시며, 이 세상에 나와 빛을 보게 하시는 분이야. 이분께서 네 아버지라는 사실이 얼마나 큰 힘과 용기가 되는지 설명해 줄게.

나는 오직 초음파 화면을 통해서만 너를 볼 수 있고, 초음파 스피커를 통해서만 네 심장 소리를 들을 수 있지만 하나님 아버지께서는 이러한 도움 없이 너를 보고, 들으실 수 있단다. 네가 아무리 어두운 곳에 있어도 너를 볼 수 있고, 네가 아무리 길을 잃었어도 너를 찾으실 수 있어. 네가 깊은 웅덩이에 빠졌을 때도 너를 건지실 수 있고, 네가 위험한 골짜기를 걸어갈 때도 너를 지키실 수 있으며, 네가 사방이 막힌 곳에 갇혔을 때도 네게 길을 만들어 주실 수 있고, 네가 지쳐서 신음을 낼 때에도 그 작은 소리에도 응답하실 수 있단다. 그분은 모든 것을 다 아시고, 모든 것을 다 하실 수 있는 전지전능하신 아버지시기 때문이야. 이런 분이 네 아버지라는 사실에 위로가 되지? 나도 그렇단다.

평안아,

앞으로 네가 보게 될 세상은 안타깝게도 결코 아름다운 곳이 아니란다. 많은 위험과 절망이 있는 곳이기에 많은 눈물도 흘리고 슬픔도 겪어야 할 거야. 죄악이 관영하고 악이 성행하는 곳이기에 많은 아픔과 고통을 겪기도 해야 하고, 너와 다른 생각을 하는 사람들 옆에서 홀로 서 있어야 할 때도 있고, 너를 미워하는 사람들 속에서 외롭게 하루를 보내야 할 때도 있을 거야. 그러나 그때마다 명심하렴. 너에게는 너를 위하여 모든 것을 희생할 준비를 하는 아빠와 너를 무척이나 사랑하사 독생자 예수 그리스도까지 주신 하나님 아버지께서 계신다는 것을. 그러니 너는 절대로 혼자가 아니라는 것을…

평안아, 사랑한다.

나는 아이들에게 그 당시의 상황을 구체적으로 설명했다. 그렇게 우리는 서로의 마음을 나누는 시간을 가졌다.

성경 공부를 마치며

시계를 보니 벌써 저녁 8시 30분이 넘었다. 아이들은 내일 학교에 가야 하므로 늦어도 8시 30분에는 잠자리에 들어야 했다. 더 많은 이야기를 들려주고 싶었지만, 오늘은 여기에서 멈추기로 했다. 아이들을 방으로 돌려보낸 후 나는 책상에 남아 깊은 생각에 잠겼다.

패배자 의식에 사로잡혀 살아왔던 수많은 나날이 주마등처럼 스쳐 지나갔다. 나는 자신을 무가치한 존재, 쓸모없는 존재, 있으나 마나 한 존재로 여기며 살아왔다. 내 삶에는 목적도 방향도 없었다. 나는 죽지 못해 살아가던 사람이었다. 아파트 고층에 올라가 아래의 땅을 바라보며 '여기서 떨어지면 아플까? 그래도 살아가는 아픔보다는 덜 아프겠지?'라는 생각을 자주 했다.

그런데 어느 날 이와 같은 나에게 대대적인 사건이 일어났다. 예수 그리스도께서 내 인생에 찾아오신 것이다. 성경을 통해 만난 예수님은 내가 누구인지, 내가 어떻게 창조되었는지, 내가 왜 여기에 있는지를 가르쳐 주셨다. 그리고 나는 결코 무가치한 존재가 아니라는 사실도 가르쳐 주셨다. 성경의 눈으로 바라본 나는 의미 있고, 가치 있으며, 존귀한 존재였다. 나는 하나님의 손으로 빚어진 그분의 형상이었기 때문이다! 그 이후로 내 삶이 완전히 변했다. 나는 내 가치를 더 이상 세상의 눈으로 매기지 않는다. 나의 가치를 정하시는 분은 나를 지으신 하나님이시다. 하나님께서는 나를 사랑하신다.

내 이름을 아시고, 내 머리털의 개수를 세신다. 그리고 나의 신음에도 응답하신다. 나는 창조자의 지문이 묻은 하나님의 형상이다. 나를 손수 빚으신 창조자가 나를 사랑하신다는 사실 하나만으로 명확한 삶의 이유가 생겼다.

이 때문에 나는 사람은 사람이라는 이유만으로 귀하다고 생각한다. 돈이 있든 없든, 배움이 길든 짧든, 인맥이 있든 없든 상관없이 인간은 인간이라는 이유만으로 존귀하다. 우리는 무엇을 함으로써 소중해지는 존재가 아니다. 우리는 하나님께서 하나님의 지문을 묻혀 창조한 하나님의 형상이라는 이유만으로 이미 소중하다. 이 책을 읽는 독자들도 마찬가지다.

당신은 당신이라는 이유만으로 소중하다. 그 소중함은 누군가에 의해 강등되거나 더해지지 않는다. 당신의 가치는 불변하시는 하나님처럼 변하지 않는다. 그 가치는 하나님께서 정하셨다. 하나님께서는 당신을 손수 빚으셨다. 그래서 당신에게 하나님의 지문이 묻어 있다. 하나님께서는 당신 안에 "생명의 기운"을 불어 넣으셨다. 그래서 당신 안에는 하나님의 숨결이 들어 있다. 당신은 하나님의 작품 그 자체이다. 이러한 사실 하나만으로 당신은 충분히 소중하다. 누구도 우리의 소중함을 평가 절하 할 수 없다. 이 소중함은 하나님께서 보장하신다. 그리고 예수 그리스도의 십자가를 통해 우주의 삼라만상 앞에서 확증되었다. 당신은 당신이기 때문에, 그리고 당신이라는 이유만으로 충분히 존귀하다.

다시 무극도예로

얼마 전 아이들을 데리고 무극도예를 방문했다. 도자기 공장을 처음 간 아이들은 신기해하며 여기저기를 자유롭게 누볐다. 얼마만큼의 시간이 지났을까? 나를 부르는 아이들의 목소리가 들렸다. 목소리를 따라가 보니 아이들은 작품실 앞에 있었다. 나를 본 아들이 물었다.

아빠, 여기는 왜 잠겨있어요? 안에 뭐가 있는지 보고 싶어요.

나는 답했다.

여기는 작품실이야. 이 안에는 아주 귀한 도자기들이 들어 있기 때문에 아무나 들어갈 수 없어. 외삼촌이 허락해야지만 들어갈 수 있어.

아이들은 작품실에 들어가고 싶다고 나를 보챘다. 아이들을 이기지 못한 나는 외삼촌에게 조심스레 허락을 구했다. 감사하게도 외삼촌께서는 작품실을 흔쾌히 열어 주셨다. 나는 아들과 딸의 손을 꼭 붙잡고 작품실에 들어갔다. 역시 뭔가 모를 웅장함과 장엄함이 나를 덮었다. 그리고 그리웠던 냄새가 나를 반겼다. 나는 두근거리는 마음으로 작품실의 길을 따라 걸었다. 역시 작품은 언제 봐도 작품이었다. 내 손을 잡고 있던 아이들도 감탄하며 작품을 감상했다. 나는 내가 기억할 수 있는 선상에서 도자기들에 담겨 있는 서사를 하나씩 아이들에게 풀어주었다. 아이들은 경청하며 고개를 끄덕였다. 이러한 아이들의 모습을 보고 있노라니 마음 한편이 따뜻해졌다. 그리고 하나님께서 손수 빚으신 작품이 얼마나 아름답고 존귀한지 다시 한번 깊이 실감할 수 있었다.

그날따라 아이들의 모습이 더욱 눈부시게 빛났다.

제2장
하나님의 형상이 뭐예요?

2. 하나님의 형상이 뭐예요?

성경 구절

²⁶ 하나님이 말씀하시기를 "우리가 우리의 형상을 따라서, 우리의 모양대로 사람을 만들자. 그리고 그가, 바다의 고기와 공중의 새와 땅 위에 사는 온갖 들짐승과 땅 위를 기어다니는 모든 길짐승을 다스리게 하자" 하시고, ²⁷ 하나님이 당신의 형상대로 사람을 창조하셨으니, 곧 하나님의 형상대로 사람을 창조하셨다. 하나님이 그들을 남자와 여자로 창조하셨다. (창 1:26-27)

공부의 시작

오늘은 아이들과 함께 창세기 1:26-27을 읽었다. 본문은 하나님께서 당신의 "형상을 따라서/형상대로" 사람을 창조하시는 내용이다.[1] 본문을 한참 동안 유심히 살펴보던 딸이 "하나님의 형상"이라는 표현을 손가락으로 가리키며 묻는다.

> 아빠, 우리가 "하나님의 형상"을 따라서 만들어졌어요? "하나님의 형상"이 뭐예요? 사람이 하나님처럼 생겼다는 뜻이에요? '올리'(Owly)가 올빼미처럼 생긴 것처럼요?

내 딸에게는 "올리"라고 이름 붙여진 애착 인형이 하나 있다. 그 인형은 올빼미의 형상을 따라 만들어졌는데, 딸은 하나님과 하나님의 형상의 관계를 올빼미와 "올리"의 관계로 이해했다. 딸의 질문을 들은 아들도 비슷한 질문을 던졌다.

> 어 … 동물들은 하나님의 형상이 아니에요? 사람만 하나님의 형상이지요? 동물과 사람은 다르게 생겼으니까 … 그러면 사람이 정말 하나님처럼 생겼어요?

아들과 딸 모두 본문의 내용을 인간이 외형적으로 하나님을 닮았다는 의미로 이해했다.[2]

---

1 하나님의 형상에 대한 연구물은 셀 수 없을 정도로 많다. 본서 뒷부분에 있는 「참고 문헌 2」는 독자들에게 도움이 된다고 판단한 자료들을 선별한 목록이다.

2 거의 모든 현대인들은 '하나님은 볼 수 없다'라는 비물질적 관점으로 신론에 접근한다. 그러나 놀랍게도 '하나님께 신적 몸이 있으며, 인간의 육적 몸

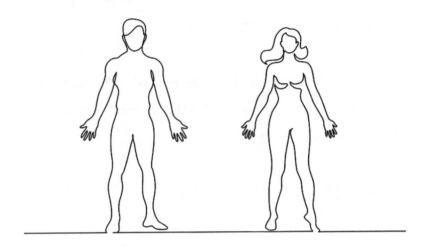

사실 "하나님의 형상을 따라서/형상대로 사람이 창조되었다"라
는 표현을 어떻게 해석해야 하는지에 대해서는 학계에 수많은 이견
이 있다.[3] 나는 여러 종류의 다양한 견해들을 모두 설명해 주고 싶었

이 하나님의 신적 몸을 닮았다는 개념'은 랍비 신학에 두드러지게 나타난
다. 구약성경을 포함한 고대 근동의 문헌들에도 사람이 신을 눈으로 보는
사례가 많이 담겨 있다는 점은 매우 유의미하다. "하나님은 영이시다"라
는 표현이 하나님의 비가시성으로 귀결되는 것은 아니라는 점을 알아야 한
다. Catherine L. McDowell, "'In the Image of God He Created Them': How
Genesis 1:26-27 Defines the Divine-Human Relationship and Why It Matters,"
in *The Image of God in an Image Driven Age: Explorations in Theological
Anthropology* (eds. Beth F. Jones and Jeffrey W. Barbeau; Downers Grove, IL:
IVP Academic, 2016), 29-46 (32). "보이는 하나님"에 대한 고대의 개념은 이
상환, 『이방인의 하나님: 그리스-로마의 눈으로 신약의 예수님 보기』(도서출
판 학영, 2025년 출간 예정)에서 구체적으로 다룰 것이다.

3 전통적으로 인간의 지성, 인성, 도덕성, 혹은 영성 등이 하나님의 형상에 담

지만, 이번 성경 공부 시간에는 그렇게 하지 않기로 했다. 대신, 아이들이 가장 쉽게 이해할 수 있는 해석을 소개해 주고, 나중에 아이들의 생각과 사고가 더 깊어지면, 그때 다른 의견들도 소개해 주기로 했다. 궁금한 눈으로 나를 바라보는 아이들을 향해 다음과 같이 입을 열었다.

> 사람이 "하나님의 형상을 따라서/형상대로" 창조되었다는 의미를 이해하기 위해서는 우선 "하나님의 형상"이 무슨 뜻인지부터 알아야 해. 그래야 우리가 하나님의 "형상을 따라서" 혹은 "형상대로" 만들어졌다는 의미를 알 수 있으니까. 아빠가 최대한 쉽게 설명해 주겠지만, 그래도 오늘 성경 공부의 내용은 조금 어려울 수 있어. 어려운 부분은 아빠가 계속 반복해서 설명해 줄 테니까, 잘 들어야 해. 알았지?

아이들은 귀를 쫑긋 세우고 이구동성으로 답했다.

> 네!

겨있는 의미라고 여겨져 왔다. 그러나 Peter J. Gentry and Stephen J. Wellum, *God's Kingdom through God's Covenants: A Concise Biblical Theology* (Wheaton, IL: Crossway, 2015), 70-77은 전통적인 견해가 창세기 본문의 문법적 및 역사적인 해석에 기초하지 않기 때문에 부적절하다고 판단한다. 아울러 Gentry와 Wellum은 "형상"으로 번역된 히브리어가 고대 근동 사회에서 "물리적인 조각상"을 지칭했다는 점에 주목하며 본문을 고대 근동 문화 및 언어적 환경의 관점에서 해석해야 한다고 주장한다.

하나님의 형상

창세기 본문의 의미를 깊이 이해하기 위해서는 우선 "형상"으로 번역된 히브리어(צלם)의 고대 근동적 의미와 "따라서/~대로"라고 번역된 히브리어 전치사(ב)의 기능을 알아야 한다.[4]

첫째, "형상"은 고대 근동 사람들이 신상을 지칭할 때 사용했던 단어였다.[5] 따라서 "하나님의 형상"은 "하나님의 신상" 정도로 직역될 수 있다. 이럴 경우, 창세기 본문은 하나님께서 당신의 모습을 닮은 신상을 손수 만드시는 과정으로 이해된다. 그 신상이 누구인가? 바로 인간이다. 우리가 알다시피 하나님께서는 언약 백성에게 그 어떤 경우에도 당신의 신상을 만들지 말라고 명령하셨다(출 20:4).[6] 이

---

4   다수의 학자들은 창세기 1:26-27에 사용된 "형상을 따라서/형상대로"와 "모양대로"를 동일한 의미를 지닌 표현으로 판단한다.

5   A. R. Millard and P. Bordreuil, "A Statue from Syria With Assyrian and Aramaic Inscriptions," *BA* 45 (1982): 135-41; William Lee Holladay and Ludwig Köhler, *A Concise Hebrew and Aramaic Lexicon of the Old Testament* (Leiden: Brill, 1988), 306; Jacob Neusner, Alan J. Avery-Peck, and William Scott Green (eds)., *The Encyclopedia of Judaism* (Leiden: Brill, 2000), 1758; George Hendrik van Kooten, *Paul's Anthropology in Context: The Image of God, Assimilation to God, and Tripartite Man in Ancient Judaism, Ancient Philosophy and Early Christianity* (Tübingen: Mohr Siebeck, 2008), 4. 성경의 예는 민수기 33:52; 열왕기하 11:18; 아모스 5:26에서 볼 수 있다. 하나님의 형상에 대한 최근의 연구는 Carmen Joy Imes, *Being God's Image: Why Creation Still Matters* (Downers Grove, IL: IVP Academic, 2023)를 보라.

6   출애굽기의 신상 금지령에 사용된 히브리어 "형상"(פסל)은 창세기 1:26-27에 사용된 히브리어 "형상"(צלם)과 다르지만 둘은 동의어이다. Imes, *Being*

와 같은 신상 금지령을 내리신 이유가 무엇일까? 하나님께서 이미 당신의 형상인 사람을 만드셨기 때문이다.

둘째, "따라서/~대로"라고 번역된 히브리어 전치사(ㅁ)는 문맥에 따라 여러 기능을 담당할 수 있다. 마치 영어의 전치사 in 처럼 말이다. 나는 아들과 딸이 한글보다 영어를 더 편하게 사용하기 때문에 영어의 전치사 기능에 빗대어 히브리어의 전치사 기능을 설명해 주었다. 잠시 아래의 세 문장을 보자. 동일한 전치사(in)가 사용되었지만 각각의 문장 속에서 다른 의미를 나타냄을 알 수 있다.

> I live *in* South Korea; 저는 대한민국에 살아요.
>
> My heart is broken *in* a million pieces; 제 마음은 산산조각이 났어요.
>
> I work *in* education; 저는 교육 분야에서 일해요.

첫 번째 문장의 경우, 전치사는 대한민국이라는 장소의 의미를 전달한다. 두 번째 문장의 경우, 전치사는 마음의 상태를 나타낸다. 그리고 마지막 세 번째 문장의 경우, 전치사는 교육자라는 직분을 나타낸다. 여기에서 우리가 눈여겨 봐야 할 부분은 세 번째 용례이다. 영어 사용자들은 본인들의 직책을 "I work in …"이라는 표현을 통해 밝힌다. 예컨대 교수는 "I work in education", 약사는 "I work in medicine", 그리고 목사는 "I work in religion"으로 본인의 직분

God's Image, 210은 צלם이 완성된 형상을, פסל이 형상을 만드는 행위를 강조한다고 설명한다.

을 소개할 수 있다. 히브리어 전치사 ב도 이와 비슷하게 기능한다.[7] 이 경우에 전치사 ב는 직분을 나타내는 기능을 한다.[8] 이제 위에 살펴본 바를 모두 고려하며 정리해 보자. 하나님께서 당신의 "형상을 따라서/형상대로" 사람을 지으셨다는 표현은 사람의 정체성과 직분에 대해서 다음과 같은 내용을 계시한다. 곧 인간의 정체성은 하나님의 살아 움직이는 신상이요, 인간의 직분은 하나님의 신상으로 기능하는 것이다.[9]

- 사람은 무엇인가? → 하나님의 살아 움직이는 신상 (사람의 정체성)
- 사람은 무엇을 하는가? → 하나님의 신상으로 기능 (사람의 직분)

고대 근동의 신상 신학

이 개념은 고대 근동의 신상 신학을 통해 보다 풍성하게 이해할

---

7   히브리어 문법명으로는 *beth essentiae*로 불린다. 출애굽기 6:3(באל שדי)과 시편 118:7(בעזרי)을 보라. Bruce K. Waltke and Michael Patrick O'Connor, *An Introduction to Biblical Hebrew Syntax* (Winona Lake, IN: Eisenbrauns, 1990), 198.

8   Sinclair B. Ferguson and J. I. Packer, *New Dictionary of Theology* (Downers Grove, IL: IVP, 1988), 328; E. H. Merrill, "Image of God,"in *Dictionary of the Old Testament: Pentateuch* (Downers Grove, IL: IVP, 2003), 441-45 (443); Imes, *Being God's Image*, 4-6을 참고하라.

9   고대 근동의 움직이지 못하는 신상들, 즉 가짜 우상들과는 달리, 하나님께서 만드신 사람은 살아 움직이는 참된 신상이다.

수 있다. 고대의 이방인들은 신상을 아무렇게나 만들지 않았다. 신상은 고대인들이 생각하는 신의 모습과 최대한 비슷하게 만들어져야 했다. 고대인들은 신상이 신의 모습과 다르게 만들어질 경우, 해당 신이 신상에 깃들지 않는다고 믿었기 때문이다. 신이 깃들지 않은 신상은 신의 속성을 지니지 못했고, 그 결과 신상의 기능을 수행할 수 없었다. 오직 신의 모습을 따라 바르게 만들어진 신상, 그래서 신의 속성이 깃들게 된 신상만이 신상의 역할을 감당했다.[10]

이를 기억하며 창세기 본문을 보자. 하나님께서 손수 당신의 형상을 따라, 당신의 모양대로 당신의 신상을 만드셨다. 한계가 있는 천사들이 만들지 않았다. 전능하고 전지하신 하나님, 결코 실수하지 않으시는 하나님이 직접 신상을 만드셨다. 이것이 뜻하는 바는 자명하다. 곧 인간은 하나님의 모습을 바르게 반영하고 있는 형상이고, 그렇기에 인간에게는 하나님의 속성이 담겨 있으며, 따라서 인간은 신상의 기능을 온전히 수행할 수 있는 존재라는 의미이다. 요컨대 창세기가 묘사하는 인간은 단지 여러 종류의 피조물 가운데 하나가 결코 아니다. 인간은 하나님을 반사하는 신적 장치였다.[11]

---

10 고대 근동의 신상 신학에 대해서는 이상환, 『신들과 함께: 고대 근동의 눈으로 구약의 하나님 보기』 (도서출판 학영, 2023), 54-71을 보라.

11 고대 근동의 신상 신학과 창세기 2장의 인간 창조를 연결하는 연구물로는 Catherine L. McDowell, *The Image of God in the Garden of Eden: The Creation of Humankind in Genesis 2:5-3:24 in Light of the Mīs Pî, Pīt Pî, and Wpt-r Rituals of Mesopotamia and Ancient Egypt* (Siphrut 15; Winona Lake, IN: Eisenbrauns, 2015)이 있다.

하나님의 거울, 인간

나는 몇 번에 걸쳐 아이들에게 위의 내용을 설명해 주었다. 아이들의 이해를 돕기 위해 사용한 도구는 거울이었다. 거울은 실체의 일부를 반사한다. 실체는 거울에 반사되는 단편적인 모습과는 달리 입체적이고 역동적이다. 하나님의 형상인 인간도 마찬가지다. 인간은 하나님의 일부를 반사할 뿐이지 하나님의 모든 면을 반사하지는 못한다. 실체의 하나님은 하나님의 형상을 통해 반사되는 모습과 비교할 수 없을 만큼 크고 광대하시다. 그래서 나는 하나님의 형상을 논하는 데 있어 거울 비유가 적절하다고 생각했다.

아빠의 설명이 조금 어려웠지? 너희들의 이해를 돕기 위해서 거울을 예로 들어 볼게. 거울에 비친 너희의 모습을 한번 생각해 봐. 거울을 통해 볼 수 있는 너희는 너희의 모든 부분이 아니야. 너희의 일부일 뿐이지. 맞지?

아들이 웃으며 말했다.

맞아요. 거울로 얼굴을 볼 때 뒤통수는 안 보여요. 발바닥도 안보이고요.

나는 아들의 말에 맞장구를 치며 말을 이었다.

맞아. 이처럼 하나님의 형상도 하나님의 일부를 반사하는 거울처럼 작용할 뿐이야. 사람을 통해 반사되는 하나님은 하나님의 모든 면이 아니라 일부라는 의미이지.

아이들은 고개를 끄덕였다. 하지만 나는 거울과 하나님의 형상 사이에 있는 큰 차이점도 말해 주어야 했다. 실체의 외형만 반사하는 거울과는 달리, 하나님의 형상은 하나님의 속성도 일부 반사할 수 있다. 앞서 언급했듯이, 고대 근동 사람들은 신이 신상을 통해 본인의 외형뿐만 아니라 속성의 일부도 나타낼 수 있다고 믿었다. 이는 하나님의 형상으로 만들어진 인간도 하나님의 속성을 일부 반사할 수 있다는 의미이다. 나는 이 부분을 더 설명해 주어야 했다.

그런데, 거울과 하나님의 형상 사이에는 중요한 차이점도 있어. 거울은 실체의 내면을 반사할 수 없지만, 하나님의 형상은 하나님의 내면, 즉 하나님의 속성도 반사할 수 있어.

하나님의 속성을 반사하는 사람

내 말을 주의 깊게 듣던 딸이 미묘한 표정을 지으며 물었다.

그런데… 우리가 하나님의 속성을 반사한다는 뜻이 뭐예요? 조금 어려워요.

나는 딸의 고충을 충분히 이해할 수 있었다. 하나님의 속성을 반사한다는 표현은 상당히 신학적이다. 10살도 안 된 아이들이 이해하기에는 벅찬 주제라는 말이다. 그래서 나는 딸이 이 부분을 어렵지 않게 이해할 수 있도록 더 쉽게 풀어서 설명해 주기로 했다.

> 아주 좋은 질문이야. 어렵지? 아빠도 충분히 이해해. 사실 이 표현에는 깊고 풍성한 의미가 들어 있어서 오늘 밤에 다 나눌 수 없어. 그리고 너희가 아직 어려서 다 설명한다고 해도 이해할 수 없고. 그러니 오늘은 너희가 이해할 수 있는 정도로만 이야기해 보자. 지금부터 잘 들어봐. 오늘 우리가 읽은 본문에는 '하나님의 형상이 하나님을 반사한다'라는 의미가 무엇인지 설명하는 부분이 있어. 그러니 그 부분을 찾아보자.

나는 아이들에게 창세기 1:26을 다시 보라고 했다. 그리고 하나님의 형상이 해야 할 일이 무엇인지 찾아보도록 했다. 아이들은 눈을 크게 뜨고 본문을 읽었다.

> 하나님이 말씀하시기를 "우리가 우리의 형상을 따라서, 우리의 모양대로 사람을 만들자. 그리고 그가, 바다의 고기와 공중의 새와 땅 위에 사는 온갖 들짐승과 땅 위를 기어다니는 모든 길짐승을 다스리게 하자" 하시고. (창 1:26)

딸이 먼저 입을 열었다.

아! 고기와 새와 동물을 다스리는 거요?

　그렇다. 하나님께서 사람을 당신의 형상으로 창조하신 후에, 곧 바로 사람이 해야 할 일이 무엇인지 말씀하셨다. 그것은 하나님께서 하늘의 천사들을 다스리듯이, 하나님의 형상은 땅의 고기와 새와 짐승을 다스리는 일이었다. 이는 하나님의 다스림, 즉 주권성이 사람에게 일부 공유되었음을 의미한다.[12] 하나님의 형상인 인간은 하나님의 주권성을 피조물에 반사하는 직분을 받았던 것이었다.

　나는 딸에게 답했다.

　맞아! 하나님의 여러 속성 중에 주권성이 있어. 주권성은 다스릴 수 있는 능력을 의미해. 하나님께서는 모든 피조물의 창조자이시기 때문에 모든 피조물을 다스릴 수 있으셔. 고기와 새와 동물도 하나님의 다스림을 받아야 한

12　Imes, *Being God's Image*, 31.

다는 의미야. 하나님께서 그것들도 창조하셨으니까. 그런데 신기하게도 고기와 새와 동물들은 사람이 다스리도록 하셨어. 왜일까? 하나님께서 사람을 통해 당신의 주권성을 반사하고 싶으셨기 때문이야. 그 결과 하늘과 땅에 아주 멋진 데칼코마니 구조가 만들어졌어.[13] 하늘에는 하나님께서 천사들을 다스리시는 구조가, 땅에는 하나님의 형상이 고기와 새와 동물을 다스리는 구조가 형성된 것이지. 어때? 정말 멋지지?

딸이 신기해하며 답했다.

아, 그게 반사한다는 의미였어요? 네, 이제 이해가 돼요.

물론 인간이 하나님의 형상이라는 계시는 인간에게 하나님의 주권성만 공유되었다는 의미로 한정되지 않는다. 나는 인간에게 더 많은 하나님의 속성을 반사할 수 있는 기능이 있다고 본다. 그러나 10살도 안 된 아이들에게 이 모든 내용을 한번의 성경 공부를 통해 나눌 수는 없었다. 그래서 일단은 아이들이 쉽게 이해할 수 있는 부분부터 천천히 가르쳐 주기로 마음먹었다.

---

13 J. Richard Middleton, "The Image of God in Ecological Perspective," in *The Oxford Handbook of the Bible and Ecology* (eds. Hilary Marlow and Mark Harris; New York: Oxford University, 2022), 284-98 (287, 289)을 참고하라.

이름 짓기 모티프

고맙게도 아이들은 내 설명을 잘 이해하며 따라오고 있었다. 그래서 조금 더 자세하게 주권성을 설명하기로 했다.

그러면 아빠가 정말 쉬운 질문 하나를 할게. 사람이 고기와 새와 동물을 다스린다면, 사람과 다른 피조물들 중 누가 더 높은 위치에 있을까?

아이들은 한목소리로 말했다.

사람이요!

나는 답했다.

맞아. 사람이야. 하나님께서는 이를 확실하게 하시기 위해서 사람에게 동물들의 이름을 짓게 하셨어.

나는 아이들에게 창세기 2:19-20을 읽어 주었다.[14]

---

14 창세기 2장에는 "하나님의 형상"이라는 표현이 나타나지 않는다. 그러나 창세기 1장이 사람을 "하나님의 형상"으로 규정했고, 창세기 2장에서 창조되는 아담과 하와도 사람이기 때문에 이들도 하나님의 형상으로 봐야 한다. J. Richard Middleton, "The Image of God in Ecological Perspective"와 이상환, 『신들과 함께』, 54-71을 함께 보라.

¹⁹ 주 하나님이 들의 모든 짐승과 공중의 모든 새를 흙으로 빚어서 만드시고, 그 사람에게로 이끌고 오셔서, 그 사람이 그것들을 무엇이라고 하는지를 보셨다. 그 사람이 살아 있는 동물 하나하나를 이르는 것이 그대로 동물들의 이름이 되었다. ²⁰ 그 사람이 모든 집짐승과 공중의 새와 들의 모든 짐승에게 이름을 붙여 주었다. 그러나 그 남자를 돕는 사람 곧 그의 짝이 없었다. (창 2:19-20)

본문에 따르면 아담이 모든 동물의 이름을 하나씩 지어 주었다. 창세기 문맥에 따르면 작명 모티프는 주권성의 의미를 동반한다.[15] 우선 창세기 1장에 등장하는 하나님께서 빛에게 "낮"이라는 이름을 주셨고, 어두움에게 "밤"이라는 이름을 주셨다. 그리고 공간에게 "하늘", 뭍에게 "땅", 모인 물에게 "바다"라는 이름을 주셨다. 그러므로 창세기 2장에 등장하는 아담의 작명 행위는 하나님께서 주권적으로 피조물의 이름을 지으시는 모습과 유의미하게 연결된다. 마

---

15 Wayne A. Grudem, *Bible Doctrine: Essential Teachings of the Christian Faith* (ed. Alexander Grudem; Grand Rapids: Zondervan, 2022), 204. 혹자는 창세기 16:13에서 하갈이 야훼 하나님을 "감찰하시는 하나님"으로 불렀다는 이유로 작명 모티프가 주권성과 연결되지 않는다고 주장한다. 하지만 창세기 16장의 문맥에 따르면 하갈이 이름이 없었던 하나님께 이름을 지어 준 것이 아니라 그녀가 경험한 하나님을 "감찰하시는 하나님"으로 표현했을 뿐이다. 우리는 하갈이 하나님을 "감찰하시는 하나님"으로 부르기 전에도 하나님께 고유 이름들이 이미 있었음을 기억해야 한다. 그러므로 창세기 16장의 내용을 근거로 창세기 2장의 작명 모티프 - 이름이 없었던 피조물에게 이름을 처음으로 지어주는 모티프 - 가 주권성을 의미하지 않는다고 주장할 수 없다.

이클 E. 스톤(Michael E. Stone)의 말을 들어보자.

> 아담은 하나님의 형상대로 창조되었다. 그러므로 아담의 작명 행위
> 는 하나님의 작명이나 창조 방식을 반영하거나 예시할 수 있다.[16]

하나님께서는 아담에게 모든 동물의 이름을 짓게 하심으로써,
아담에게 피조물에 대한 주권성이 있음을 피조계에 선포하셨다. 나
는 이러한 내용을 아이들에게 설명해 주었다.

> 잘 봐. 아담이 새와 동물의 이름을 짓지? 창세기의 커다란 문맥을 보면
> 이름을 짓는 모티프는 주권성과 연결되어 있어. 이름을 주는 사람이 이름을
> 받는 피조물보다 높은 위치에 있었다는 뜻이야. 재미있게도 본문에는 아담
> 이 물고기의 이름을 짓는 모습은 나오지 않아. 아마도 아담이 땅에 있었기
> 때문일 거야. 그런데 아빠는 창세기 1:26을 근거로 아담이 물고기의 이름
> 도 지어줬다고 생각해.[17]

그때, 내 설명을 잘 듣고 있던 아들이 아주 예리한 질문을 했다.

---

16 Michael E. Stone, "Adam's Naming of the Animals: Naming or Creation?" in
  The Poetics of Grammar and the Metaphysics of Sound and Sign (eds. Sergio
  La Porta and David Dean Shulman; JSRC 6; Leiden: Brill, 2007), 69-80 (70).
17 "하나님이 말씀하시기를 '우리가 우리의 형상을 따라서, 우리의 모양대로
  사람을 만들자. 그리고 그가, 바다의 고기와 공중의 새와 땅 위에 사는 온갖
  들짐승과 땅 위를 기어다니는 모든 길짐승을 다스리게 하자' 하시고." (창
  1:26)

그러면 하와는요? 하와는 동물의 이름을 짓지 않았잖아요? 그러면 아담만 동물을 다스릴 수 있었던 거예요?

하와도 하나님의 형상인가?

아들이 인지했듯이, 아담이 새와 동물의 이름을 지을 때, 하와는 아직 창조되지 않았다. 그러므로 근접 문맥으로 보면, "아담만 피조물에게 주권성을 행사할 수 있다"라는 해석이 만들어질 수 있다. 하지만 원격 문맥(창 1:26-27)은 하와에게도 피조물을 다스릴 수 있는 주권성이 있음을 명시한다. 남자와 여자 모두 하나님의 형상으로 지음을 받았기 때문이다.[18] 나는 아들에게 이 부분을 다시 한번 상기시켜 주었다.

> 아주 좋은 질문이야. 그런데 우리가 조금 전에 공부했다시피 남자와 여자 모두 하나님의 형상으로 창조되었어. 이는 하와에게도 하나님의 주권성을 피조물에게 반사하는 기능이 있었다는 의미야. 하와도 아담과 마찬가지로 하나님의 형상으로 지어졌음을 꼭 기억해야 해. 알았지?

아들은 고개를 끄덕이며 이해했다는 신호를 보냈다. 나와 아들

---

18 나는 창세기 1장과 2장을 동일한 창조 이야기로 보지 않는다. 따라서 창세기 1장에 등장하는 사람들이 아담과 하와를 의미한다고 보지 않는다. 그러나 전자와 후자 모두 사람이기 때문에 이들 모두가 하나님의 형상이라는 점에는 변화가 없다. 이 부분은 다음 기회에 구체적으로 다루기로 한다.

의 대화를 듣고 있던 딸이 중요한 질문 하나를 던졌다.

> 아빠, 그러면 저는요? 저도 하나님의 형상이에요? 아니면 아담과 하와
> 만 하나님의 형상이에요? 저는 아니지요? 저는 물고기하고 새하고 동물을
> 다스리지 못하니까요. 그리고 저는 큰 개들이 무서워요.

우리도 하나님의 형상인가?

종종 인간은 더 이상 하나님의 형상이 아니라고 주장하는 이들
이 있다. 선악과 사건을 통해 인간에게 있었던 하나님의 형상이 사
라졌다고 보기 때문이다. 이러한 주장을 지지하는 이들은 그 근거
를 창세기 5:1-3에서 찾는다.

> [1] 아담의 역사는 이러하다. 하나님이 사람을 창조하실 때에, 하나님
> 의 형상대로 사람을 만드셨다. [2] 하나님은 그들을 남자와 여자로 창
> 조하셨다. … [3] 아담은 백서른 살에 자기의 형상 곧 자기의 모습을 닮
> 은 아이를 낳고, 이름을 셋이라고 하였다. (창 5:1-3)

보다시피 1절에 "하나님의 형상"으로 불린 사람이 3절에는 "아
담의 형상"으로 불린다. 앞서 나온 주장을 펼치는 이들은 이 호칭의
변화 사이에 창세기 3장의 타락 사건이 있음을 지적한다. 그리고 이
를 근거로 타락 전의 사람을 "하나님의 형상"으로, 타락 후의 사람

을 "아담의 형상"으로 이해한다. 만약 우리가 창세기 1장부터 5장까지의 내용만 고려한다면 충분히 가능한 설명이다. 하지만 결론적으로 나는 이 주장에 동의하지 않는다. 앞서 언급했다시피, 성경 해석은 근접 문맥과 더불어 원격 문맥까지 살필 수 있어야 한다. 이를 기억하며 창세기 9:5-6을 보자. 그러면 타락한 사람들조차도 여전히 "하나님의 형상"으로 불리고 있음을 알 수 있다.

> 5 …사람이 같은 사람의 피를 흘리게 하면, 그에게도 보복하겠다. 6 사람은 하나님의 형상대로 지음을 받았으니, 누구든지 사람을 죽인 자는 죽임을 당할 것이다. (창 9:5-6)

이처럼 창세기 3장의 타락 사건 이후에 태어난 사람도 "하나님의 형상대로 지음을 받"은 존재로 불리고 있다.[19] 이것이 뜻하는 바는 자명하다. 하나님의 형상으로 지어진 아담과 하와는 타락 후에도 하나님의 형상을 유지했을 뿐만 아니라 자신을 닮은 하나님의 형상을 탄생시켰다는 점이다.[20] 따라서 오늘을 사는 우리도 응당 하나님의 형상이다.

---

19 Kooten, *Paul's Anthropology*, 2을 보라.
20 신약성경의 예는 야고보서 3:9에서 볼 수 있다: "우리는 이 혀로 주님이신 아버지를 찬양하기도 하고, 또 이 혀로 하나님의 형상대로 지음을 받은 사람들(τοὺς ἀνθρώπους τοὺς καθ᾽ ὁμοίωσιν θεοῦ γεγονότας)을 저주하기도 합니다."

바뀔 수 없는 사람의 정체성

앞서 언급했듯이, 하나님께서 사람을 당신의 "형상을 따라서/형상대로" 지으셨다는 표현은 사람에 대한 두 가지 중요한 가르침을 전한다. 첫째는 사람의 정체성(즉, 사람은 무엇인가? → 하나님의 살아 움직이는 신상)에 대한 답이고, 둘째는 사람의 직분(즉, 사람은 무엇을 하는가? → 하나님의 신상의 기능)에 대한 답이다. 성경의 증언에 따르면 사람의 정체성은 바뀌지 않는다. 사람은 타락 전과 후와 상관없이 하나님의 형상이다. 사람에게 오물이 묻었다고 해서 더 이상 사람이 아니라고 말할 수 없듯이, 하나님의 형상이 타락했다고 해서 더 이상 하나님의 형상이 아니라고 말할 수 없다. 이처럼 사람은 그 어떠한 상황 속에서도 하나님의 형상이다. 이것은 불변하는 진리이다.

하지만 오물이 묻은 사람과 묻지 않은 사람 사이에는 분명 중요한 차이점이 있다. 오물이 묻은 사람은 오물이 묻지 않은 사람과 달리 직분, 곧 "사람은 무엇을 하는가?"에 영향을 받는다는 점이다. 예를 들어, 거울에 오물이 묻었다고 가정해 보자. 그래도 거울은 거울이다. 거울의 정체성에는 변화가 없다. 하지만 오물이 묻은 거울은 더 이상 거울의 기능—물체를 반사하는 기능—을 온전히 수행할 수 없다. 오물이 거울의 반사하는 기능을 제한하기 때문이다. 따라서 오물이 묻은 거울은 오물을 제거하기 전까지 본연의 직분을 수행하는 데 영향을 받는다.

타락한 하나님의 형상도 마찬가지다. 타락은 사람의 정체성을 바꾸지 않았다. 대신 하나님을 반사하는 사람의 기능을 제한했다. 타락한 인간은 더 이상 물고기와 새와 동물을 하나님의 의도대로 다스리지 못한다. 하나님의 주권성을 반사하는 기능에 변화가 생겼기 때문이다. 그럼에도 불구하고 사람은 여전히 하나님의 형상이다. 이것은 하늘이 두 쪽이 나도 변하지 않는 사실이다. 나는 이러한 내용을 딸에게 천천히 설명해 주었다.

승아, 네 말대로 우리는 물고기, 새, 그리고 동물을 온전히 다스릴 수 없어. 지금 우리가 속한 세상은 인간이 동물에게 주권성을 온전히 행사할 수 있는 세상이 아니야. 왜냐하면, 곧 배우겠지만, 아담과 하와의 잘못으로 인해 세상의 창조 질서가 바뀌었거든. 하지만 우리가 창조의 목적대로 동물을 다스리지 못한다고 해서 우리가 하나님의 형상이 아니라는 뜻은 아니야. 우리는 여전히 하나님을 반사하도록 창조된 하나님의 형상이야. 단지 아담과 하와의 잘못으로 인해 우리가 하나님을 온전히 반사하지 못하고 있을 뿐이지. 거울에 오물이 묻었다고 해서 거울에게 거울이 아니라고 말할 수 없듯이, 사람에게 오물이 묻었다고 해서 사람이 아니라고 말할 수는 없는 거야. 알겠지? 하나님의 형상은 우리가 떼었다가 붙였다가 할 수 있는 액세서리가 아니라, 그 누구도 바꿀 수 없는 우리의 정체성이라는 사실을 꼭 기억해야 돼.

딸이 고개를 끄덕이며 답했다.

네! 저도 하나님의 형상이에요!

딸의 답이 끝나기가 무섭게 아들이 질문했다.

아빠, 그러면 저도 언젠가는 하나님의 주권성 … 그러니까 동물을 다스리는 능력을 반사할 수 있어요? 음… 그러니까 … 그때가 되면 뱀하고 전갈이 내 말을 잘 들을까요? 언제부터 그럴 수 있어요?

언이는 뱀이나 전갈 등을 집에서 키우고 싶다고 종종 보챈다. 물론 나와 아내는 아이들을 위험에 노출시키고 싶지 않아서 아들의 부탁을 매번 거절해 왔다. 이를 누구보다도 아쉬워했던 아들은 하나님의 형상에게 모든 피조물들을 평화롭게 다스리는 직분이 있다는 말을 아주 기쁘게 받아들였다. 나는 이때가 예수님을 소개할 수 있는 절호의 기회라고 생각했다. 그래서 예수님에 관한 이야기로 화제를 돌렸다.

아주 좋은 질문이야! 그날이 오면 언이도 하나님의 주권성을 뱀이나 전갈에게 반사할 수 있게 돼. 생각만 해도 신나지? 그리고 그날이 언제 올지 궁금하지? 자, 그러면 네가 먼저 알아야 할 가르침이 있어. 바로 이 모든 것을 가능하게 하실 하나님, 예수 그리스도에 대한 가르침이야.

회복자, 예수님

나는 아이들에게 이사야 11장에 있는 메시아 이야기를 들려줬다.

[6] 그 때에는, 이리가 어린 양과 함께 살며, 표범이 새끼 염소와 함께 누우며, 송아지와 새끼 사자와 살진 짐승이 함께 풀을 뜯고, 어린 아이가 그것들을 이끌고 다닌다. [7] 암소와 곰이 서로 벗이 되며, 그것들의 새끼가 함께 눕고, 사자가 소처럼 풀을 먹는다. [8] 젖먹는 아이가 독사의 구멍 곁에서 장난하고, 젖뗀 아이가 살무사의 굴에 손을 넣는다. (사 11:6-8)

아들의 눈이 휘둥그레졌다. 그리고 "우와"라는 감탄사를 연신 내뱉었다. 나는 아들을 바라보며 말했다.

어때, 너무 멋지지? 사실 하나님께서 아담과 하와를 통해 이루고자 하셨던 세상이 이런 세상이야. 서로 다투지 않고, 사랑하는 세상. 사람이 피조물에게 하나님의 주권성을 평화롭게 반사하는 세상. 그런데 지금은 창세기 3장에 있는 타락 사건으로 인해 아름다운 세상이 만들어지지 못한 거야.[21] 그리고 하나님께서는 무너진 세상의 질서를 다시 본래대로 바꾸기 위해서 특별한 계획을 세우셨어. 그게 어떤 계획인지 아니? 예수님을 우리에게 보내주신 거야. 즉, 예수님께서는 아담과 하와가 어지럽힌 창조의 질서를 회복하러 오신 것이지.

하지만 아들이 머리를 갸우뚱하며 물었다.

아빠, 그런데 … 예수님은 벌써 오셨잖아요? 그런데 왜 우리는 아직도 동물을 못 다스려요?

나는 웃으며 말했다.

---

21   본서 제1장의 첫 번째 각주에서 언급했듯이, 역사적 아담론(*Creatio de novo*)은 오늘날 주류 과학자들이 설명하는 인류 진화론과 양립할 수 있다. 또한 이러한 틀 속에서 우주적 원죄론도 충분히 설명이 가능하다. 역사적 아담론, 인류 진화론, 우주적 원죄론이 공존하는 세상에 대해서는 다른 책에서 논하기로 한다.

맞아. 예수님께서 벌써 오셨지. 그런데 성경은 예수님께서 다시 오신다고 약속하고 있어. 바로 그때, 예수님께서 모든 것을 회복하실 거야. 다시 말하자면, 과거에 예수님께서 오셨을 때는 회복의 씨앗을 심으신 것이고, 예수님께서 다시 오실 때에는 회복의 열매를 거두실 예정이지. 그때가 되면 우리가 피조물을 평화와 화평으로 다스리며 하나님의 형상의 기능을 온전히 행사하게 될 거야!

나는 신약성경 속에서 예수님이 물고기와 짐승에게 그분의 주권성을 행사하시는 장면이 담겨있는 구절들을 찾아서 아이들에게 읽어주었다.

> 예수께서 사십 일 동안 광야에 계셨는데, 거기서 사탄에게 시험을 받으셨다. 예수께서 들짐승들과 함께 지내셨는데, 천사들이 그의 시중을 들었다. (막 1:13)[22]

> 그러나 우리가 그들을 걸려 넘어지지 않도록 해야 하니, 네가 바다로 가서 낚시를 던져, 맨 먼저 올라오는 고기를 잡아서 그 입을 벌려 보

---

22 본문이 "종말론적 구원"을 암시한다고 보는 신현우 교수는 『마가복음』 (한국신약해설주석 2; 감은사, 2021), 121에서 이렇게 말했다: "이러한 배경 속에서 광야에서 야생 동물과 친화적으로 거하신 예수의 모습은 종말의 새 창조 또는 구원의 때의 모습을 미리 보여준다고 해석될 수 있다. 본문은 야생 동물과 친화적인 예수의 모습을 통하여 예수께서 종말론적 평화를 가져오시는 분임을 알려준다."

아라. 그러면 은전 한 닢이 그 속에 있을 것이다. 그것을 가져다가 나와 네 몫으로 그들에게 내어라." (마 17:27)[23]

[4] 이미 동틀 무렵이 되었다. 그때에 예수께서 바닷가에 들어서셨으나, 제자들은 그가 예수이신 줄을 알지 못하였다. [5] 그때에 예수께서 제자들에게 물으셨다. "애들아, 무얼 좀 잡았느냐?" 그들이 대답하였다. "못 잡았습니다." [6] 예수께서 그들에게 말씀하셨다. "그물을 배 오른쪽에 던져라. 그리하면 잡을 것이다." 제자들이 그물을 던지니, 고기가 너무 많이 걸려서, 그물을 끌어올릴 수가 없었다. (요 21:4-6)

위에 인용한 구절들은 예수님께서 들짐승과 물고기 위에 주권성을 행사하시는 모습을 보여준다. 이는 하나님의 형상에게 부여된 주권성이 예수님의 사역을 통해서 회복될 것임을 알리는 복선으로도 볼 수 있지 않을까? 나는 아이들에게 다음과 같이 설명했다.

예수님께서 여러 종류의 동물들과 물고기를 다스리시지? 아빠는 여기에서 우리의 미래를 봐. 예수님께서 세상의 질서를 온전히 회복하시는 그날, 우리에게 있는 주권성도 회복될 거야. 빨리 그때가 오면 좋겠지?

---

23 갈릴리 바다에서 동전을 물고 있는 물고기들이 종종 발견된다. 하지만 우리가 초점을 맞춰야 할 부분은 베드로가 바다에서 "맨 먼저" 잡은 물고기가 동전을 물고 있을 것이라는 예수님의 발화 부분이다. 따라서 본문은 예수님의 예지 능력이나 물고기를 통제하시는 능력을 말하고 있는 것으로 볼 수 있다.

나를 초롱초롱 빛나는 눈으로 바라보고 있었던 아이들은 함께 외쳤다.

네! 예수님께서 빨리 다시 오셨으면 좋겠어요!

공부를 마치며

시계를 보니 벌써 저녁 8시 30분이 넘었다. 나는 아이들을 잠자리로 보낸 후 홀로 책상에 남아 하나님의 형상에 관한 생각에 잠겼다. 사람은 무엇인가? 사람은 하나님의 살아 움직이는 신상이다(사람의 정체성). 사람은 무엇을 하는가? 사람은 하나님의 살아 있는 신상으로 기능한다(사람의 직분). 이와 같은 이해는 우리에게 중요한 가르침을 전해준다. 첫째, 모든 인간은 하나님의 형상이다. 남녀노소, 빈부귀천, 동서고금을 막론하고 사람은 그저 사람이라는 이유만으로 하나님의 형상이다. 아무리 많은 오물이 묻어 있다고 할지라도 우리는 여전히 하나님의 형상이다. 이는 불변하는 사실이며, 이것 하나만으로 우리가 얼마나 소중한 존재인지를 알 수 있다. 둘째, 그러나 오물을 제거하지 않으면 우리는 하나님의 신상으로서의 기능을 온전히 수행할 수 없다. 안타깝게도 이 오물은 우리의 힘과 노력으로 제거할 수 없다. 오직 예수 그리스도의 신적 사역을 통해서만 제거될 수 있다. 더러워진 하나님의 형상에게 예수님의 사역이 절대적으로 필요한 이유가 바로 여기에 있다.

　하나님께서 하늘에서 천군 천사를 다스리시듯, 하나님의 형상인 인간은 땅에서 피조물들을 다스려야 했다. 그렇게 하늘과 땅은 하나님과 하나님의 형상의 다스림을 통해 아름다운 데칼코마니 구조를 갖춰야 했다. 하지만 인간의 불순종으로 인해 피조계에 무질서가 찾아왔다. 그 무질서는 인간의 힘으로 바로 잡을 수 있는 범위 밖에 있었다. 그때부터 피조계는 신적 회복자, 예수 그리스도의 출현을 간절히 기다렸다.

　감사하게도 하나님께서는 피조계의 고통을 외면하지 않으셨다. 초림의 예수님은 회복의 씨앗을 심으러 오셨다. 그리고 재림의 예수님은 회복의 열매를 거두러 오실 것이다. 예수님께서 모든 무질서를 질서로 바꾸시는 그때, 우리는 하늘과 땅을 수놓을 아름다운 데칼코마니를 보게 될 것이다. 하나님의 모든 피조물들이 완벽한 질서 속에서 사랑과 평화를 나누며 공존하는 모습을 상상해 보라. 우리 앞에 펼쳐질 세상은 우리가 지금 생각하고 상상하는 그 어떤 모습보다 더 아름다울 것이다.

사막에 샘이 넘쳐 흐르리라
사막에 꽃이 피어 향내 내리라
주님이 다스릴 그 나라가 되면은
사막이 꽃동산 되리
사자들이 어린 양과 뛰놀고
어린이들 함께 뒹구는
참 사랑과 기쁨의 그 나라가
이제 속히 오리라

사막에 숲이 우거지리라
사막에 예쁜 새들 노래하리라
주님이 다스릴 그 나라가 되면은
사막이 낙원 되리라
독사 굴에 어린이가 손 넣고
장난쳐도 물지 않는
참 사랑과 기쁨의 그 나라가
이제 속히 오리라
마라나타!

제3장
하와는 무엇을 돕는 사람이에요?

제3장 하와는 무엇을 돕는 사람이에요?

성경 구절

[16] 주 하나님이 사람에게 명하셨다. "동산에 있는 모든 나무의 열매는, 네가 먹고 싶은 대로 먹어라. [17] 그러나 선과 악을 알게 하는 나무의 열매만은 먹어서는 안 된다. 그것을 먹는 날에는, 너는 반드시 죽는다." [18] 주 하나님이 말씀하셨다. "남자가 혼자 있는 것이 좋지 않으니, 그를 **돕는** 사람, 곧 그에게 알맞은 짝을 만들어 주겠다." [19] 주 하나님이 들의 모든 짐승과 공중의 모든 새를 흙으로 빚어서 만드시고, 그 사람에게로 이끌고 오셔서, 그 사람이 그것들을 무엇이라고 하는지를 보셨다. 그 사람이 살아 있는 동물 하나하나를 이르는 것이 그대로 동물들의 이름이 되었다. [20] 그 사람이 모든 집짐승과 공중의 새와 들의 모든 짐승에게 이름을 붙여 주었다. 그러나 그 남자를 **돕는** 사람 곧 그의 짝이 없었다. [21] 그래서 주 하나님이 그 남자를 깊이 잠

들게 하셨다. 그가 잠든 사이에, 주 하나님이 그 남자의 갈빗대 하나를 뽑고, 그 자리는 살로 메우셨다. [22] 주 하나님이 남자에게서 뽑아낸 갈빗대로 여자를 만드시고, 여자를 남자에게로 데리고 오셨다. [23] 그 때에 그 남자가 말하였다. "이제야 나타났구나, 이 사람! 뼈도 나의 뼈, 살도 나의 살, 남자에게서 나왔으니 여자라고 부를 것이다."

(창 2:16-23)

공부의 시작

오늘은 아이들과 함께 창세기 2:16-23을 읽었다. 평소보다 읽어야 할 분량이 길었기 때문에 독서의 시간을 충분히 주었다. 본문을 읽은 아이들은 잠시 생각에 잠겼다. 얼마의 시간이 지났을까? 여러 가지 질문들이 아이들의 입에서 쏟아져 나왔다. "선악과가 뭐예요?", "선악과를 먹으면 왜 죽어요?", "선과 악을 아는 일은 좋은 게 아닌가요?", "남자가 혼자 있는 것이 왜 좋지 않아요?", "왜 하나님께서 여자를 남자의 갈비뼈로 만드셨어요?", "돕는 사람이 뭐예요?" 모두 다 타당한 질문들이었다. 하지만 안타깝게도 저녁 성경 공부 시간에 모든 질문을 다루기에는 역부족이었다. 그래서 나는 한 가지 질문을 선택해야만 했다.

다들 좋은 질문들을 했네. 아빠가 오늘 모두 답할 수 있다면 참 좋겠지만, 시간 관계상 오늘은 "돕는 사람이 뭐예요?"라는 질문만 살펴보자. 나머지 질문들은 앞으로 성경 공부를 하면서 다루게 될 테니까 조금만 기다려. 알 겠지?

아이들은 고개를 끄덕였다. 나는 아이들을 바라보며 말했다.

오늘 읽은 성경 본문은 하와를 가리켜 아담의 "돕는 사람"이라고 부르고 있 어. 이게 무슨 뜻일까? 우선 창세기 2:16-18을 문맥적으로 읽으면서 생 각해 볼래?

나는 "돕는 사람"이라는 표현이 나오는 18절에만 초점을 맞추지 말고, 그 구절이 포함되어 있는 문맥을 함께 읽도록 아이들을 인도 했다. 한 그루의 나무에만 초점을 맞추다 보면, 나무가 그곳에 위치 한 이유를 발견하지 못할 때가 있다. 이럴 때는 한 걸음 뒤로 물러나 야 한다. 그리고 거시적인 관점으로 숲을 바라봐야 한다. 그러면 찾 고자 하는 바를 발견할 수 있다. 18절에 있는 "돕는 사람"도 마찬가 지다. 이 표현은 문맥의 진공 상태에서 나오지 않았다.

> [16] 주 하나님이 사람에게 명하셨다. "동산에 있는 모든 나무의 열매는, 네가 먹고 싶은 대로 먹어라. [17] 그러나 선과 악을 알게 하는 나무의 열매만은 먹어서는 안 된다. 그것을 먹는 날에는, 너는 반드시 죽는 다." [18] 주 하나님이 말씀하셨다. "남자가 혼자 있는 것이 좋지 않으니, 그를 돕는 사람, 곧 그에게 알맞은 짝을 만들어 주겠다." (창 2:16-18)

나는 아이들에게 본문을 여러 차례 읽도록 당부했다. 잠시 후, 아들이 먼저 입을 열었다.

음… 혹시 아담이 선악과를 먹지 못하도록 돕는 일인가요?

딸도 맞장구를 치면서 답했다.

맞아. 나도 그런 것 같아. 왜냐하면 "선악과를 먹지 말라"라는 명령 다음에 아담에게 "돕는 사람"이 필요하다고 나오니까.

나는 손뼉을 치면서 말했다.

아주 잘 찾았어! 아빠도 너희들의 생각에 동의해. 하와가 "돕는 사람"이라는 표현에는 여러 가지 의미들이 담겨 있겠지만, 근접 문맥에 의하면 아담이 선악과를 먹지 못하도록 돕는 역할을 받은 것으로 볼 수 있을 것 같아. 슬이가 말했듯이, 선악과 금지령이 아담에게 주어진 바로 다음에 아담에게 "돕는 사람"이 필요하다고 나오거든.

다시 한번 강조하지만, 하와를 아담에게 필요한 "돕는 사람"으로 정의하는 18절은 문맥의 진공 상태에서 나오지 않았다. 대신 하나님께서 아담에게 선악과 금지령을 내리시는 문맥 속에서 나타난다. 그러므로 하와는 "아담이 선악과를 먹지 않도록 아담을 선악과

의 유혹으로부터 지키는 역할"을 받았다고 이해될 수 있다.[1]

고대 근동의 정보 전달 방식을 고려한다면 이와 같은 독법은 더욱 타당해진다. 고대에는 문맹률이 압도적으로 높았기 때문에 문해인이 글을 낭독하면 문맹들은 듣기를 통해 텍스트의 내용에 접근했다. 스토리텔링을 통해 전달되는 내용은 문맥적 흐름 속에서 수용되었다. 따라서 창세기 2:16-18을 들었던 사람들은 "돕는 사람"의 의미를 자연스레 문맥적으로 이해했을 것이다.

평등한 아담과 하와

나는 십여 년 간 목회를 하면서 하와가 아담의 "돕는 사람"이라는 표현을 탈문맥적으로 이해하는 성도들을 상당히 많이 목격했다. 대부분의 사람들은 "하와가 아담의 무엇을 도와야 하는가?"를 묻지 않았다. 대신 "돕는 사람"이라는 표현에만 초점을 맞춰 의미를 찾았다. 개중에는 "돕는 사람"이라는 표현을 존재적 위계 구조(ontological hierarchy)로 이해하여 하와가 마치 아담의 시녀였다는 식으로 이해하는 사람들도 있었다. 하지만 이와 같은 접근은 여러 가지 이유로 옳지 않다.

첫째, 성경은 하나님의 형상이 다른 하나님의 형상을 다스릴 수 없음을 명시한다. 창세기 1:26-27을 보자.

---

1   하와의 돕는 사역은 선악과 금지령에만 국한되지 않는다. 이 부분은 아래에 다룬다.

²⁶ 하나님이 말씀하시기를 "우리가 우리의 형상을 따라서, 우리의 모양대로 사람을 만들자. 그리고 그가, 바다의 고기와 공중의 새와 땅 위에 사는 온갖 들짐승과 땅 위를 기어다니는 모든 길짐승을 다스리게 하자" 하시고, ²⁷ 하나님이 당신의 형상대로 사람을 창조하셨으니, 곧 하나님의 형상대로 사람을 창조하셨다. 하나님이 그들을 남자와 여자로 창조하셨다. (창 1:26-27)

보다시피 하나님의 형상은 "바다의 고기와 공중의 새와 땅 위에 사는 온갖 들짐승과 땅 위를 기어다니는 모든 길짐승"을 다스릴 수 있다. 사람이 다스릴 수 있는 목록에 사람, 곧 하나님의 형상은 없다. 사람이 사람을 다스리는 일은 하나님의 창조 질서에 부합하지 않는다. 하나님의 형상을 다스릴 수 있는 분은 오직 하나님뿐이시다. 그러므로 아담이 존재적 위계 구조 속에서 하와를 다스렸다는 주장은 옳지 않다. 아담과 하와는 존재적으로 평등한 하나님의 형상이라는 사실을 기억하자.

둘째, "돕는 사람"으로 번역된 히브리어 표현(עזר כנגדו)은 하와의 위치를 (1) 아담-하와의 구도 그리고 (2) 하나님-하와의 구도로 조명해야 함을 나타낸다. 우선 "돕는"이라는 단어는 하와에게 아담이 선악과의 유혹에 넘어지지 않도록 돕는 역할이 있음을 말한다 (아담-하와의 구도).² 그리고 "사람"이라는 표현은 하와가 아담과 동일한 하나

---

2   Nahum M. Sarna, *Genesis* (JPSTC; Philadelphia: Jewish Publication Society, 1989), 21; K. A. Mathews, *Genesis 1-H:26* (NAC 1A; Nashville: B&H, 1996),

님의 형상임을 말한다 (하나님-하와의 구도).[3] 이를 고려하며 하와의 위치를 이해한다면, 하와에게 아담을 돕는 기능이 있었고, 또한 아담이 하나님의 형상인 것만큼 하와도 대등한 하나님의 형상이라는 점을 알 수 있다. 하와가 아담을 도와야 한다고 해서 아담이 하와보다 존재적으로 더 높은 위치에 있다고 주장할 수 없다. 둘은 존재적으로 모든 면에서 평등하다.

나는 아이들에게 천천히 그리고 반복해서 위의 내용을 설명해 주었다. 그리고 "돕는 사람"이라는 표현이 존재적 위계 구조를 의미하지 않는다는 점을 강조하여 말했다. 내 말을 유심히 듣고 있던 딸이 입을 열었다.

> 그러면 아담과 하와는 아빠와 엄마처럼 부부이면서 친구였네요! 아빠가 밤에 과자 드시려고 하면 엄마가 아빠를 혼내잖아요. 아빠가 살찌면 몸이 아플 수 있다고 걱정하면서 … 그러면 아빠는 엄마의 말을 듣고 과자를 안 드시잖아요.

나는 큰 소리로 웃으며 말했다.

---

214. "그녀는 아담의 '돕는 자'('ēzer)라고 불리는데, 이는 여자가 맡게 될 역할을 정의한다."

3   "사람"으로 번역된 히브리어 전치사구(כנגדו)는 하와가 아담과 짝이 될 수 있는 대등한 존재라는 의미를 전달한다. Cf. Wilhelm Gesenius and Samuel Prideaux Tregelles, *Genesius' Hebrew and Chaldee Lexicon to the Old Testament Scriptures* (Bellingham, WA: Logos Bible Software, 2014), 530.

그렇게 이해할 수도 있겠구나. 아주 재미있는 표현이네. 그런데 하와의 역할은 네가 말하는 것과 비교할 수 없을 정도로 크고 위대했어. 얼마나 위대했는지 한번 들어볼래?

딸은 고개를 힘차게 끄덕였다. 나는 하와가 받은 사명, 곧 아담이 선악과를 먹지 않도록 선악과의 유혹으로부터 아담을 지키는 역할이 얼마나 위대한 일인지를 설명하기 시작했다.

위대한 하와

하나님은 아담에게 선악과 금지령을 내리신 이후 그가 "혼자 있는 것이 좋지 않[다]"라고 판단하셨다. "아담이 혼자 있는 것"은 하나님의 창조 세계에 나타난 첫 번째 "좋지 않음"이었다. 우리가 알다시피, 창세기 1장에는 하나님께서 보시기에 "좋았더라"는 표현이 일곱 번이나 등장한다. 그 어디에도 "좋지 않았더라"는 표현은 등장하지 않는다. 하지만 창세기 2장에 처음으로 "좋지 않음"이 등장한다. 그 "좋지 않음"은 바로 사람이 홀로 있는 것이었다. 그 이유가 무엇일까?

혹자는 "아담이 홀로 있으면 생육하고 번성하라는 하나님의 명령을 지킬 수 없기 때문이다"라고 생각한다. 하지만 문맥적 읽기에 따르면, 다른 답이 더 적절해 보인다. 아담이 홀로 지내는 것이 좋지 않은 이유는 아담 홀로 선악과 금지령을 지키는 데 어려움이 있었기 때문이다.[4] 이러한 독법은 아담이 선악과의 유혹에 넘어가지 않도록 그를 도울 수 있는 **강력한 동역자**의 필요성을 부각한다. 그렇다면 누가 그 일을 맡을 것인가? 바로 위대한 여인, 하와였다. 아담은 하나님께서 주신 사명을 관철하기 위해 반드시 하와의 도움을 받아야 했다. 그리고 하와는 최선을 다해 아담을 도와야 했다.

이제 우리는 하와의 위치를 더욱 구체적으로 이해할 준비가 되었다. 만약 아담과 하와 사이에 종과 주인의 위계 구조가 형성되어 있다면, 하와는 아담이 선악과 금지령을 지킬 수 있도록 돕는 역할을 효과적으로 수행할 수 없다. 종은 주인에게 복종해야 한다. 주인이 아무리 잘못된 행동을 한다고 할지라도 종은 주인을 만류하거나 제지할 수 없다. 종에게 요구되는 미덕은 주인을 향한 무조건적인 복종일 뿐이다. 만약 아담과 하와 사이에 이런 구도가 형성되었다면, 주인인 아담이 선악과를 먹으려 할 때, 종인 하와는 아담의 행동을 결코 멈출 수 없다. 하지만 하와에게 주어진 사명은 아담을 향한 무조건적인 복종이 아니었다. 하와는 아담의 강력한 동역자였다.[5]

---

4   John H. Sailhamer, *Genesis* (REBC 1; ed. Tremper Longman III and David E. Garland; Grand Rapids, MI: Zondervan, 2008), 82; Carmen Joy Imes, *Being God's Image: Why Creation Still Matters* (Downers Grove, IL: IVP Academic, 2023), 40.

5   R. G. Branch, "Eve," ed. T. Desmond Alexander and David W. Baker, *Dictionary of the Old Testament: Pentateuch* (Downers Grove, IL: IVP, 2003), 240-43 (241): "종종 '돕는 사람'으로 번역되는 *ēzer*는 여자의 지위에 대한 언급이 아니며, 종속과 열등함을 함축하는 단어도 아니다. 대신, *ēzer*는 타인, 곧 동역자를 도우려는 열망이나 능력, 역량을 소유한 사람을 설명한다."

따라서 아담이 하나님의 명령을 어기고 선악과를 먹으려고 한다면, 하와는 그의 행동을 제지할 수 있었다. 하나님께서는 하와를 아담에게 맹종하는 하인이 아니라, 아담이 하나님께 순종하도록 돕는 아담의 동역자로 창조하셨다.[6] 요컨대 아담은 하나님께서 주신 사명을 관철하기 위해 하와를 의지해야 했고, 하와는 아담을 도와 에덴의 질서를 지켜야 했다. 이와 같은 관계를 잘 반영한 표현은 존재적 위계 구조(ontological hierarchy)가 아니라 **기능적 질서**(functional order)이다.

---

6 Imes, *Being God's Image*, 40: "사실, *'ēzer*는 구약성경에서 90번 이상 일반명사로 등장하지만 종이나 부하가 주인을 위해 하는 일을 가리키는 용례로 사용된 경우는 결코 나타나지 않는다."

기능적 질서 이론은 '목표-팀원들의 협업' 구도가 '목표-개인의 노력' 구도보다 더 생산적인 전체 효과를 생성한다는 개념이다.[7] 따라서 기능적 질서의 방점은 '두 팀원 사이에 존재하는 위계 구조'가 아니라 '두 팀원 사이에 구동되는 협업 구조'에 찍힌다. 이를 기억하며 창세기 본문으로 돌아가 보자. 하나님께서 아담에게 "선악과를 먹지 말라"라는 목표를 주셨다. 이 목표는 아담 홀로 지키기에는 무리였다. 그래서 하나님께서는 아담이 목표를 확실히 달성할 수 있도록 강력한 동역자를 주셨다. 이제 아담과 하와는 협업하면서 하나님께서 주신 목표를 이루어야 하는 사명을 공유하게 되었다. 아담과 하와는 동등성(equivalent)과 보완성(complementary)의 구도 속에서 기능적 질서를 따라 협업하도록 부르심을 받았던 것이다.

일심동체

나는 아이들이 위의 내용을 이해할 수 있도록 여러 차례 반복하여 설명해 주었다. 고맙게도 아이들은 집중해서 들었고, 결국 아담과 하와의 관계를 문맥적으로 이해했다. 그리고 내 말을 한참 동안 듣고 있던 딸이 손을 들고 중요한 질문을 하나 던졌다.

---

7 에모리 대학교의 마이론 코프먼(Myron Kaufman)은 질서의 종류를 세 가지로 나눈다. 이 중에 하나가 기능적 질서이다. Idem, *Order and Disorder: Science Essentials for the Non-Scientist* (London: Imperial College, 2011), 28을 보라.

아빠, 그러면 하와는 선악과를 먹어도 돼요? 하나님께서 아담에게만 선악과를 먹지 말라고 하셨으니까요.

매우 중요한 질문이었다. 딸의 말처럼 하나님께서 아담에게 선악과 금지령을 내리실 때 하와는 아직 창조되지 않았다. 그리고 창세기 2:16-18은 하와를 가리켜 아담이 선악과 금지령을 잘 지킬 수 있도록 "돕는 사람"으로 소개될 뿐이다. 따라서 "하와는 선악과를 먹어도 된다"라는 해석상 경우의 수가 열린다. 하지만 나는 창세기 2:21-23과 3:11-13이 다른 해석을 제시한다고 생각한다. 그래서 딸에게 창세기 2:21-23을 먼저 읽어보자고 권했다.

> [21] 그래서 주 하나님이 그 남자를 깊이 잠들게 하셨다. 그가 잠든 사이에, 주 하나님이 그 남자의 갈빗대 하나를 뽑고, 그 자리는 살로 메우셨다. [22] 주 하나님이 남자에게서 뽑아 낸 갈빗대로 여자를 만드시고, 여자를 남자에게로 데리고 오셨다. [23] 그 때에 그 남자가 말하였다. "이제야 나타났구나, 이 사람! 뼈도 나의 뼈, 살도 나의 살, 남자에게서 나왔으니 여자라고 부를 것이다." (창 2:21-23)

나는 딸에게 물었다.

하와가 무엇으로부터 창조되었지?

딸이 답했다.

아담의 갈빗대요!

나는 말을 이어나갔다.

맞아. 아담의 갈빗대야. 아담은 흙으로 창조됐어. 그런데 하와는 아담의 갈빗대로 만들어졌어. 이상하지? 하나님께서 흙으로 하와를 창조하지 않고, 굳이 아담의 갈빗대로 창조하신 이유가 뭘까?

한동안 말이 없던 아들이 입을 열었다.

정말 그러네요. 하와도 흙으로 창조할 수 있었는데… 에덴 동산 근처에는 흙이 많았겠지요? 그러면 흙으로 하와를 창조하는 일이 더 쉬웠을 텐데요. 왜 하나님께서는 더 어려운 방법으로 하와를 만드셨어요?

아들의 생각이 맞다. 하나님은 주변에 있던 흙, 곧 아담을 창조할 때 사용하셨던 흙으로 하와를 손쉽게 창조할 수 있으셨다. 하지만 하나님은 이보다 어렵고 복잡한 방법을 사용하셨다. 아담을 재워야 하고, 그의 옆구리를 열어야 하고, 그의 갈빗대를 뽑아야 하고, 갈빗대가 없어진 자리를 살로 메워야 하는 등의 복잡한 과정을 거치셨다. 도대체 그 이유가 무엇일까? 딸이 유의미한 답을 제시했다.

음 … 혹시 아담과 하와가 서로 가까운 사이라는 것을 알리기 위해서요?

나도 딸의 의견에 동의했다. 하나님께서 하와를 창조하실 때 아담을 구성하고 있던 요소를 사용하셨다. 하와를 처음 본 아담도 그녀를 향해 "뼈도 나의 뼈, 살도 나의 살"(창 2:23)이라고 외치지 않았는가? 이는 아담과 하와는 단순한 친구 관계 혹은 협업하는 관계를 넘어 일심동체로 엮어져 있음을 함축한다. 아담과 하와는 한마음 한뜻으로 연합해야 하는 하나 같은 둘이었던 셈이다. 그러므로 아담에게 내려진 선악과 금지령은 하와와 결코 무관한 명령이라고 볼수 없다. 하나 같은 둘이었던 아담과 하와는 서로 선악과를 먹지 않도록 도와야 했다. 이를 기억하며 창세기 3:11-13을 보자.

> [11] 하나님이 [아담에게] 물으셨다. "네가 벗은 몸이라고, 누가 일러주더냐? 내가 너더러 먹지 말라고 한 그 나무의 열매를, 네가 먹었느냐?" [12] 그 남자는 핑계를 대었다. "하나님께서 저와 함께 살라고 짝지어 주신 여자, 그 여자가 그 나무의 열매를 저에게 주기에, 제가 그것을 먹었습니다." [13] 주 하나님이 그 여자에게 물으셨다. "너는 어쩌다가 이런 일을 저질렀느냐?" 여자도 핑계를 대었다. "뱀이 저를 꾀어서 먹었습니다." (창 3:11-13)

"너는 어쩌다가 이런 일을 저질렀느냐?"라는 하나님의 질문에 하와는 "뱀이 저를 꾀어서 먹었습니다"라고 답했다. 하와의 답을 통해 우리가 유추할 수 있는 부분이 있다. 하와에게도 선악과 금지령이 적용되었다는 점이다. 이로 미루어 보아, 하와가 아담이 선악과를 먹지 않도록 도와야 했듯이, 아담에게도 하와가 선악과를 먹지 않도록 도와야 하는 "돕는 사람"의 기능이 있었다고 볼 수 있다. 아담과 하와는 하나 같은 둘, 즉 "일심동체"였다.[8]

이 말을 들은 딸이 웃으며 말했다.

> 아빠도 엄마가 밤에 과자를 못 드시도록 돕잖아요. 아담과 하와처럼 아빠와 엄마도 서로에게 "돕는 사람"이네요!

아들도 웃으면서 입을 열었다.

> 맞아. 아빠가 엄마 몰래 과자를 드시다가 걸리면 엄마에게 혼나는 것처럼, 엄마도 아빠 몰래 과자를 드시다가 걸리면 아빠에게 혼나잖아요?

우리 셋은 서로를 바라보고 크게 웃었다. 물론 아담과 하와의 돕는 사명은 나와 아내의 돕는 사명과 비교할 수 없을 정도로 중대했다. 하지만 아이들이 그 사명의 무게를 느끼기에는 아직 역부족이었다. 그래서 나는 아이들의 생각을 긍정적으로 평가한 후 다른 소주제로 넘어갔다.

---

8   이럴 경우, 선악과 금지령은 하나님께서 아담에게 먼저 주셨고, 아담을 통해 하와에게 전달된 명령으로 이해될 수 있다.

아담과 하와의 또 다른 사명

나는 아이들에게 창세기 2:19-23을 읽으며 아담과 하와에게 주어진 또 다른 사명을 찾아보라고 권했다. 아이들은 "또 다른 사명"이라는 표현에 큰 관심을 보이며 성경을 읽기 시작했다.

> [19] 주 하나님이 들의 모든 짐승과 공중의 모든 새를 흙으로 빚어서 만드시고, 그 사람에게로 이끌고 오셔서, 그 사람이 그것들을 무엇이라고 하는지를 보셨다. 그 사람이 살아 있는 동물 하나하나를 이르는 것이 그대로 동물들의 이름이 되었다. [20] 그 사람이 모든 집짐승과 공중의 새와 들의 모든 짐승에게 이름을 붙여 주었다. 그러나 그 남자를 돕는 사람 곧 그의 짝이 없었다. [21] 그래서 주 하나님이 그 남자를 깊이 잠들게 하셨다. 그가 잠든 사이에, 주 하나님이 그 남자의 갈빗대 하나를 뽑고, 그 자리는 살로 메우셨다. [22] 주 하나님이 남자에게서 뽑아 낸 갈빗대로 여자를 만드시고, 여자를 남자에게로 데리고 오셨다. [23] 그 때에 그 남자가 말하였다. "이제야 나타났구나, 이 사람! 뼈도 나의 뼈, 살도 나의 살, 남자에게서 나왔으니 여자라고 부를 것이다." (창 2:19-23)

딸이 먼저 입을 열었다.

아, 찾았다! 혹시 아담은 동물을 잘 다스리는 사명도 받은 것인가요?

아들도 질세라 답했다.

그리고 하와는 아담이 동물을 잘 다스릴 수 있도록 도와야 했던 것이고요?

나는 답했다.

맞아! 잘 찾았네. 문맥에 따르면 하와는 아담이 동물의 이름을 모두 지어준 다음에 만들어져. 지난 번에 살펴봤듯이, 아담이 동물의 이름을 지었다는 것은 아담에게 동물을 다스릴 수 있는 주권성이 있다는 의미야. 그러므로 하와는 아담이 그 주권성을 남용하거나 오용하지 않고 잘 사용할 수 있도록 아담을 도와야 했던 것이지.

이 말을 듣고 있던 아들이 눈을 크게 뜨면서 물었다.

아빠, 왜 아담은 자꾸 하와의 도움을 받아야 해요? 선악과를 안 먹는 일도 하와의 도움을 받아야 하고, 동물을 다스리는 일도 하와의 도움을 받아야 하고… 왜 아담은 혼자 못해요?

나는 웃으며 답했다.

하나님께서 아담에게 맡기신 일은 아담 혼자 감당하기에는 너무 벅찼던 일이었기 때문이 아닐까?

아들은 이해했다는 듯이 고개를 끄덕였다. 물론 하와도 하나님의 형상이고 아담의 부분이었기 때문에 아담의 사명은 곧 하와의 사명이기도 했다. 즉, 하와도 아담처럼 선악과를 먹지 않고 동물을 잘 다스려야 했다는 의미이다. 따라서 하와가 아담의 "돕는 사람"이었듯이, 아담도 하와의 "돕는 사람"으로 기능했을 것이다. 아담과 하와는 서로 협업하면서 하나님의 형상으로 기능해야 했던, 하나 같은 둘이었음을 기억하자.

앞서 살펴본 바와 같이 창세기 2장에는 아담과 하와의 관계가 기능적 질서의 구도 속에서 동일한 목표를 위한 협업 관계로 두 차례나 등장한다. 창세기 2:8-18에 의하면 다음과 같은 순서가 만들어진다.

1. 아담은 하나님께서 내리신 선악과 금지령을 지켜야 함.
2. 아담 홀로 선악과 금지령을 지키기 힘드니 아담을 "돕는 사람"이 필요함.

이번에는 창세기 2:19-23이다.

1. 아담은 하나님의 주권성을 새, 물고기, 동물들을 향해 사용해야 함.
2. 아담이 하나님의 주권성을 바르게 사용할 수 있도록 아담을 도울 하와가 창조됨.
3. 하와가 아담의 갈빗대에서 나왔기 때문에 아담의 사명은 하와의 사명도 됨.

이와 같은 구조에 의하면, 하와는 아담이 선악과 금지령을 잘 지키고 새, 물고기, 그리고 동물을 잘 다스릴 수 있도록 돕는 사람이었다. 아담도 하와가 선악과 금지령을 잘 지키고 새, 물고기, 그리고 동물을 잘 다스릴 수 있도록 돕는 사람이었다. 아담과 하와는 부부요, 친구요, 동역자요, 협업자로 부르심을 받은 일심동체 단짝이었기 때문이다.

나는 아이들에게 이와 같은 내용을 천천히 반복하며 설명해 주었다. 감사하게도 아이들은 내 설명을 잘 따라와 주었다.

공부를 마치며

시계를 보니 벌써 저녁 8:30이 넘었다. 아이들은 내일 아침에 등교해야 하기 때문에 이제 잠자리에 들어야 했다. 그래서 기도를 하고 공부를 마치려는 순간, 아들이 중요한 질문 하나를 던졌다.

아빠, 그러면 아담과 하와는 남자와 여자라는 것 말고는 다른 게 하나도 없었어요?

과연 그럴까? 내가 오늘 아이들에게 전달한 내용만 놓고 보자면 충분히 "그렇다"라고 답할 수 있다. 왜냐하면 나는 아담과 하와가 모두 하나님의 형상이라는 점, 하와가 아담의 구성 요소에서 나왔다는 점, 그리고 둘은 기능적 질서 속에서 협업해야 했다는 점을 설명했기 때문이다. 하지만 아담과 하와 사이에 미묘한 차이점도 있었다. 그것은 둘 사이에도 질서가 있었다는 점이다. 안타깝게도 아이들에게 이 부분을 설명하기에는 시간이 너무 늦었다. 그래서 나는 다음을 기약하며 아들에게 말했다.

정말 중요한 질문을 했네. 아빠는 아담과 하와 사이에 중요한 차이점이 있다고 생각해. 그 차이점이 무엇인지는 오늘 이야기 할 수 없어. 설명하는 데 긴 시간이 걸리거든. 그러니까 다음 성경 공부 시간에 그 부분을 살펴보도록 하자. 어때?

딸의 눈을 보니 벌써 졸음이 가득했다. 딸은 늦게 자고 늦게 일어나는 아들과는 달리 일찍 자고 일찍 일어나는 "새 나라의 어린이"다. 그래서 저녁 8:30만 되면 딸의 눈에는 졸음이 가득하다. 나는 아쉬운 마음을 뒤로하고 다음을 기약했다. 아이들은 고개를 끄덕이며 방으로 들어갔다. 아이들의 뒷모습을 보고 있으니 아내 생각이 났다. 내 반쪽, 내 사랑, 내 친구, 내 동역자, 내 협업자가 말이다.

내 아내

아내는 내 영혼의 은인이다. 내가 하나님과 가장 멀리 있었을 때, 아내가 내 삶에 찾아왔다. 하나님을 향해, 세상을 향해, 사람을 향해, 그리고 아내를 향해 가시투성이의 모습을 보였던 내 삶에 들어온 아내는 나에게 있던 가시들을 하나씩 뽑아주었다. 그 과정에 아내 역시도 다쳤다. 하지만 아내는 포기하지 않고 내 가시들을 뽑아주었다. 이에 따라 놀라운 변화가 일어났다. 나와 하나님의 관계는 서서히 회복되었고, 나와 세상, 나와 사람의 관계도 회복되기 시작한 것이다. 선악과를 양손에 들고 발버둥쳤던 내게 아내는 부드럽지만, 강한 모습으로 찾아와 내 손에서 선악과를 모두 내동댕이 쳐줬다. 나는 알고 있다. 아내가 없었다면 지금의 내가 없었을 것임을… 그리고 아내도 안다. 내가 없었다면 지금의 아내도 없었을 것임을… 이처럼 우리는 서로에게 기대어 서로를 돕고 있다. 함께 어깨동무하고 칠전팔기하며 이 길을 걷고 있다. 서로에게 낯선 자였던 우리는 이제 서로에게 막역한 친구가 되어 하나 같은 둘의 관계로 서로를 도와준다. 나는 아내를 생각할 때마다 유안진의 「지란지교를 꿈꾸며」의 몇 대목이 떠오른다.

저녁을 먹고 나면 허물없이 찾아가
차 한잔을 마시고 싶다고 말할 수 있는
친구가 있었으면 좋겠다.

입은 옷을 갈아 입지 않고,
김치 냄새가 좀 나더라도 흉보지 않을 친구가
우리 집 가까이에 살았으면 좋겠다.

비오는 오후나, 눈 내리는 밤에도
고무신을 끌고 찾아가도 좋을 친구,
밤 늦도록 공허한 마음도 마음 놓고 열어 보일 수 있고
악의없이 남의 얘기를 주고 받고 나서도
말이 날까 걱정이 되지 않는 친구가 …

사람이 자기 아내나 남편, 제 형제나 제 자식하고만
사랑을 나눈다면 어찌 행복해질 수 있을까.
영원이 없을수록 영원을 꿈꾸도록
서로 돕는 친구가 필요하리라.

　　나는 이 대목에서 잠시 멈춘다. 그리고 "서로 돕는 친구"가 나와
가장 가까이에 있는 아내라는 사실에 오히려 감사한다. 그리고 시
를 다시 읽는다.

저녁을 먹고 나면 허물없이 찾아가

차 한잔을 마시고 싶다고 말할 수 있는

친구가 아내라서 감사하다.

입은 옷을 갈아 입지 않고,

김치 냄새가 좀 나더라도 흉보지 않을 친구가

아내라서 감사하다.

비오는 오후나, 눈 내리는 밤에도

고무신을 끌고 찾아가도 좋을 친구,

밤늦도록 공허한 마음도 마음놓고 열어 보일 수 있고

악의없이 남의 얘기를 주고 받고 나서도

말이 날까 걱정이 되지 않는 친구가 아내라서 감사하다.

영원이 없을수록 영원을 꿈꾸도록

서로 돕는 친구가 아내라서 감사하다.

내 소중한 친구인 아내, 내가 삶에서 가장 어두운 터널을 지날 때 나를 찾아와 빛으로 인도해 준 아내, 이처럼 감사한 아내를 더욱 사랑하고 보호하겠다고 다짐하며 매튜 헨리(Matthew Henry)의 말을 떠올렸다.

하나님께서는 아내를 남편의 머리에서 취하시지 않음으로 그를 주
장하지 못하게 하셨고 그의 발에서 취하시지 않음으로 그에게 짓밟
히지 않게 하셨으며 그의 옆구리에서 취하심으로 그와 동등하게 하
시고 그의 팔 아래서 취하심으로 그의 보호를 받고 그의 가슴 근처에
서 취하심으로 그의 사랑을 받게 하셨습니다.[9]

이 얼마나 아름다운 표현인가!

---

9 Matthew Henry, *Matthew Henry's Commentary on the Whole Bible: Complete
   and Unabridged in One Volume* (Peabody: Hendrickson, 1994), 10.

제4장
아담과 하와는 무엇이 달라요?

4. 아담과 하와는 무엇이 달라요?

성경구절

[19] 주 하나님이 들의 모든 짐승과 공중의 모든 새를 흙으로 빚어서 만드시고, 그 사람에게로 이끌고 오셔서, 그 사람이 그것들을 무엇이라고 하는지를 보셨다. 그 사람이 살아 있는 동물 하나하나를 이르는 것이 그대로 동물들의 이름이 되었다. [20] 그 사람이 모든 집짐승과 공중의 새와 들의 모든 짐승에게 이름을 붙여 주었다. 그러나 그 남자를 돕는 사람 곧 그의 짝이 없었다. [21] 그래서 주 하나님이 그 남자를 깊이 잠들게 하셨다. 그가 잠든 사이에, 주 하나님이 그 남자의 갈빗대 하나를 뽑고, 그 자리는 살로 메우셨다. [22] 주 하나님이 남자에게서 뽑아 낸 갈빗대로 여자를 만드시고, 여자를 남자에게로 데리고 오셨다. [23] 그 때에 그 남자가 말하였다. "이제야 나타났구나, 이 사람! 뼈도 나의 뼈, 살도 나의 살, 남자에게서 나왔으니 여자라고 부를 것이다." (창 2:19-23)

공부의 시작

아들은 지난 성경 공부 시간에 던졌던 질문을 잊지 않고 있었다. 성경 공부 시간이 되기도 전에, 더 정확히 말하자면 학교에서 집으로 오는 길에 아담과 하와의 차이점을 물어봤을 정도다. 나도 빨리 내 생각을 나누고 싶었지만, 차 안에서 나눌 수 있는 내용이 아니었기 때문에 조금만 더 기다리라고 말했다. 그렇게 몇 시간이 흘러 성경 공부 시간이 되었다. 아들은 자리에 앉자마자 재촉하며 물었다.

아빠, 빨리 말해주세요. 아담과 하와의 차이점이 뭐예요?

이 질문을 하는 아들이 무척 신기했다. 나는 어렸을 때 아담과 하와의 차이점을 궁금해하지 않았다. 나중에 신학을 공부할 때가 되어서야 비로소 둘의 차이점이 유의미하다는 점을 깨달았다. 아직 사춘기도 안 된 아들이 아담과 하와의 차이점을 궁금해하는 이유가 무엇일까? 나는 궁금한 마음을 감추지 못하고 아들에게 질문했다.

언아, 아담과 하와의 차이점이 왜 궁금해? 아빠는 네 나이일 때, 그게 궁금하지 않았거든.

아들은 "그냥요"라고 답하고 히죽히죽 웃고만 있었다. 그러자 옆에 있던 딸이 입을 열었다.

오빠가 같은 반에 있는 ◯◯를 좋아해요. 그래서 묻는 거예요. 아까 학교에서 오빠가 말했어요.

아들은 결국 웃음을 터뜨렸다. 나도 언이가 ◯◯를 좋아하고 있다는 것을 알고 있었다. 그런데 아담과 하와의 관계를 본인과 ◯◯의 구도 속에서 이해하려 했다는 점은 몰랐다. 나는 아들의 머리를 만지면서 말했다.

그래서 그랬구나! 재미있네. 그런데 아빠는 아담과 하와의 관계를 언이와 ◯◯의 관계로 이해하면 안 된다고 생각해. 왜냐하면 아담과 하와는 부부의 관계였거든. 그래서 이들을 남자와 여자, 혹은 남자 친구와 여자 친구의 구도로 이해하면 안 돼. 그 대신 아빠와 엄마처럼 하나님의 언약 안에서 결혼한 부부의 관계로 이해해야 해. 알겠니?

아들은 고개를 끄덕이며 이해했다는 신호를 보냈다. 그리고 아래와 같이 답했다.

네! 그래도 알려주세요. 저와 ◯◯가 나중에 결혼할 수도 있으니까요! 이슬, 너도 △△ 좋아하잖아. 그러니까 잘 들어.

딸은 역정을 내며 답했다.

나 △△ 안 좋아해! △△가 나를 좋아한단 말이야!

요즘 아이들은 모든 것이 빠르다고 하던데 정말 그런 것 같다!

평행 구도

아담과 하와의 차이점은 신학적으로 매우 중요하고 민감한 주제이다. 그것이 중요한 이유는 둘 사이의 차이점에 하나님의 창조질서가 담겨 있기 때문이다. 그것이 민감한 이유는 그 질서가 종종 존재적 위계 구조로 오해되기 때문이다. 따라서 우리는 아담과 하와의 차이점에 균형 있게 다가가야 한다. 나는 아이들에게 이 부분을 설명한 후 창세기 2:19-23을 폈다. 그리고 아이들에게 말했다.

이제 너희가 읽을 본문에는 평행 구도, 그러니까 비슷한 흐름이 두 번 나타나.
그것을 한번 찾아볼래?

아이들은 내 말을 듣자마자 성경을 보기 시작했다. 하지만 아이들에게는 조금 벅찬 작업이었던 것 같다. 어느 정도 시간이 지났지만 아무도 답을 제시하지 못했다. 그래서 나는 힌트를 주었다.

많이 어렵지? 그러면 아빠가 도와줄게. 우선 19-20절을 먼저 읽어봐.
그다음에 21-23절을 읽어봐. 그러면 아주 비슷한 구도가 보일 거야.

아이들은 먼저 답을 찾기 위해 앞다투어 성경을 읽었다.

19 주 하나님이 들의 모든 짐승과 공중의 모든 새를 흙으로 빚어서 만드시고, 그 사람에게로 이끌고 오셔서, 그 사람이 그것들을 무엇이라고 하는지를 보셨다. 그 사람이 살아 있는 동물 하나하나를 이르는 것이 그대로 동물들의 이름이 되었다. 20 그 사람이 모든 집짐승과 공중의 새와 들의 모든 짐승에게 이름을 붙여 주었다. 그러나 그 남자를 돕는 사람 곧 그의 짝이 없었다. (창 2:19-20)

21 그래서 주 하나님이 그 남자를 깊이 잠들게 하셨다. 그가 잠든 사이에, 주 하나님이 그 남자의 갈빗대 하나를 뽑고, 그 자리는 살로 메우셨다. 22 주 하나님이 남자에게서 뽑아 낸 갈빗대로 여자를 만드시

고, 여자를 남자에게로 데리고 오셨다. [23] 그 때에 그 남자가 말하였다. "이제야 나타났구나, 이 사람! 뼈도 나의 뼈, 살도 나의 살, 남자에게서 나왔으니 여자라고 부를 것이다." (창 2:21-23)

아들보다 읽기 능력이 좋은 딸이 먼저 입을 열었다.

어! 아빠, 찾았어요! 하나님께서 동물을 아담에게 데리고 가셨던 것처럼 하와를 아담에게 데리고 가셨어요.

아들도 질세라 답했다.

그리고 아담이 동물의 이름을 지어서 불러줬는데… 아담이 하와를 여자라고 불렀어요.

아이들이 잘 찾았다. 창세기 2:19-23에는 독특한 패턴이 나타난다. 우선 창세기 2:19-20에 나타나는 패턴부터 살펴보자.

(1) 하나님께서 짐승과 새를 만드심(יצר)
(2) 하나님께서 이들을 아담에게 데려오심(בוא)
(3) 아담이 짐승과 새의 이름을 짓고 부름(קרא)

다음은 창세기 2:21-23에 나타나는 패턴이다.

(1) 하나님께서 하와를 만드심(בנה)

(2) 하나님께서 하와를 아담에게 데려오심(בוא)

(3) 아담이 하와를 "여자"라 호칭하고 부름(קרא)

보다시피 창세기 2:19–23에는 아래와 같은 패턴이 나타난다: 하나님께서 A를 만드심(בנה/יצר) → 하나님께서 A를 B에게 데려오심(בוא) → B가 A를 작명하고 부름(קרא). 제2장에서 살펴봤듯이, 아담이 짐승과 새의 이름을 짓는 모습은 아담이 피조물을 향해 주권성이 있음을 의미한다. 그리고 하나님께서 짐승과 새를 아담에게 이끌어 오시는 모습은 아담의 주권성이 하나님께서 세우신 질서임을 보여준다. 우리는 여기에서 중요한 질문을 마주하게 된다. 하나님께서 하와를 아담에게 이끌어 오시는 모습(בוא)과 아담이 하와를 "여자" 라고 부르는 모습(קרא)을 어떻게 이해해야 할까? 아담이 동물에게 주권성을 행사하듯이, 아담이 하와에게 주권성을 행사하는 것일까? 이와 같은 해석은 남자와 여자가 모두 하나님의 형상이라는 가르침에 어긋나는 것이 아닐까? 딸도 이 부분이 궁금했는지 바로 질문했다.

아빠, 그러면 아담이 하와보다 높아요? 그런데 아담과 하와는 모두 하나님의 형상으로 지어졌잖아요? 그러면 둘은 친구 아니에요? 아빠와 엄마처럼요?

아담과 하와 사이에 있는 질서

그렇다. 아담과 하와는 모두 하나님의 형상이다. 창조 질서에 의하면 하나님의 형상은 하나님의 형상을 다스릴 수 없다. 하나님의 형상을 다스릴 수 있는 분은 오직 하나님 한 분뿐이다. 그러므로 하나님께서 하와를 아담에게 인도하셨다(בוא)고 해서, 그리고 아담이 하와를 "여자"로 불렀다(קרא)고 해서 둘 사이에 존재적 위계 구조가 형성되었다고 볼 수는 없다.

하지만 근접 문맥에 두 번이나 사용된 **창조됨 → 인도됨 → 작명됨** 패턴은 아담과 하와 사이에 특정한 질서가 세워졌음을 보여준다. 그 질서가 사람과 동물 사이에 세워진 존재적 위계 구조(ontological hierarchy)가 아니라면 과연 어떤 종류의 질서일까? 우리는 제3장에서 아담과 하와 사이에 기능적 질서(functional order)가 세워졌음을 살펴봤다. 기능적 질서는 같은 목표를 두고 협업하는 팀원들 사이에 구동되는 질서이다. 따라서 아담과 하와 사이에 나타나는 **창조됨 → 인도됨 → 작명됨** 패턴은 이들을 인도하는 자-돕는 자로 협업하는 관계로 엮는다고 볼 수 있다.[1]

---

1   Wayne Grudem, "The Key Issues in the Manhood-Womanhood Controversy," in *Building Strong Families* (ed. Dennis Rainey; FFS; Wheaton, IL: Crossway, 2002), 28-78 (35-36).

나는 이 부분을 최대한 쉽게 풀어서 아이들에게 말해주었다. 그러자 딸이 궁금해하며 물었다.

왜 둘이 모두 '인도하는 자'가 되면 안 돼요? 아담도 리더하고 하와도 리더하면 좋잖아요?

나는 답했다.

물론 그럴 수도 있었겠지. 그런데 만약 그랬다면 매우 무질서한 그림이 그려졌을지도 몰라. 모든 사람이 리더의 자리에 있을 수는 없어. 두 명 이상의 사람이 특별한 목적을 위해 연합할 경우, 둘 사이에 질서를 세우는 일이 효과적인 협업을 가능하게 하거든.

나는 "사공이 많으면 배가 산으로 간다"라는 한국 속담의 교훈을 아이들에게 이야기해 주었다. 그리고 성경에 등장하는 기능적 질서에 대한 부분을 좀 더 설명해 주었다.

성경에는 천사들이 나와. 그런데 천사들 중에 "천사장"으로 불리는 천사가 있어.[2] '천사들의 대장'이라는 뜻이야. 대표적인 예로 미가엘이 있지. 천사장 미가엘은 다른 천사들의 리더로 활동해. 그래서 다른 천사들은 미가엘을 도우며 따르지. 그렇다면 아빠가 질문 하나 할게. 미가엘과 다른 천사들 사이에 존재적 위계 구조, 그러니까 주인과 종처럼 구분되는 차이가 있을까?

딸은 빠르게 답했다.

아니요! 왜냐하면 천사장도 천사니까요.

나는 아이들이 쉽게 이해할 수 있는 예를 하나 더 들었다.

---

2   데살로니가전서 4:16; 유다서 1:9.

맞아! 학교에 반장이 있지? 반장은 학생들의 리더로 활동해. 그렇다고 해서 반장이 다른 학생들의 주인이라는 의미는 결코 아니야. 반장도 다른 학생들과 동일한 학생이자 사람이니까! 이처럼 아담과 하와는 동일한 하나님의 형상이야. 그래서 둘 사이에 주인과 종처럼 구분되는 차이는 없어. 하지만 하나님께서 주신 동일한 목표를 더욱 효과적으로 달성하기 위해 둘 사이에 기능적 질서가 세워졌고, 그 질서 안에서 아담은 '인도하는 자'로, 하와는 '돕는 자'로 기능했던 거야.

지금까지 조용히 듣고 있던 아들이 중요한 질문을 했다.

아빠, 그러면 왜 아담이 '인도하는 자'가 된 거예요? 하와가 '인도하는 자'가 될 수도 있었잖아요? 왜 아담이 먼저 만들어졌고, 그다음에 하와가 만들어졌어요? 그리고 왜 하와가 아담에게 인도되었고, 왜 아담이 하와를 여자로 불렀어요? 그 반대가 될 수는 없었어요?

나는 아들의 질문에 고개를 끄덕이며 답했다. 나 역시도 아들의 생각과 동일한 생각을 하고 있기 때문이다.

나도 네 생각에 동의해. 아담이 하와보다 위대하거나, 지혜롭거나, 탁월하므로 '인도하는 자'가 된 것은 결코 아니야. 마찬가지로 하와가 아담보다 영리하지 않거나, 부족하므로 '돕는 자'가 된 것도 아니고. 너희가 알다시피 '돕는 자'라는 표현에는 부족함, 미련함 등의 의미가 들어가 있지 않

아. 예컨대 아빠가 언이와 슬이의 수학 숙제를 돕지? 아빠가 부족하고 미련하다면 너희의 숙제를 도울 수 없지. 그리고 성경에 보면 하나님께서 사람을 많이 도와주셔. 만약 하나님께서 부족하고 미련한 분이셨다면 사람을 도울 수 없으셨겠지? 이처럼 하와가 아담의 "돕는 사람"이었다는 사실이 하와를 아담보다 낮거나, 부족하거나, 미련한 사람으로 만들지 않아.[3] 절대로! 그럼에도 불구하고 하나님께서 아담에게 인도하는 자, 하와에게 돕는 자의 기능을 주신 이유는 그것이 하나님의 뜻이었기 때문이야. 하나님께서 왜 그렇게 결정하셨는지는 아빠도 모르겠어. 성경이 이 질문에 명쾌한 답을 주지 않거든. 오직 하나님만 그 답을 알고 계신 것 같아. 그래서 우리는 하나님의 뜻을 존중하며 이 질문에 다가가야 하는 거야. 나중에 우리가 하나님을 만나면 꼭 물어보자!

아들과 딸은 모두 고개를 끄덕이며 이해했다는 신호를 보냈다. 하지만 '뭔가 아쉽다'라는 표현을 하던 딸이 중요한 질문을 던졌다.

아빠, 아담은 인도하는 자로, 하와는 돕는 자로 함께 일해야 했잖아요?

---

3   하나님께서 사람을 돕는 모습을 담은 구절들을 근거로 하와가 아담보다 더 강하고 지혜롭다고 주장하는 일은 언어의 의미론(semantcis)과 화용론(pragmatics)을 구별하지 못해서 발생하는 오류이다. Abraham Kuruvilla, *Genesis: A Theological Commentary for Preachers* (Eugene, OR: Wipf and Stock, 2014), 60: "말할 필요도 없이, 누군가의 조력자가 된다는 말이 반드시 조력자가 도움을 받는 사람보다 약하다는 것을 의미하지 않는다. 또한 조력자가 도움을 받는 사람보다 반드시 우월하다거나 강하다는 뜻도 아니다."

그러면 하와는 아담이 시키는 대로만 행동해야 했어요?

나는 지난 성경 공부 시간에 이 부분을 짧게 다루었다. 하지만 아이들은 배운 내용을 잊고 다시 질문할 때가 종종 있다. 그래서 이번에는 더욱 구체적으로 딸의 질문에 답하기로 했다.

아담 위에 계신 하나님

아담과 하와의 관계—인도하는 자와 돕는 자의 관계—는 하나님과 하나님의 형상의 관계를 전제로 이해되어야 한다. 후자가 전자의 상위에 위치하기 때문이다. 다시 말해, 아담과 하와는 인도하는 자와 돕는 자의 직분을 받기 전에 하나님의 형상으로 창조되었다. 따라서 둘의 협업 관계도 둘이 하나님의 형상이라는 전제 속에서 구동되어야 한다. 나는 딸에게 이 부분을 천천히 그리고 자세히 설명해 주고 싶었다.

우리 하나님께서 아담과 하와를 인도하는 자와 돕는 자로 함께 있도록 하신 이유를 기억해 볼까? 우선 아담은 선악과를 따먹지 말고, 동물들을 바르게 다스리라는 하나님의 명령을 받았어. 그런데 이 명령은 아담이 홀로 지키기에는 벅찬 사명이었어. 그래서 하나님께서는 아담과 동일한 당신의 형상을 창조하신 후에 아담의 돕는 자로 기능하도록 하셨지. 이와 같은 구도에 의하면 아담은 하와의 도움을 반드시 받아야 했고, 하와는 아담을 반드시 도와야 했어. 아담이 하와의 도움은 불필요하다고 생각하거나, 하와가 아담을 도울 필요가 없다고 생각하면 안 됐다는 의미이기도 해. 그리고 정말 중요한 부분은 지금부터야.

나는 잠시 호흡을 가다듬은 후 아이들이 잘 따라오고 있는지를 확인했다. 그리고 다시 입을 열었다.

아담은 자신의 욕망을 채우기 위해 하와에게 도움을 구할 수는 없었어. 왜일까? 하와의 도움은 아담이 하나님께서 주신 사명을 잘 감당하기 위해 주어진 선물이었으니까. 그래서 아담은 본인의 욕망을 이루기 위해 하와에게 도움을 구할 수는 없었어. 예를 들어, 아담이 선악과를 따먹거나 동물들을 학대하기 위해 하와에게 도움을 요청할 수는 없었다는 뜻이야. 만약 아담이 잘못된 선택을 이루기 위해 하와에게 도움을 구했다고 가정해 볼까? 그러면 하와는 어떻게 반응해야 했을까? 아담을 도와야 했을까? 하와는 아담을 돕는 사람이었으니까?

딸이 큰 소리로 말했다.

안 돼요! 하와는 아담이 선악과를 안 먹고 동물을 잘 다스릴 수 있도록 도와야 했잖아요. 그러니까 아담이 선악과를 먹으려고 할 때 아담의 손에서 선악과를 빼앗아야 해요. 아빠가 밤에 몰래 과자를 먹다가 엄마한테 걸리면 엄마가 아빠를 혼낸 후 과자를 감추는 것처럼요!

나는 박수를 치며 말했다.

맞아! 바로 그거야! 하와는 아담이 하나님의 사명을 잘 지킬 수 있도록 돕는 아담의 친구이자 협업자로 부름을 받았어. 그래서 아담이 하나님의 사명을 어기려고 했다면, 아담을 돕지 않음으로써 아담을 도와야 했어. 아담과 하와는 인도하는 자와 돕는 자이기 전에 하나님의 말씀을 따라야 하는 하나님의 형상들이었으니까!

아들과 딸이 잘 이해하는 모습을 보고 나는 다른 질문을 던졌다.

그렇다면 하와가 아담을 돕지 못할 때, 아담은 어떻게 반응해야 했을까? 예를 들어, 하와가 아담에게 선악과를 먹으라고 가져다주면 아담은 어떻게 해야 했을까? 선악과를 받아서 맛있게 먹어야 했을까?

이번에는 아들이 답했다.

그게 무슨 말이에요? 하와는 아담이 선악과를 먹지 못하도록 도와야 했잖아요. 그런데 하와가 아담에게 선악과를 가져다주면 어떡해요? 만약 그랬다면 아담은 당연히 선악과를 받지 말아야지요. 그리고 하와한테 "이걸 왜 나에게 가져다줘요? 당신은 내가 이것을 못 먹도록 도와야 하잖아요? 그러니 빨리 버리세요!"라고 말해야 해요.

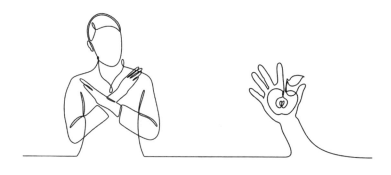

나는 웃으며 답했다.

맞아. 그렇게 해야 하지. 아담과 하와는 서로를 도우며 하나님께서 주신 사명을 이루어 나가야 했던 하나님의 형상들이니까! 아담은 하와를 본인의 욕망을 이루는 도구로 사용할 수 없었고, 하와도 아담에게 맹종할 필요가 없었지. 둘은 부부이자 친구로서 하나님의 영광을 위해 협업해야 했어. 그래서 둘 중 하나가 하나님의 뜻에 어긋나는 결정을 내리거나 행동을 할 경우, 최선을 다해 상대방의 결정과 행동을 반대해야 했어. 아담은 하와가 돕는 자의 기능을 잘하도록 하와를 지켜야 했고, 하와는 아담이 인도하는 자의 기능을 잘 하도록 아담을 지켜야 했지. 마치 아빠와 엄마가 서로를 지켜주듯이!

내 말이 끝나자, 아들이 눈을 크게 뜨면서 나에게 물었다.

그러면 아담과 하와는 서로를 잘 지켜줬어요?

공부를 마치며

늘 그렇듯이 성경 공부는 항상 저녁 8:30이 넘어서 끝난다. 오늘도 마찬가지였다. 위에 있는 아들의 질문은 단순히 "그렇다" 혹은 "아니다"로 답할 수 있는 종류의 질문이 아니었다. 하나님의 창조 질서에 대대적인 지각변동을 일으켰던 사건을 포함하고 있기 때문이다. 나는 어쩔 수 없이 아이들에게 다음을 기약해야만 했다.

아주 중요한 질문이야. 그런데 아쉽게도 오늘 저녁에 그 질문에 답할 수는 없어. 아주 방대하고 깊은 내용을 다뤄야 하거든. 그러니 네 질문의 답은 다음에 찾아보도록 하자. 알겠지?

저녁 8:30이 넘었다는 점을 인지한 아이들은 아쉬워하면서 의자에서 일어났다. 자리에서 먼저 일어난 딸이 아들에게 말했다.

오빠, 내 생각에는 둘이 서로를 못 지켜줬던 것 같아. 지금 우리가 에덴 동산에 갈 수 없으니까. 그렇지? 만약 아담과 하와가 서로를 잘 도와줬다면 우리는 에덴 동산에 갈 수 있었겠지?

아들은 고개를 끄덕이며 답했다.

그렇게 생각하니까 너무 슬프다. 나도 에덴 동산에 한번 가보고 싶은데 …

아이들의 대화를 듣고 있으니, 다음에 할 성경 공부의 무게가 느껴졌다. 그리고 내 마음 한편이 시리고, 아렸다. 곧 여러 가지 질문들이 꼬리에 꼬리를 물고 나를 찾아왔다. '아담과 하와가 선악과를 먹지 않았다면 얼마나 좋았을까?', '하와가 뱀의 유혹을 뿌리쳤다면 얼마나 좋았을까?', '아담이 하와가 건네주는 선악과를 받지 않았다면 얼마나 좋았을까?', '아담과 하와가 하나님께 즉시 회개했다면 어땠을까?' 우리가 알다시피 아담과 하와는 서로를 돕는 데 실패했다. 그래서 하나님의 창조 질서가 무너져 내렸다. 이는 인류 역사에 가장 큰 아픔을 가져온 대대적인 사건이다.

내게 맡겨진 작은 에덴 동산, 가정

나에게는 작은 에덴 동산이 있다. 바로 하나님께서 허락하신 가정이다. 나는 나의 가정을 가꾸고 관리하는 가정 지기로 부름을 받았다. 이 가정을 통해 하나님의 향기가 퍼져 나가도록 최선을 다해야 한다. 하지만 이 사명은 나 홀로 감당하기에 매우 벅차다. 아니, 불가능하다. 그래서 내게는 돕는 사람의 도움이 절실히 필요하다. 그 사람은 누구인가? 바로 내 아내이다.

나와 아내는 하나님의 언약 속에서 가정 지기의 사명을 수행하자고 약조했다. 결혼이라는 거룩한 언약 속에 들어간 나와 아내에게 사명이 생긴 것이다. 나는 가정을 잘 가꾸고 지킬 수 있도록 나를 돕는 아내의 도움을 받아야 하고, 아내는 내가 가정을 잘 가꾸고 지킬 수 있도록 나를 도와야 한다. 아울러 나도 아내가 나를 잘 도울 수 있도록 아내를 도와야 하고, 아내도 내가 주는 도움을 받아야 한다. 우리는 홀로 가정 지기의 사명을 감당할 수 없다는 점을 기억하며 서로를 돕고 서로에게 도움을 받으며 공생과 협업을 통해 가정을 가꾸고 지켜야 한다. 가정에서 인도하는 자의 역할을 맡은 나는 하나님의 말씀에 늘 깨어있기 위해 부단히 노력해야 한다. 행여라도 나의 게으름과 나태함으로 인해 가정이 망가지거나 파괴되면 안 된다는 거룩한 부담감을 안고 이 길을 걸어야 한다. 아내도 남편인 내가 가정을 잘 지킬 수 있도록 도와야 한다는 거룩한 부담감을 안고 기도와 말씀을 통해 자신을 지켜야 한다.

아무리 자주 넘어지고 실패해도 포기해서는 안 된다. 비틀거릴 때마다 서로를 부축해 주고, 넘어질 때마다 서로를 일으켜 세워야 한다. 하나님 앞에 함께 회개하며 하늘의 도우심을 구해야 한다. 그렇게 우리는 '가정 지기'의 사명을 이어나가며 오늘을 살아야 한다.

혹시 이 글을 읽는 독자들 중에 결혼이라는 관계 속에 들어간 분들이 있다면 꼭 기억하기를 바란다. 결혼은 거룩한 언약이다. 단지 가정을 이루겠다는 언약이 아니라 가정을 하나님의 뜻대로 가꾸고 지키겠다는 언약이기도 하다. 이 언약은 명령과 복종으로 점철되는 존재적 위계 구조 속에서 구동되지 않는다. 대신 동등성과 보완성으로 구동되는 기능적 질서 속에서 움직인다. 남편은 아내의 도움을 외면하면 안 된다. 아내도 남편을 돕는 일에 게으르면 안 된다. 이와 마찬가지로 남편은 아내를 돕는 일에 게으르면 안 된다. 아내들도 남편의 도움을 외면하면 안 된다. 부부는 한마음 한뜻으로 연합하여 하나님께서 허락하신 가정을 일구고 지켜야 한다.

부부들이여, 생명과를 서로 나눈다는 마음으로 하나님의 말씀이 허락하는 바를 함께 실행하자. 선악과를 함께 멀리한다는 마음으로 하나님의 말씀이 금하는 바를 서로 멀리하자. 만약 넘어졌다면 서로를 원망하지 말고 함께 일으켜 세우자. 그리고 하나님 앞에 함께 회개하며 다시 가정 지기의 길을 걷자. 그렇게 남편과 아내는 서로 어깨동무하고 전우애를 나누며 이 길을 걷는 친구요, 협업자요, 지킴이요, 도움이요, 하나 같은 둘이요, 또한 일심동체이다.

> # 제5장
> ## 하나님께서 왜 선악과를 만드셨어요?

5. 하나님께서 왜 선악과를 만드셨어요?

성경 구절

²⁹ 주 하나님은 보기에 아름답고 먹기에 좋은 열매를 맺는 온갖 나무를 땅에서 자라게 하시고, 동산 한가운데는 생명나무와 선과 악을 알게 하는 나무를 자라게 하셨다. … ¹⁶ 주 하나님이 사람에게 명하셨다. "동산에 있는 모든 나무의 열매는, 네가 먹고 싶은 대로 먹어라. ¹⁷ 그러나 선과 악을 알게 하는 나무의 열매만은 먹어서는 안 된다. 그것을 먹는 날에는, 너는 반드시 죽는다." … ³¹ 뱀은, 주 하나님이 만드신 모든 들짐승 가운데서 가장 간교하였다. 뱀이 여자에게 물었다. "하나님이 정말로 너희에게, 동산 안에 있는 모든 나무의 열매를 먹지 말라고 말씀하셨느냐?" ² 여자가 뱀에게 대답하였다. "우리는 동산 안에 있는 나무의 열매를 먹을 수 있다. ³ 그러나 하나님은, 동산 한가운데 있는 나무의 열매는, 먹지도 말고 만지지도 말라고 하셨다. 어기면 우리

가 죽는다고 하셨다." ⁴ 뱀이 여자에게 말하였다. "너희는 절대로 죽지 않는다. ⁵ 하나님은, 너희가 그 나무 열매를 먹으면, 너희의 눈이 밝아지고, 하나님처럼 되어서, 선과 악을 알게 된다는 것을 아시고, 그렇게 말씀하신 것이다." ⁶ 여자가 그 나무의 열매를 보니, 먹음직도 하고, 보암직도 하였다. 그뿐만 아니라, 사람을 슬기롭게 할 만큼 탐스럽기도 한 나무였다. 여자가 그 열매를 따서 먹고, 함께 있는 남편에게도 주니, 그도 그것을 먹었다. … ²² 주 하나님이 말씀하셨다. "보아라, 이 사람이 우리 가운데 하나처럼, 선과 악을 알게 되었다. 이제 그가 손을 내밀어서, 생명나무의 열매까지 따서 먹고, 끝없이 살게 하여서는 안 된다." ²³ 그래서 주 하나님은 그를 에덴 동산에서 내쫓으시고, 그가 흙에서 나왔으므로, 흙을 갈게 하셨다. ²⁴ 그를 쫓아내신 다음에, 에덴 동산의 동쪽에 그룹들을 세우시고, 빙빙 도는 불칼을 두셔서, 생명나무에 이르는 길을 지키게 하셨다. (창 2:9-3:24)

공부의 시작

아이들은 성경 공부가 시작되자마자 아담과 하와가 서로를 지켜주었는지를 물었다. 나는 그 질문의 답을 찾기 원한다면 창세기 2-3장을 읽어야 한다고 답해주었다. 아이들은 성경을 펴고 본문을 읽기 시작했다. 성경을 읽는 아이들의 모습을 보니, 전에 목회를 하며 성경 공부를 인도했던 추억들이 떠올랐다. 나는 십여 년 간 목회를 하며 많은 성도들에게 다양한 종류의 질문을 받았다. 연령에 상관없이 어김없이 던지는 질문 하나를 뽑자면 단연코 "하나님께서 왜 선악과를 만드셨나요?"였다. 이 질문은 세기의 질문이라고 해도 과언이 아닐 것이다. 우리 아이들도 예외는 아니었다. 창세기 2-3장을 다 읽은 아들은 의아한 표정을 지으며 물었다.

아빠, 하나님께서 선악과를 왜 만드셨어요?

이 질문에는 하나님을 향한 원망이 조금 들어가 있다. 그리고 아담과 하와가 타락한 책임의 일부가 하나님께 있다는 식의 분위기를 만든다. 아니나 다를까, 딸은 아들의 질문에 한마디를 덧붙였다.

하나님께서 선악과를 만들지 않으셨으면 아담과 하와가 그것을 먹지 않았을 거잖아요.

아들은 고개를 끄덕이며 딸의 생각에 동의한다는 뜻을 보였다. 정말 하나님께서 아담과 하와의 타락에 책임이 있는 것일까? 그래서 하나님을 타락의 원흉으로 봐야 하는 것일까? 나 역시 한때 그렇게 생각한 적이 있다. 하지만 많은 성찰과 사유를 통해 그 생각이 바뀌었다. 그래서 내가 생각하는 바를 아이들과 나누기로 했다.

맞아. 하나님께서는 선악과를 만들지 않으실 수도 있었어. 그리고 선악과가 없었다면 선악과 사건은 일어나지 않았겠지. 그런데 하나님께서 선악과를 만드셨다는 이유가 하나님을 아담과 하와의 타락의 책임자로 만들지는 않아. 하나님께서는 아담과 하와에게 선악과를 먹지 말라고 말씀하셨을 뿐만 아니라 먹으면 안 좋은 결과가 나온다는 점도 명시하셨어. 그러므로 아담과 하와가 하나님의 말씀을 들었다면 타락 사건은 일어나지 않았을 거야.

내 말을 집중해서 듣고 있던 딸이 고개를 끄덕이며 질문했다.

아빠, 선악과를 먹으면 죽잖아요? 하나님께서 그렇게 나쁜 과일을 맺는 나쁜 나무를 왜 만드셨어요?

딸의 관심이 '하나님께 타락의 책임이 있을까?'에서 '선악나무가 창조된 목적이 있을까?'로 바뀌었다. 장족의 발전이 아닐 수 없다. 나는 딸에게 말했다.

아주 좋은 질문이야. 아빠도 선악나무가 나쁜 나무라고 생각했던 적이 있어. 선악과를 먹는 사람을 죽게 하니까. 그런데 아빠 생각이 많이 바뀌었어. 어떻게 바뀌었는지 아니? 선악나무는 사실 착한 나무였다는 거야!

딸이 눈을 크게 뜨며 질문했다.

네? 착한 나무요? 왜요?

아이들은 궁금한 표정을 지으며 나를 뚫어져라 쳐다봤다. 아이들이 몹시 궁금해하며 설명을 기다리고 있음을 알 수 있었다.

> 잘 들어봐. 하나님께서 선악나무를 만들어 동산 중앙에 두셨어. 그 이유는 선악나무에 분명한 목적이 있었기 때문이야. 그 목적이 무엇인지 알면 선악나무가 결코 나쁜 나무가 아니라는 점을 알 수 있어. 그리고 선악나무가 착한 나무라는 점도 알 수 있지. 너희가 반드시 기억해야 할 부분이 있어. 동산 중앙에는 선악나무만 있지 않았다는 점이야. 선악나무 옆에는 또 다른 나무도 있었어. 우리가 선악나무의 목적에 대해서 알기 원한다면 옆에 있던 다른 나무에 대해서도 알아야 해. 왜냐하면 같은 자리에 심어진 두 나무는 함께 아담과 하와를 도왔거든.

두 그루의 나무

선악과가 만들어진 목적을 찾는 연구는 수천 년 동안 멈추지 않고 진행되고 있다. 소위 "정답"이라는 것을 명확히 찾을 수 없기 때문이다. 성경 자체도 선악과의 목적에 대해 시원하게 명시하지 않는다. 그래서 우리가 찾고 있는 질문의 답은 가능성의 차원에서만 논의될 수 있다. 나는 이와 같은 한계를 아이들에게 설명한 후, 창세기 2:9, 16-17을 읽어주었다.

> 9 주 하나님은 보기에 아름답고 먹기에 좋은 열매를 맺는 온갖 나무

를 땅에서 자라게 하시고, 동산 한가운데는 생명나무와 선과 악을 알게 하는 나무를 자라게 하셨다. ... [16] 주 하나님이 사람에게 명하셨다. "동산에 있는 모든 나무의 열매는, 네가 먹고 싶은 대로 먹어라. [17] 그러나 선과 악을 알게 하는 나무의 열매만은 먹어서는 안 된다. 그것을 먹는 날에는, 너는 반드시 죽는다." (창 2:9, 16-17)

그리고 아이들에게 물었다.

동산 한가운데 몇 그루의 나무가 있지?

딸이 말했다.

와, 정말 두 그루의 나무가 있었네요. 선악나무와 생명나무요!

생명나무   선악나무

에덴 동산의 중앙에는 생명나무와 선악나무가 있었다. 동산 중앙에 두 그루의 나무가 함께 심어졌다는 점은 매우 의미심장하다. 두 나무가 불가분의 관계로 연결되어 있음을 뜻하기 때문이다. 따라서 선악나무는 생명나무와 함께 이해되어야 한다. 만약 우리가 두 나무를 독립적으로 이해하려 한다면, 선악과 사건에 담겨있는 입체적 의미를 놓치고 단면적 부분만 보게 될 것이다. 나는 이 부분을 강조하며 아이들에게 말했다.

왜 동산 중앙에 두 그루의 나무가 나란히 심어져 있을까? 그것도 서로 반대되는 결과를 일으키는 나무가 말이야. 잘 생각해 봐. 생명과는 먹으면 사는 열매야. 반대로 선악과는 먹으면 죽는 열매야. 그런데 이처럼 다른 열매를 맺는 두 나무가 동산 중앙에 함께 심어져 있어. 왜 그럴까? 두 그루의 나무는 함께 이해되어야 하기 때문이야.

아이들은 고개를 끄덕이며 내 설명을 잘 따라왔다.

생명나무

우선 나는 생명나무의 목적부터 설명하기로 했다.

아빠가 질문 하나를 할게. 생명나무의 기능이 무엇일까?

딸이 답했다.

생명과를 맺는 거요.

그때, 아들이 나를 바라보며 중요한 질문을 던졌다.

아빠, 그런데 아담과 하와는 벌써 살고 있었잖아요? 그런데 생명과가
왜 필요했어요? 혹시 죽지 않으려고 먹는 과일이었어요?

학자들은 생명과의 기능을 설명하기 위해 여러 해석을 제시한
다.[1] 그중에 하나는 생명과에 아담과 하와를 회춘시키는 효력이 있다
고 보는 것이다. 이 경우 아담과 하와는 생명과를 주기적으로 복용
함으로써 생명을 연장했다고 볼 수 있다(지속 섭취론).[2] 아담과 하와는
필멸의 존재로 창조되었지만 하나님께서 생명과를 통해 영생의 삶
으로 초대하셨다는 의미이다. 지속 섭취론을 들은 아들이 질문했다.

그러면 아담과 하와는 생명과를 자주 먹어야 했어요? 우리가 자주 밥을
먹는 것처럼요? 그러면 동산 가운데로 자주 갔겠네요.

나는 답했다.

---

1   Douglas Estes (ed), *The Tree of Life* (Leiden: Brill, 2020)를 참고하라.
2   이상환, 『Re: 성경을 읽다』 (도서출판 학영, 2023), 149-55을 보라.

아빠도 그렇게 생각해. 아담과 하와는 생명나무를 자주 찾아갔을 거야. 물론 생명나무에 얼마나 자주 방문했고, 생명과를 얼마나 많이 먹었는지는 모르지만, 생명나무가 아담과 하와의 영생을 위해 반드시 필요한 과일을 맺는 나무였음은 분명해. 그러므로 아담과 하와는 생명나무를 볼 때마다 인간은 스스로 영생할 수 없는 존재라는 점을 기억했을 거야. 그리고 스스로 영원할 수 없는 인간을 영생으로 초대하신 하나님께 감사했을 거야.

이 관점에 따르면 생명나무의 기능은 인간은 하나님을 떠나서 영생할 수 없는 필멸자이지만 하나님께서 허락하신 생명과를 통해 영생으로 초대받은 존재임을 알리는 장치로 이해될 수 있다. 나는 몇 마디를 덧붙였다.

아빠가 중요한 질문 하나를 할게. 아담과 하와가 생명과를 먹기 위해 동산 중앙으로 갈 때마다 선악나무를 봤을까, 못 봤을까? 힌트를 하나 줄게. 선악나무는 생명나무 바로 옆에 심어져 있었어.

딸은 손을 들며 답했다.

당연히 봤어요. 생명나무 바로 옆에 있는데 어떻게 못 볼 수 있겠어요?

아들도 고개를 끄덕이며 동의했다. 그런데 갑자기 아들의 입꼬리가 올라가며 장난기가 발동했다. 아들은 아래와 같은 질문을 던졌다.

아빠, 그러면 선악과를 먹고 바로 옆에 있는 생명과를 먹으면 되잖아요. 그러면 안 죽잖아요?

우리 셋은 박장대소를 터뜨렸다. 하지만 성경이 소개하는 생명과와 선악과는 동전의 양면과 같다. 한쪽을 취하면 다른 한쪽을 취할 수 없는 동전처럼, 생명과와 선악과는 양자택일의 관계에 있었다. 생명과를 먹으려면 반드시 선악과를 버려야 했고, 선악과를 먹으려면 생명과를 버려야 했다. 둘 다 취할 수 있는 선택지는 사람에게 주어지지 않았다. 비록 생명과와 선악과는 같은 장소에 있었지만, 이들을 한 바구니에 넣을 수는 없었던 셈이다.[3] 나는 아들에게 이를 설명해 준 후, 딸의 답변으로 돌아가 대화를 이어나갔다.

아빠도 슬이의 생각에 동의해. 아담과 하와는 생명과를 먹으러 동산 중앙에 갈 때마다 선악나무도 봤을 거야. 못 볼 수 없었겠지. 두 나무는 같은 장소에 심어져 있었으니까. 이것을 기억하는 일은 선악나무의 목적을 이해하는 데 매우 중요하니까 꼭 기억해 둬. 잘 들어봐. 동산 중앙에 선악나무와 생명나무를 심으신 분은 하나님이야. 하나님께서 두 그루의 나무를 같은 장소에 심으신 이유가 무엇일까? 하나님께서 생명과를 먹으러 동산 중앙을 찾은 아담과 하와가 선악과를 볼 수밖에 없도록 하신 이유가 무엇일까?

---

3   Nathan S. French, *A Theocentric Interpretation of* הדעת טוב ורע: *The Knowledge of Good and Evil as the Knowledge for Administering Reward and Punishment* (Göttingen: V&R, 2021), 106.

질문이 어려웠던지 아이들은 한동안 답을 하지 못했다. 나는 목소리를 가다듬고 내 생각을 나눴다.

생명나무는 스스로 영생할 수 없는 인간을 하나님께서 영생으로 초대하셨다는 점을 알리는 장치였어. 이처럼 선악나무도 매우 중요한 가르침을 주는 나무였지. 그렇다면 선악나무는 어떤 가르침을 줬을까? 지금부터 이 질문의 답을 찾아보자.

선악나무

창세기 2:16-17을 보면 하나님께서 당신의 형상에게 선악과 금지령을 내리시는 장면이 나온다.

> 16 주 하나님이 사람에게 명하셨다. "동산에 있는 모든 나무의 열매는, 네가 먹고 싶은 대로 먹어라. 17 그러나 선과 악을 알게 하는 나무의 열매만은 먹어서는 안 된다. 그것을 먹는 날에는, 너는 반드시 죽는다."
>
> (창 2:16-17)

본문에는 우리가 주목해서 봐야 할 부분이 몇 군데 있다. 첫째, "명령하다"라는 의미의 히브리어 동사(צוה)가 하나님의 발화된 음성을 직접 인용하기 전에 나타난다. 하나님의 입에서 나올 말씀이 명령의 힘을 내포하고 있음을 알리고 있다. 둘째, "명령하다"라는 동사가 히브리어 성경에 처음 등장하는 장소가 위의 본문이다. 셋째, 선악과의 열매만큼은 "먹어서는 안 된다"는 하나님의 표현이 강한 금지령을 나타내는 문법 구조(לא תאכל)로 나타난다.[4] 이와 같은 요소들을 고려할 경우, 본문의 방점은 선악과를 먹지 말라는 하나님의 명령으로 봐야 한다. 따라서 선악나무는 하나님과 사람 사이에 존재적 위계 구조(ontological hierarchy)가 있음을 알리는 도구였다. 이를 인지하는 일은 창세기 사건을 이해하는 데 매우 중요하다.

창세기의 창조 기사는 하나님을 가리켜, 사람에게 "하라"와 "하지 말라"의 명령을 내리실 수 있는 유일무이한 분으로 묘사한다. 그 어떤 피조물도 사람에게 명령할 수 없었다. 하나님의 형상이요, 만물의 영장인 사람에게 명령할 수 있는 분은 오직 한 분, 창조자 하나님뿐이었다. 하나님께서 사람의 주인이시기 때문이다. 하나님께서는 인간에게 선악과를 제외한 모든 것을 허락하셨다. 하나님께서 금하신 것은 오직 하나, 선악과를 먹는 일이었다. 바꾸어 말하자면, 하나님께서 인간에게 거의 모든 것을 허락하셨다는 의미이다. 바로 여기에 우리가 놓치지 말아야 할 중요한 가르침이 있다. 모든 것과 거의 모든 것 사이에는 커다란 거리가 있다는 점이다. 그 거리는 명령을 내리는 자와 명령을 받는 자를 구분하는 거리였다.

그렇다. 사람은 선악나무를 통해 자신에게 "하라"와 더불어 "하지 말라"는 명령을 주시는 하나님이 계신다는 사실을 기억해야 했

---

4   Gordon J. Wenham, *Genesis 1–15* (eds. David A. Hubbard and Glenn W. Barker; WBC 1; Thomas Nelson, 1987), 67을 참고하라.

다. 그리고 하나님께 순종하는 길만이 죽음을 피하는 유일한 길임을 명심해야 했다. 이처럼 중요한 사실을 알리는 장치는 피조계에 선악나무 하나밖에 없었다. 그러므로 선악나무의 기능은 다음과 같이 요약될 수 있다. 선악나무는 필멸자 인간이 주인이신 하나님께 순종함으로 죽음을 피할 수 있음을 알리는 장치였다.

두 그루의 나무가 내는 하나의 목소리

생명나무와 선악나무는 아담과 하와가 반드시 들어야만 하는 중요한 목소리를 냈다. 즉, 생명나무는 하나님의 선물 = 영생이라는 목소리를, 선악나무는 하나님께 불순종 = 죽음이라는 목소리를 낸 것이다.

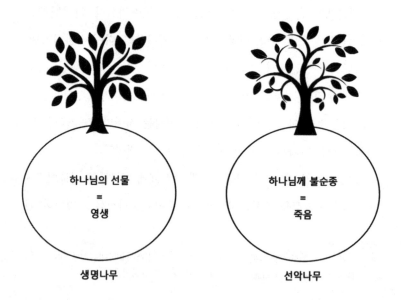

선악나무와 생명나무는 동산 중앙에 심어져 있었음을 기억하자. 그래서 우리는 두 그루의 나무를 독립적으로 이해하지 말고 함께 봐야 한다. 이럴 경우, 영생이라는 축복과 하나님을 향한 순종은 불가분의 관계에 있음을 발견하게 된다. 나는 아이들에게 이 부분을 설명해 주었다.

> 아빠가 조금 전에 생명나무와 선악나무는 함께 이해되어야 한다고 말했지? 하나님께서 두 나무를 동산 가운데 함께 두셨으니까. 지금부터 두 그루의 나무가 내는 목소리들을 하나로 연결해 보자. 아담과 하와는 생명나무를 보며 '사람을 영원한 생명으로 초대하시는 영생자가 계시네'라고 생각했을 거야. 그리고 선악나무를 보며 '그런데 그 영생은 하나님의 말씀에 순종하는 자들에게만 주어지네'라고 생각했겠지. 그러므로 하나님께서 생명나무와 선악나무를 같은 장소에 심으신 이유는 아담과 하와에게 영생이라는 축복과 하나님을 향한 순종은 떼려야 뗄 수 없는 관계에 있음을 보여주시기 위함이라고 생각해.

감사하게도 아이들은 내 설명을 잘 이해하며 따라왔다. 그래서 나는 조금 더 깊이 들어가기로 결심했다.

하나님의 형상 ≠ 하나님

생명나무와 선악나무를 함께 이해할 경우, 우리는 두 나무의 저변에 깔린 핵심 전제를 발견하게 된다. 그것은 바로 **하나님의 형상 ≠ 하나님**이라는 공식이다. 이 점을 이해하는 일은 선악과 사건의 양상을 파악하는 데 큰 도움이 된다.

우선 **하나님의 선물 = 영생**이라는 생명나무의 목소리는 인간에게 자생적 영생성이 없음을 전제한다. 인간은 하나님의 선물을 떠나 영생할 수 없다. 인간이 영생할 수 있는 유일한 방법은 하나님께서 주시는 생명과를 먹을 때뿐이다. 우리는 여기에서 하나님과 하나님의 형상 사이에 벌어져 있는 존재적 거리를 절감할 수 있다. 하나님께서는 영생성을 속성으로 지니고 계신다. 영생성은 하나님과 떼려야 뗄 수 없는 관계이다. 반면에 인간에게는 영생성이 내재되어 있지 않다. 인간이 아무리 하나님의 형상이라 할지라도 인간에게는 자생적 영생성이 부재한다. 따라서 **하나님의 선물 = 영생**이라는 생명나무의 목소리는 **하나님의 형상 ≠ 하나님**이라는 공식을 전제하고 있다.

하나님께 불순종 = 죽음이라는 선악나무의 목소리는 인간과 하나님 사이에 존재적 위계 구조가 있음을 전제한다. 인간이 죽음을 피하는 방법은 하나님의 말씀에 순종하는 것이다. 우리는 여기에서 하나님과 하나님의 형상 사이에 벌어져 있는 존재적 차이를 절감하게 된다. 인간은 하나님을 떠나 스스로 주인이 될 수 없는 존재이다. 인간이 아무리 하나님의 형상으로 지어졌다고 할지라도 인간은 하나님께 귀속된다. 이런 사실을 망각하고 하나님의 말씀을 순종하지 않을 때, 인간은 영생이라는 선물과 단절되어 죽음을 맞이하게 된다. 하나님께 불순종 = 죽음이라는 선악나무의 목소리도 하나님의 형상 ≠ 하나님이라는 공식을 전제하고 있는 셈이다.

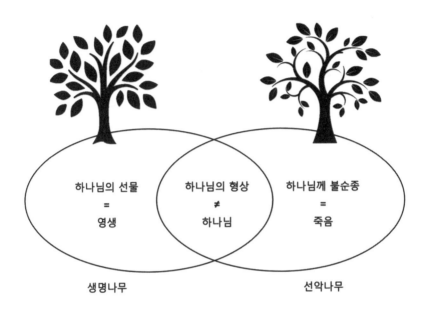

생명나무   선악나무

아담과 하와는 본인들이 하나님의 형상이지 하나님이 아니라는 점을 기억하며 자신의 위치를 기억해야 했다. 하나님의 형상은 하나님을 반사하는 거울이지 하나님의 본체는 아니었다. 이를 망각하는 순간, 인간은 피조계에 무질서를 일으키게 된다. 하나님은 아담과 하와를 돕기 위해 생명나무와 선악나무를 만들어 당신과 당신의 형상 사이에 두셨다. 하나님의 형상들은 생명나무를 보며 본인들에게 자생적 영생성이 없음을 기억해야 했다. 또한 선악나무를 보며

섬겨야 할 주인이 계심을 기억해야 했다. 그리고 무엇보다 두 나무를 바라보며 자신들은 하나님이 아니라고 고백해야 했다.

아담과 하와를 돕는 두 나무들

잠시 상상의 나래를 펼쳐보자. 동산의 중앙에 아담과 하와가 도착한다. 이들 앞에 두 그루의 전혀 다른 나무가 서 있다. 하나는 반드시 먹어야만 살 수 있는 열매를 맺는 생명나무이고, 다른 하나는 절대 먹지 말아야 살 수 있는 열매를 맺는 선악나무이다. 아담과 하와는 두 나무 사이에서 자신들의 위치를 발견한다. 곧 "선악과를 먹지 말라"는 하나님의 말씀에 순종해야만 생명과를 먹을 수 있는 하나님의 형상의 위치, 그리고 하나님께서 제공해 주시는 생명과를 먹어야만 영생할 수 있는 하나님의 형상의 위치를 발견한다. 만약 생명나무와 선악나무에게 입이 있었다면 아담과 하와에게 아마도 이렇게 조언하지 않았을까?

명심하세요. 당신은 하나님의 형상이지 하나님이 아니에요. 당신에게는 반드시 따라야 할 주인이 계세요. 그분은 당신을 지으시고 영생으로 초대하신 창조자세요. 그분께서 생명과를 통해 당신을 영생으로 초대하시고, 선악과를 통해 당신이 따라야 할 주인이 누구이신지 알리고 계세요. 당신은 하나님께 순종함으로 하나님의 형상으로서의 기능을 다할 수 있어요. 부디 하나님께서 세우신 창조 질서를 아름답게 관리해 주세요.

생명나무와 선악나무는 아담과 하와를 돕는 안전장치였던 셈이다. 내 설명을 들은 아들이 말했다.

아빠, 그러면 선악나무는 나쁜 게 아니네요? 좋은 나무네요?

딸도 맞장구를 치며 말했다.

맞아. 아담과 하와에게 하나님의 형상이 무엇인지 기억나게 해줬으니까.

나는 아이들을 바라보며 답했다.

그럼! 물론이지! 선악나무는 절대로 나쁜 나무가 아니야. 하나님께서는 아담과 하와를 사랑하시기 때문에, 그들을 지키시려고 선악나무를 만드신 거야. 선악나무는 생명나무와 함께 아담과 하와가 하나님의 창조 질서를 잘 지킬 수 있도록 돕는 안전장치 역할을 했던 거지!

아이들은 고개를 끄덕이며 동의한다는 의사를 표현했다. 나는 여기에서 성경 공부를 멈추는 것이 아이들에게 도움이 될 것이라는 판단이 들었다. 그 다음으로 다뤄야 할 주제가 뱀이기 때문이다. 뱀은 선악과라는 주제만큼 복잡하고 어렵다. 그래서 같은 날 선악과와 뱀을 모두 다루는 일은 아이들의 머리를 필요 이상으로 복잡하게 할 것으로 판단되었다. 그래서 다음을 기약하고 성경 공부를 마쳤다. 내 의도를 이해한 아이들도 금방 수긍하고 책상을 정리했다. 그리고 잠자리로 향했다.

나는 자리에 남아 다음에 인도할 성경 공부의 주제인 뱀을 떠올렸다. 뱀에 관한 내용은 아이들과 함께 넘어야 할 커다란 산과 같았다. 어떻게 하면 아이들이 이해하기 쉽게 뱀을 설명할 수 있을까? 여러 가지 생각들이 꼬리에 꼬리를 물고 나를 찾아왔다.

신(神)이 되는 길

창세기가 쓰인 고대 근동 시대에는 여러 종류의 신화들이 있었다. 이 신화들은 고대의 사람들이 궁금해하던 여러 가지 주제들을 다루고 있는데, 가장 대표적인 예가 신과 인간의 차이였다. 이를 기억하는 일은 창세기의 두 나무를 이해하는 데 큰 도움을 준다.

고대 근동의 신들의 경우 인간과 비슷한 부분이 상당히 많았다.[5] 하지만 신과 인간 사이에 나타나는 뚜렷한 차이도 있었다. 그것은 바로 **영생**(divine life)과 **지혜**(divine knowledge)였다.[6] 물론 고대 근동의 신들은 죽을 수 있는 가능성에 항상 노출되어 있었고 전지하지도 않

---

5 이상환, 『신들과 함께』 (도서출판 학영, 2023), 41-42.

6 『아다파 신화』(*The Adapa Myth*)가 대표적인 예이다. Mario Liverani, *Myth and Politics in Ancient Near Eastern Historiography* (Ithaca, NY: Cornell University, 2004), 3-23; Kenton L. Sparks, *Ancient Texts for the Study of the Hebrew Bible: A Guide to the Background Literature* (Peabody, MA: Hendrickson, 2005), 317-19을 보라.

았다. 하지만 특별한 위험에 처하지 않는 한 영원히 산다는 전제와 인간의 지식과는 비교할 수 없을 정도로 방대한 지식을 소유하고 있다는 전제가 있었다. 따라서 고대 근동의 신과 인간을 구별하는 명백한 차이는 영생과 지혜로 특정된다.

이러한 개념은 인간도 영생과 지혜를 구하면 신과 같은 경지에 오를 수 있다는 개념을 탄생시켰다. 고대 신화에 주인공이 영생과 지식을 찾아 모험을 떠나는 이야기가 자주 등장하는 이유가 여기에 있다. 주인공이 영생과 지식 중 하나의 요소만 구하게 될 경우, 그는 신과 인간의 중간 상태(semi-defecation)에 머물게 된다.[7] 두 개의 요소를 모두 구할 때에야 비로소 완전한 신의 상태(full-defecation)가 된다.

생명나무   선악나무

---

7   Johs Pedersen, "Wisdom and Immortality," in *Wisdom in Israel and in the Ancient Near East* (Leiden: Brill, 1955), 238-46 (244).

이와 같은 고대 근동의 개념을 기억하며 창세기를 보자. 하나님께서는 에덴 동산 중앙에 생명나무와 선악나무를 심으셨다. 생명나무는 영생과를 맺고, 선악나무는 지식과를 맺는다. 신적 생명(divine life)과 신적 지식(divine knowledge)[8]을 선사하는 두 그루의 나무가 한 장소에 나란히 심어져 있다는 의미이다. 에덴 동산의 중앙을 고대 근동의 표현으로 재정의하자면 인간이 완전한 신의 상태로 환골탈태할 수 있는 성지이다. 만약 고대인이 이곳을 방문했다면 묻지도 따지지도 않고 두 나무의 열매를 모두 따먹었을 것이다. 다시 말해, 두 열매를 따먹지 않을 고대인은 아무도 없었을 것이다.[9]

하지만 창세기가 계시하는 하나님은 아담과 하와에게 한 그루의 나무에서 맺히는 열매만 허락하셨다. 그리고 다른 한 그루의 나무에서 맺히는 열매는 금하셨다. 이는 하나님께서 아담과 하와가 하나님의 형상을 넘어 하나님이 되는 것을 원치 않으셨다는 의미를 담고 있다. 그 이유가 무엇일까? 하나님께서 인간을 신이 아니라 당신의 형상으로 창조하셨기 때문이다. 그리고 인간이 하나님의 형상으로 남아 있기를 원하셨기 때문이다. 우리는 여기에서 매우 중요한 가르침을 받을 수 있다. 하나님의 창조 질서에 따르면, 하나님께서는 인간을 당신의 형상으로 창조하셨다. 그래서 인간은 하나님의 형상으로 기능할 때 가장 아름답다. 그것이 우리의 창조 목적이기 때문이다. 만약

---

8   선악과를 신적 지혜를 주는 과일로 이해해야 한다는 논증은 French, *Theocentric Interpretation of* הדעת טוב ורע, 126-33을 보라.

9   삽화 상위에 위치한 상징은 헬라어 알파(Α)와 오메가(Ω)를 겹쳐 놓은 것으로 하나님을 나타낸다.

인간이 신으로 기능하는 것이 아름다웠다면, 하나님께서는 처음부터 인간을 신으로 창조하셨을 것이다. 하지만 인간은 하나님의 형상으로 창조되었다. 하나님의 형상됨이 우리의 정체성이자 직분이라는 의미이다. 그래서 인간은 신이 될 때 행복한 것이 아니라 신 안에서 신의 형상으로 기능할 때 행복을 누릴 수 있다. 시편 8:4-6을 보자.

> [4] 사람이 무엇이기에 주님께서 이렇게까지 생각하여 주시며, 사람의 아들이 무엇이기에 주님께서 이렇게까지 돌보아 주십니까? [5] 주님께서는 그를 하나님(אלהים)[10] 보다 조금 못하게 하시고, 그에게 존귀하고 영화로운 왕관을 씌워 주셨습니다. [6] 주님께서 손수 지으신 만물을 다스리게 하시고, 모든 것을 그의 발 아래에 두셨습니다. (시 8:4-6)

하나님께서는 인간을 하나님이 아닌 하나님의 형상, 곧 하나님보다 조금 못한 존재로 만드셨다.[11] 시편 기자는 이와 같은 사실에 매우 감격해하며 감사하고 있다. 그것이 우리의 정체성이기 때문이다.

---

10 본문에 사용된 히브리어(אלהים)는 "하나님" 혹은 "천상적 존재들"로 번역될 수 있다. 『개역개정』, 『바른 성경』, 『새번역』, 『표준새번역』, 『현대어 성경』, 『공동번역』은 אלהים을 "하나님/하느님"으로 번역했다.

11 J. Richard Middleton, "The Image of God in Ecological Perspective," in *The Oxford Handbook of the Bible and Ecology* (eds. Hilary Marlow and Mark Harris; New York: Oxford University, 2022), 284-98 (285)을 보라.

제6장에서 살펴보겠지만, 창세기 3장에 등장하는 뱀은 이와 같은 창조 질서에 균열을 내려고 한다.

> 너 하나님의 형상아, 너희들이 선악과를 먹는다면 하나님(אלהים)[12]처럼 될 수 있어.

뱀은 하와에게 하나님께서 금하신 선악나무의 실과를 먹도록 부추기고 있다. 그가 하와에게 제시하는 요구는 단지 과일을 먹으라는 제안이 아니다. 고대 근동의 관점으로 이해하자면, 뱀의 요구는 이미 생명과가 허용된 상태에 있는 사람(semi-defecation), 그래서 하나님의 형상의 위치에 있는 사람에게 그 자리를 버리고 야훼 하나님처럼 완전한 신의 상태(full-defecation)로 환골탈태하라는 유혹과도 같았다.

이로 인해 에덴 동산에 비상이 걸렸다. 하와가 뱀의 요구를 따른다면 하나님께서 세우신 창조 질서에 무질서가 찾아올 것이다. 위험을 맞닥뜨린 하와는 생명나무와 선악나무가 외쳤던 **하나님의 형상 ≠ 하나님**이라는 목소리를 듣고 본인의 위치를 지켜야 했다. 결코 뱀의 유혹에 넘어지면 안 되었다. 그렇다면 하와는 뱀의 유혹을 잘 뿌리쳤을까? 이 질문의 답은 다음 성경 공부 시간에 찾아보자.

---

12 "신들" 혹은 "천상적 존재들"로 번역될 수 있다.

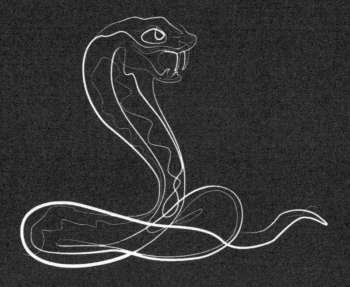

제6장
뱀이 누구예요?

성경 구절

²:¹⁵ 야훼 하나님은 자기가 만든 사람을 에덴 동산에 두어 그 곳을 관리하며 지키게 하시고 ¹⁶ 그에게 이렇게 말씀하셨다. '네가 동산에 있는 과일을 마음대로 먹을 수 있으나 ¹⁷ 단 한 가지 선악을 알게 하는 과일만은 먹지 말아라. 그것을 먹으면 네가 반드시 죽을 것이다' ¹⁸ 그리고 야훼 하나님은 '사람이 혼자 사는 것이 좋지 못하니 내가 그를 도울 적합한 짝을 만들어 주겠다' 하고 말씀하셨다. ¹⁹ 야훼 하나님이 흙으로 온갖 들짐승과 새를 만드시고, 아담이 어떻게 이름을 짓나 보시려고 그것들을 그에게 이끌고 가시니 아담이 각 생물들을 부르는 것이 바로 그 생물들의 이름이 되었다. ²⁰ 이와 같이 아담이 모든 가축과 공중의 새와 들짐승의 이름을 지어 주었지만 그를 도울 적합한 짝이 없었다. ²¹ 그래서 야훼 하나님은 아담을 깊이 잠들게 하시

고 그가 자고 있는 동안 그의 갈빗대 하나를 뽑아내고 그 자리를 대신 살로 채우셨다. ²² 야훼 하나님이 아담에게서 뽑아낸 그 갈빗대로 여자를 만드시고 그녀를 아담에게 데려오시자 ²³ 아담이 이렇게 외쳤다 '이는 내 뼈 중의 뼈요 살 중의 살이구나! 남자에게서 나왔으니 이를 여자라고 부르리라' ²⁴ 그러므로 남자가 부모를 떠나 자기 아내와 합하여 두 사람이 한 몸이 될 것이다. ²⁵ 아담과 그의 아내가 다 같이 벌거벗었으나 그들은 부끄러워하지 않았다. ³:¹ 야훼 하나님이 창조하신 동물 중에서 뱀이 가장 교활하였다. 뱀이 여자에게 '하나님이 정말 너희에게 동산에 있는 모든 과일을 먹지 말라고 하셨느냐?' 하고 묻자 ² 여자가 뱀에게 대답하였다. '우리가 동산의 과일을 먹을 수 있으나 ³ 동산 중앙에 있는 과일은 하나님이 먹지도 말고 만지지도 말아라. 그렇지 않으면 너희가 죽게 될 것이다 라고 말씀하셨다.' ⁴ 그때 뱀이 여자에게 '너희는 절대로 죽지 않을 것이다. ⁵ 하나님이 너희에게 그렇게 말씀하신 것은 너희가 그것을 먹으면 눈이 밝아져서 하나님과 같이 되어 선악을 분별하게 될 것을 하나님이 아셨기 때문이다' 하고 말하였다. ⁶ 여자가 그 나무의 과일을 보니 먹음직스럽고 보기에 아름다우며 지혜롭게 할 만큼 탐스럽기도 하였다. 그래서 여자가 그 과일을 따서 먹고 자기 남편에게 주니 그도 그것을 먹었다. ⁷ 이렇게 두 사람이 그 열매를 따먹자 그들의 눈이 밝아져 자기들이 벌거벗은 줄을 알게 되었다. 그래서 그들은 무화과 나뭇잎을 엮어 몸을 가렸다. ⁸ 두 사람은 서늘한 바람이 부는 저녁 무렵에 야훼 하나님께서 동산을 거니시는 소리를 들었다. 그래서 그들은 하나님의 눈에 띄지 않으려고 얼른 동산에 있는 나무들 사이에 몸을 숨겼다. ⁹ 그러나 야훼 하나님께서는 아담을 찾으시며 '네가 어디 있느냐?' 하고 부르셨다. ¹⁰ '동산에서 하나님께서 거니시는 소리를 듣고는 무서웠습니다. 그래서 이렇게 숨었습니다. 제가 벌거벗었기 때문이지요' 하고 남자가 대답하였다. ¹¹ '그래, 누가 그러더냐? 네가 벌거벗었다고 말이다. 내가 분명히 일러두지 않았더냐? 너희가 그 나무 열매를 따먹어서는 안 된다고 말이다. 그런데도 그 열매를 따먹었더란 말이냐?' 하고 하나님께서 소리치셨다. ¹² '하나님께서 내 곁에 늘 있도록 허락하신 이 여자가 그 나무 열매를 따주었습니다. 그래서 그냥 그 열매를 먹었을 뿐입니다' 하고 남자가 변명하였다. ¹³ 그러자 야훼 하나님께서 여자에게 물으셨다. '그래, 네가 어쩌자고 이런 일을 저질렀느냐?' '뱀이 그 나무 열매를 한번 따먹어 보라고 자꾸 꾀었어요' 하고 여자가 대답하였다. ¹⁴ 그러자 야훼 하나님께서 뱀에게 말씀하셨다. '이런 일을 저질렀으니 너는 벌을 받아 마땅하다. 너는 온갖 집짐승과 들짐승 가운데에서 저주를 받아 배로 기어 다녀야만 하리라. 또 너는 죽을 때까지 흙만 먹고 살아가야 하리라. ¹⁵ 나는 네가 여자와 서로 미워하면서 살아가게 하리라. 따라서 여자의 후손과 네 후손도 내내 원수지간으로 지내게 할 것이다. 여자의 후손이 네 머리를 상하게 할 것이며 너는 그의 발꿈치를 상하게 하리라' ¹⁶ 여자에게는 또 이렇게 말씀하셨다. '네가 아이를 가졌을 때 그 고통이 이루 말할 수 없으리라. 또한 아이를 낳을 때에도 말로 다 할 수 없는 고통이 뒤따라야 비로소 해산하리라. 너는 남편을 네 마음대로 하고 싶겠지만 오히려 남편이 너를 지배하게 될 것이다.' ¹⁷ 이번에는 남자에게 말씀하셨다. '네가 내 말은 듣지 않고 아내의 말만 듣고 그 열매를 따먹었구나. 네가 그 열매를 따먹었으니 이제 땅이 저주를 받으리라. 또 너는 일생 동안 죽도록 일해야 먹고 살 곡식을 거두어들일 수 있으리라. ¹⁸ 너 때문에 땅에는 가시덤불과 엉겅퀴가 무성하리라. 너는 오직 들에서 자라는 푸성귀만 먹고 살아야하리라. ¹⁹ 너는 이마에 땀을 흘리며 흙을 파야 먹고 살아갈 곡식을 얻으리라. 너는 흙으로 빚어진 존재니 흙으로 돌아가고 말리라. 너는 먼지니 다시 먼지로 돌아가리라.' ²⁰ 아담이 그 아내를 하와라고 이름 지었다. 그녀가 온 인류의 어머니가 될 것이기 때문이다. ²¹ 야훼 하나님께서는 아담과 그의 아내에게 짐승 가죽으로 옷을 해 입혔다. 그래서 아담과 하와는 가죽옷을 입었다. ²² 야훼 하나님께서 말씀하시기를 '자, 이제 사람이 무엇이 좋고 무엇이 나쁜 일인지를 우리처럼 똑같이 알게 되었구나 이제 우리처럼 무엇이 좋고 무엇이 나쁜 일인지를 알게 되었으니 손을 내밀어 생명나무 열매를 따먹지 못하게 해야겠다. 그 나무 열매를 따먹었다가는 죽지도 않고 영영 살겠지' 하셨다. ²³ 그래서 야훼 하나님께서는 사람을 에덴 동산에서 쫓아내셨다. 그리고 사람이 흙에서 왔으므로 그 흙을 갈아 농사를 짓도록 하셨다. ²⁴ 이렇게 사람을 내쫓으신 뒤에 에덴 동산 동쪽에 천사 그룹을 두어 지키게 하시고 또 칼날과 같이 날카롭게 이글거리는 불이 사방을 빙빙 돌게 하셨다. 그 누구든 생명나무가 있는 길목으로 들어서지 못하게 하기 위해서였다. (창 2:15-3:6 『현대인의 성경』, 3:7-3:24 『현대어 성경』)

공부의 시작

창세기 3장을 읽은 독자들은 남녀노소, 동서고금, 빈부귀천을 가리지 않고 많은 질문들을 마주하게 된다. 가장 대표적인 질문 하나를 뽑자면 응당 뱀과 관련된 질문일 것이다. 우리 아이들도 마찬가지였다. 아들과 딸은 뱀의 정체성에 대한 궁금증으로 가득 차 있었다. 아들은 성경 본문을 읽자마자 뱀에 대한 질문을 했다.

아빠, 뱀이 누구예요? 뱀이 어떻게 말을 해요?

딸도 마찬가지였다.

아빠, 옛날에는 동물들도 말할 수 있었어요? 아니면 뱀만 말을 할 수 있었던 거예요?

이처럼 선악과 사건에 유의미하게 개입했던 뱀은 아이들의 궁금증을 자극하기에 충분했다. 사실 아이들이 물었던 위의 질문들은 나도 한때 궁금해했던 내용이었다. '뱀은 누구일까?', '일부 학자들이 주장하는 대로 타락한 천사일까?', '뱀이 어떻게 말을 할 수 있었을까?', '다른 동물들과는 달리 뱀만 말을 할 수 있는 능력이 있었던 것일까?', '일부 학자들의 제안대로 선악과 사건 전에는 모든 동물이 말할 수 있었던 것일까?' 수없이 많은 질문들이 꼬리에 꼬리를 물고 찾아온 적이 있었다. 위에 나열한 질문들에 합당한 답을 찾는 연구는 분명히 유익하다. 하지만 나는 오랜 시간 동안 창세기 1-3장을 묵상하면서 매우 중요한 점을 하나 깨닫게 되었다. 창세기 본문이 드러내고자 하는 뱀은 거시적인 틀 속에서 이해되어야 한다는 점이다. 만약 우리가 창세기 3장을 통해서만 뱀을 이해하려고 한다면 얼마 가지 않아 미궁에 빠질 것이다. 아이들에게 이 점을 설명한 후, 문제의 실타래를 풀어 가기 시작했다.

창조의 질서

먼저 아이들에게 창세기 1:26-27을 읽어보자고 말했다. 내 판단에 의하면 뱀이 누구인지를 찾기 위해서 통과해야 할 첫 번째 관문이 이 본문에 있기 때문이다.

> [26] 하나님이 말씀하시기를 "우리가 우리의 형상을 따라서, 우리의 모양대로 사람을 만들자. 그리고 그가, 바다의 고기와 공중의 새와 땅 위에 사는 온갖 들짐승과 땅 위를 기어다니는 모든 길짐승을 다스리게 하자" 하시고, [27] 하나님이 당신의 형상대로 사람을 창조하셨으니, 곧 하나님의 형상대로 사람을 창조하셨다. 하나님이 그들을 남자와 여자로 창조하셨다. (창 1:26-27)

나는 아이들에게 말했다.

우리가 얼마 전에 공부했던 본문이야. 본문에 따르면 남자와 여자가 "하나님의 형상을 따라서" 그리고 하나님의 "형상대로" 만들어졌다고 나오지? 혹시 이 표현의 의미가 무엇인지 기억나니?

아이들은 모두 손을 들었다. 나는 먼저 손을 든 딸에게 발언권을 주었다. 딸은 지목되자마자 입을 열었다.

그 표현은 사람이 하나님을 반사하는 존재로 만들어졌다는 의미예요! 그래서 아담과 하와는 하나님을 반사하는 거울과 같았어요!

딸의 말을 들은 나는 되물었다.

그러면 하나님을 반사한다는 의미가 무엇일까? 사람과 동물의 관계에 힌트가 있어.

내 말이 끝나기가 무섭게 아들이 말했다.

아! 사람이 동물을 다스리는 거예요!

나는 답했다.

맞아. 하나님의 형상으로 창조된 아담과 하와는 하나님의 주권성을 모든 동물을 향해 나타내야 했어. 하나님께서 하늘에서 천사들을 다스리시듯, 하나님의 형상은 땅에서 동물들을 다스려야 했지. 그러면 아빠가 질문 하나를 할게. 하나님께서 사람에게 동물을 다스리는 주권성이 있다는 점을 더욱 확실하게 알리기 위해 동물과 새를 아담에게 데려오셨어. 그리고 아담에게 이들의 무엇을 짓게 하셨지?

아이들은 이구동성으로 말했다.

이름이요!

나는 아이들을 칭찬한 후, 작명 모티프가 들어있는 창세기 2:19-20을 읽어줬다.

[19] 주 하나님이 들의 모든 짐승과 공중의 모든 새를 흙으로 빚어서 만드시고, 그 사람에게로 이끌고 오셔서, 그 사람이 그것들을 무엇이라고 하는지를 보셨다. 그 사람이 살아 있는 동물 하나하나를 이르는 것이 그대로 동물들의 이름이 되었다. [20] 그 사람이 모든 집짐승과 공중의 새와 들의 모든 짐승에게 이름을 붙여 주었다. (창 2:19-20)

그리고 하얀 종이와 연필을 꺼내 하나님, 인간, 동물 사이에 세워진 관계를 도표화했다.

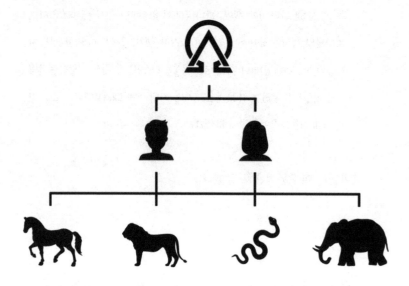

아이들은 이 도표가 무엇을 의미하는지 쉽게 이해했다. 그럼에
도 아이들의 이해를 확실히 돕기 위해 몇 가지 설명을 덧붙였다.

잘 봐. 아빠는 이 도표를 '질서도'라고 부르고 싶어. 하나님, 사람, 동물 사
이에 세워진 질서를 그린 도표라고나 할까? 보다시피 하나님께서 가장
위에 계셔. 하나님은 사람과 동물에게 명령을 내리시는 분이기 때문이야.
이번에는 가운데를 봐. 사람이 있지? 사람은 하나님 아래, 그리고 동물 위
에 있어. 사람은 하나님께 순종하고 또한 동물을 다스리는 위치에 있어야
했다는 의미야. 하나님께서는 이와 같은 질서를 통해 세상을 움직이려고
계획하셨던 거야.

나는 아이들에게 이 도표를 기억하라고 당부했다. 왜냐하면 창세기 3장에 등장하는 뱀의 정체성이 도표의 내용과 밀접하게 연결되어 있다고 판단했기 때문이다. 나는 이 부분을 강조하며 아이들에게 물었다.

이 질서도에 따르면 사람은 하나님께 순종해야 했고, 동물들은 하나님의 형상인 사람에게 순종해야 했어. 그런데 만약 동물이 사람을 다스리려 한다거나, 사람이 하나님을 다스리려고 한다면 어떨까?

아들이 답했다.

그러면 안 되지요. 하나님이 사람보다 높고, 사람이 동물보다 높으니까요!

딸도 고개를 끄덕이며 동의한다는 신호를 보냈다. 나는 아이들을 바라보며 말했다.

정답이야! 하나님의 창조 질서는 하나님께서 사람을 다스리고, 사람은 하나님의 형상으로서 동물을 다스림을 통해 유지되었어. 만약 이 질서가 깨진다면 세상에 무질서가 찾아오겠지. 그래서 사람은 반드시 하나님께 순종하고 동물을 바르게 다스림으로써 하나님의 창조 질서를 유지해야 했던 거야. 이해했니?

아이들은 또다시 고개를 힘차게 끄덕이며 '그렇다'라는 신호를 보냈다. 하지만 창세기 3장에 등장하는 뱀을 이해하기 위해서는 이보다 더 많은 배경 지식이 필요하다. 그래서 우리는 창세기 2장으로 향했다.

에덴을 지켜라

이후 나는 아이들에게 창세기 2:15을 펴서 여러 차례 읽으라고 말했다.

> 야훼 하나님은 자기가 만든 사람을 에덴 동산에 두어 그 곳을 관리하
> 며 지키게 하시고 … (창 2:15 『현대인의 성경』)

여기에 "지키게 하시고"라고 번역된 히브리어(שׁמר)는 문맥에 따라 "돌보다" 혹은 "지키다"라는 의미로 쓰인다. 그렇다면 본문에서는 어떻게 번역되는 것이 좋을까? 근접 문맥의 내용(선악과 금지령, 돕는 사람의 필요성)과 원격 문맥의 내용(뱀의 유혹, 선악과 사건, 하나님의 심판, 동산에서 쫓겨나는 사람)을 고려할 경우 "지키다"가 더 좋다고 판단된다. 이럴 경우, 창 2:15의 내용은 에덴 동산을 해하려고 하는 위험이 도사리고 있음을 알리는 복선 역할을 한다. 아이들에게 이 부분을 설명한 후 질문 하나를 던졌다.

우리가 지금 읽은 구절에 따르면 하나님께서 아담에게 에덴 동산을 관리하고 지키라고 말씀하셨어. 아담은 에덴을 관리할 뿐만 아니라 지키는 사명도 받았다는 의미야. 아빠가 묻고 싶은 게 하나 있어. 아담은 누구로부터 에덴을 지켜야 할까? 아니, 그 전에 다른 질문을 하나 더 할게. 우리는 누구로부터 집을 지키지? 아빠로부터 지켜야 하나?

딸은 깔깔대며 답했다.

왜 아빠로부터 집을 지켜요? 당연히 도둑이나 강도로부터 지켜야지요!

아들도 맞장구를 치며 말했다.

맞아. 우리는 나쁜 사람들로부터 집을 지키는 거예요!!

나는 고개를 끄덕이며 답했다.

정답이야. 우리는 나쁜 사람들, 즉 집을 해하려는 사람들로부터 집을 지켜야 해. 아빠는 집을 지키는 사람이지 집을 해하는 사람이 아니야. 이런 점을 기억하며 창세기 본문을 다시 볼까? 하나님께서 아담에게 에덴 동산을 지키라고 말씀하셨어. 그렇다면 아담은 누구로부터 에덴 동산을 지켜야 했을까? 혹시 하와로부터?

이번에는 아들이 웃으며 말했다.

아니요! 하와는 아직 만들어지지도 않았잖아요. 하와는 나중에 아담이 에덴 동산을 잘 지킬 수 있도록 돕는 친구로 만들어졌잖아요. 그러니까 당연히 하와도 아니지요.

그렇다. 아담과 하와는 에덴 동산을 함께 지키는 동산 지킴이들이었다. 따라서 아담과 하와는 에덴 동산을 해하려는 직접적인 대상이 아니다. 그렇다면 도대체 누가 에덴 동산에 위협을 가져오는 대상이라는 말인가? 그때 딸이 무엇인가 깨달았다는 듯 소리치며 말했다.

아! 혹시 … 뱀 아닌가요? 뱀이 하와를 유혹했잖아요! 아, 그렇네! 아담은 뱀으로부터 에덴 동산을 지켜야 했던 거예요!

누가 에덴 동산을 어지럽히려고 하는가?

창세기 2장은 뱀이 에덴 동산을 위협하는 존재가 될 것이라고 명시하지 않는다. 하지만 문맥적으로 본문을 분석하면, 에덴 동산을 위협할 요소가 동물과 연결되어 있음을 알 수 있다. 아래는 창세기 2:15-23을 사건의 흐름에 맞춰 요약한 순서이다.

A. 하나님께서 아담에게 에덴 동산을 지키라고 말씀하심 (2:15).

B. 하나님께서 아담에게 선악과를 먹지 말라고 말씀하심 (2:16-17).

C. 하나님께서 아담이 혼자 지내는 것이 좋지 않다고 판단하신 후 돕는 사람을 만들어 주실 것을 결정하심 (2:18).

D. 하나님께서 동물들을 창조하신 후 아담에게 그들의 이름을 짓게 하심 (2:19-20).

E. 하나님께서 하와를 아담의 돕는 사람으로 만들어주심 (2:21-22).

F. 아담이 하와를 본인의 일부로 고백하고 하와를 "여자"로 부름 (2:23).

A-B 구조는 아담의 동산 지킴이 사명이 선악과를 먹지 않는 일과 연결되어 있음을 나타낸다. AB-C 구조는 선악과 금지령은 아담이 홀로 지키기에는 벅차므로 돕는 사람이 필요하다는 점을 보여준다. ABC-D 구조는 아담과 동물 사이에 있는 존재적 위계 구조가 아담의 동산 지킴이 사명에 유의미하게 개입할 것임을 암시한다. AB-CD-E 구조는 아담의 동산 지킴이 사명에 돕는 사람의 조력이 반드시 필요함을 명시한다. ABCDE-F 구조는 한마음 한뜻으로 동역하는 아담과 하와 사이에 기능적 질서가 있음을 보여준다.

이와 같은 흐름을 기억하면서 A에서 F까지 다시 한번 살펴보자. 그러면 D가 문맥의 흐름에 커다란 제동을 건다는 점을 발견하게 된다. 우선 하나님께서는 아담에게 "돕는 사람"이 필요하다고 C에서 판단하셨다. 따라서 독자는 D에 하와를 창조하는 내용이 나올 것으로 기대하게 된다.[1] 하지만 D에는 문맥과 전혀 상관없는 내용이 느닷없이 등장한다. 동물들이 창조되고 아담이 그들에게 주권을 행사하는 내용이 나오는 게 아닌가? 그리고 E에 가서야 비로소 C에서 언급됐던 "돕는 사람"이 창조된다. 이처럼 D는 문맥의 흐름을 방해한다. 우리의 기대에 따르면 본문의 사건은 A-B-C-E-F-D로 배열되는 것이 맞다. 하지만 창세기 본문은 C와 E사이에 D를 넣음으로써 문맥의 흐름에 의도적인 제동을 걸었다. 그 이유가 무엇일까? 히브리어의 문학적 장치인 키아즘(Chiasm) 구조는 유의미한 답을 제시한다. 기-승-전-결의 논리적 흐름에 익숙한 현대인들은 C-D-E의 흐름을 이상하게 생각할 수 있다. 하지만 히브리인들은 키아즘 구조를 사용해 중요한 부분을 강조하기도 했다. 이를 기억하며 C-D-E 구조를 보면 아래와 같은 키아즘이 나타남을 볼 수 있다.

C. 돕는 사람(עזר כנגדו)의 필요성 부각 (2:18)

D. 아담과 동물 사이의 위계질서 (2:19-20)

E. 돕는 사람(עזר כנגדו)의 등장 (2:21-22)

보다시피 C와 E에는 "돕는 사람"이라는 단어가 나타난다. 그리고 "돕는 사람" 사이에 아담과 동물 사이의 위계질서를 나타내는 D

---

1   R. G. Branch, "Eve," in *Dictionary of the Old Testament: Pentateuch* (ed. T. Desmond Alexander and David W. Baker; Downers Grove, IL: IVP, 2003), 240–43 (240–41).

가 들어 있다. 이러한 구조는 "돕는 사람"의 역할이 아담과 동물 사이에 있는 위계질서와 유의미하게 연결되어 있음을 암시한다. 즉, 하와는 아담과 동물 사이에 있는 위계질서가 바르게 가동될 수 있도록 아담을 돕는 기능을 받았다고 이해할 수 있다.

우리는 여기에서 아담과 동물 사이에 심각한 문제가 발생할 것이라는 암시를 느낀다. 문제의 심각성은 "돕다"로 번역된 히브리어 (עזר)가 주로 군사적 맥락에서 사용되며, 또한 문맥에 따라 "동맹의 관계를 맺고 있는 사람"(수 1:14; 대상 12:1-22; 대하 32:8; 사 41:10-14)을 의미한다는 점에 의해 더욱 부각된다.[2] 이것이 뜻하는 바는 자명하다. 아담과 하와는 단순한 동산 지기들이 아니라 뜨거운 전우애를 나누며 하나님께서 맡기신 에덴 동산을 함께 지키도록 부름 받은 동지였다는 점이다. 아담과 하와는 이를 위해 한마음 한뜻으로 연합해야 했다. 그리고 아담과 동물 사이에 있는 존재적 위계 구조가 바르게 구동될 수 있도록 협업해야 했다.

여기에 우리가 놓치지 말아야 할 하와의 기능이 한 가지 더 있다. F를 보자. 아담은 F를 통해 하와가 본인의 일부라는 점을 명시한다. 이는 아담과 동물 사이에 작용하는 존재적 위계 구조가 하와와 동물 사이에도 동일하게 기능함을 의미한다. 따라서 하와는 아담과 동물 사이에 있는 위계질서뿐만 아니라 자신과 동물 사이에 있는 위계질서도 바르게 구동될 수 있도록 힘써야 했다. 요컨대 아담과

2   Carmen Joy Imes, *Being God's Image: Why Creation Still Matters* (Downers Grove, IL: IVP Academic, 2023), 40.

하와는 사람과 동물 사이에 있는 존재적 위계 구조가 흐트러지지 않도록 서로 돕도록 동맹을 맺은 군사들이었다.

나는 이와 같은 내용이 뱀의 정체성과 선악과 사건을 바르게 파악하는 데 꼭 필요하다고 판단했다. 그래서 최대한 천천히, 자세히, 그리고 반복해서 아이들에게 가르쳤다. 아이들이 잘 따라오고 있음을 확인한 나는 이제 아이들이 뱀을 만날 준비가 되었다고 판단했다. 그래서 창세기 3장으로 향했다.

뱀, 동물들 중 하나

나는 아들에게 창세기 3:1-6을 읽어보자고 권했다.

[1] 야훼 하나님이 창조하신 동물 중에서 뱀이 가장 교활하였다. 뱀이 여자에게 '하나님이 정말 너희에게 동산에 있는 모든 과일을 먹지 말라고 하셨느냐?' 하고 묻자 [2] 여자가 뱀에게 대답하였다. '우리가 동산의 과일을 먹을 수 있으나 [3] 동산 중앙에 있는 과일은 하나님이 먹지도 말고 만지지도 말라. 그렇지 않으면 너희가 죽게 될 것이다 라고 말씀하셨다.' [4] 그때 뱀이 여자에게 '너희는 절대로 죽지 않을 것이다. [5] 하나님이 너희에게 그렇게 말씀하신 것은 너희가 그것을 먹으면 눈이 밝아져서 하나님과 같이 되어 선악을 분별하게 될 것을 하나님이 아셨기 때문이다' 하고 말하였다. [6] 여자가 그 나무의 과일을 보니 먹음직스럽고 보기에 아름다우며 지혜롭게 할 만큼 탐스럽

기도 하였다. 그래서 여자가 그 과일을 따서 먹고 자기 남편에게 주니 그도 그것을 먹었다. (창 3:1-6 『현대인의 성경』)

나는 아이들에게 1절을 다시 한번 읽어본 후 뱀이 누구인지 설명해 달라고 부탁했다. 본문을 유심히 읽은 아들이 답했다.

뱀은 "동물"이에요.

딸도 고개를 끄덕이며 아들의 답에 동의한다는 뜻을 알렸다. 나도 고개를 끄덕이며 아이들에게 말했다.

맞아. 본문은 뱀을 가리켜 "동물"이라고 말하고 있어. 이것이 뜻하는 바가 무엇일까?

잠시 생각에 잠겨 있던 아들이 조용히 입을 열었다.

혹시, 아담과 하와보다 뱀이 아래에 있다는 의미인가요? 음 … 그러니까 아담과 하와가 뱀보다 높은 위치에 있다는 뜻이에요?

아들은 뱀이 "동물"이라는 본문 말씀을 조금 전에 배운 창조의 질서와 C-D-E 구조 속에서 이해했다. 나는 아들의 말에 동의했다. 창세기 1-2장은 "동물"이 아담과 하와의 지배를 받는 존재라고 명시한다. 따라서 뱀을 "동물"이라고 표현한 창세기 3:1의 의도는 창세기의 원격 및 근접 문맥 속에서 자명해진다. 아담과 하와는 뱀보다 존재적으로 높기 때문에 뱀을 다스릴 수 있다는 의미이다. 창세기 2-3장을 히브리어로 보면 이와 같은 해석이 더욱 지지를 받는다. 창세기 3:1은 뱀을 "동물/들짐승"으로 표현한다. 놀랍게도 동일한 히브리어 표현이 근접 문맥에 나타난다. 바로 아담이 모든 "동물/들짐승"의 이름을 짓는 창세기 2:19이다.

> 야훼 하나님이 흙으로 온갖 들짐승(כל חית השדה)과 새를 만드시고, 아담이 어떻게 이름을 짓나 보시려고 그것들을 그에게 이끌고 가시니 아담이 각 생물들을 부르는 것이 바로 그 생물들의 이름이 되었다. (창 2:19 『현대인의 성경』)

> 야훼 하나님이 창조하신 들짐승(חית השדה) 중에서 뱀이 가장 교활하였다. (창 3:1 『현대인의 성경』)

"들짐승"(חית השדה)은 "온갖 들짐승"(כל חית השדה)에 포함된다. 이것의 의미가 무엇일까? 하나님께서 모든 들짐승을 아담에게 이끌어 오실 때, 뱀도 다른 들짐승과 함께 아담 앞으로 이끌려 왔다는 의미이다. 또한 아담이 들짐승에게 이름을 지어줄 때, 뱀도 아담에게 이름을 받았다는 의미이기도 하다. 따라서 뱀과 사람 사이에도 존재론적 위계 구조가 있다. 곧 사람은 뱀을 다스리고, 뱀은 사람에게 다스림을 받는 것이 창조의 질서였다.[3] 아래의 도표를 기억해 보자.

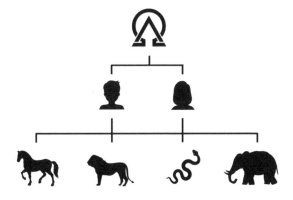

이제는 이 도표를 아담-하와-뱀의 구도 속에서 구체화 해보자.

---

3   창세기 사건에 개입한 뱀이 단순한 들짐승일까? 나는 그 이상이라고 생각한다. 고대 근동 문헌에 의하면 말하는 동물은 항상 신과 직/간접적으로 연결되어 있다(즉, 신적 존재[티아맛, 안주], 신적 존재에 의해 영향을 받은 동물[발람의 당나귀]). 하지만 창세기 3장은 뱀을 "하나님이 창조하신 동물 중" 하나라고 명시함으로써 아담과 뱀 사이에 위계 구조가 있음을 밝힌다. 따라서 주해자들은 여기에서부터 뱀의 정체성을 구체화 해 나가야 할 것이다.

따라서 뱀을 "동물"/"들짐승"으로 언급한 창세기 3:1은 사람과 뱀 사이에 세워진 창조 질서, 다시 말해 사람은 뱀을 다스리고 뱀은 사람의 다스림을 받는 존재적 위계 구조를 알리고 있다고 볼 수 있다.

고맙게도 아들은 이러한 부분을 바르게 이해하고 있었다. 그래서 나는 아들의 머리를 쓰다듬으며 말했다.

> 맞아! 맞아! 하나님께서 모든 들짐승을 아담에게 데려오셨어. 그리고 아담에게 들짐승의 이름을 짓게 하셨지. 그렇다면 아담이 이름을 지어준 들짐승 중에 뱀이 포함되어 있었을까, 없었을까? 당연히 있었겠지? 그러면 뱀은 아담보다 낮은 위치에 있다는 의미가 돼. 그리고 하와도 아담으로부터 나왔기 때문에, 그리고 하와도 하나님의 형상이기 때문에 아담과 하와는 뱀의 말을 들을 필요가 없었다는 의미이기도 하지. 그러므로 행여라도 뱀이 잘못된 제안을 한다면 아담과 하와는 뱀의 말을 들을 필요가 없었다는 의미야. 오히려 뱀을 혼내 줘야 했지!

하지만 안타깝게도 창세기 3장은 우리가 기대하는 방향으로 이야기가 전개되지 않는다. 하나님의 말씀을 따라야 마땅했던 하나님의 형상이 하나님을 등지고 뱀의 말을 따랐기 때문이다. 이는 하나님의 창조 질서에 무질서를 일으킨 대대적인 사건으로 역사에 기록되었다.

뱀의 유혹과 하와의 대응

하와와 만난 뱀은 하와에게 말을 건다.

> 3:1 하나님이 정말 너희에게 동산에 있는 모든 과일을 먹지 말라고 하셨느냐? … 4 너희는 절대로 죽지 않을 것이다. 5 하나님이 너희에게 그렇게 말씀하신 것은 너희가 그것을 먹으면 눈이 밝아져서 하나님과 같이 되어 선악을 분별하게 될 것을 하나님이 아셨기 때문이다.
>
> (창 3:1-5 『현대인의 성경』)

뱀이 "하나님과 같이 되어"라는 표현으로 하와를 유혹했다는 점은 매우 의미심장하다. 창세기 1장은 사람을 하나님의 형상으로 정의한다. 아담과 하와는 하나님이 아니라 하나님의 형상이고, 따라서 하나님의 형상으로 기능함이 마땅했다. 하지만 뱀은 하나님의 형상에게 하나님처럼 될 수 있다고 유혹했다. 이는 "존재적 위계 질서에 무질서를 일으키라"는 매우 사악한 제안이었다. 다시 한번 강조하지만, 하나님의 형상과 하나님은 다르다. 둘 사이에는 존재적 위계 구조가 있기 때문에 하나님의 형상은 결코 하나님의 자리에 올라가려고 해서는 안 된다. 하나님의 형상은 하나님의 형상의 자리에 있을 때 가장 아름답다. 만약 하나님의 형상이 하나님처럼 되고자 하나님께서 금하신 일을 행한다면, 이는 창조 질서에 무질서를 가져오게 된다.

뱀의 유혹을 받은 하와는 본인의 위치—뱀보다 높은 하나님의 형상의 위치, 그리고 하나님보다는 낮은 하나님의 형상의 위치—를 기억하며 문제에 대응해야 했다. 본인은 하나님의 형상이지 하나님이 아니라는 점을 기억하고, 하나님께서 내리신 "선악과를 먹지 말라"라는 명령을 기억하며, "선악과를 먹으면 하나님과 같이 될 수 있다"라는 뱀의 제안을 뿌리쳐야 했다. 그리고 하나님의 형상의 권위로 뱀을 꾸짖고 쫓아내야 했다. 나는 잠시 하와가 되어 하와가 마땅히 해야만 했던 말을 아이들에게 전하는 연기를 했다.

너 지금 뭐라고 했니? 선악과를 먹으면 하나님처럼 될 수 있다고? 하나님께서는 나와 아담에게 선악과를 먹지 말라고 하셨어. 그런데 너는 왜 나에게 선악과를 먹어도 된다고 말하지? 네가 뭔데 하나님의 말씀에 반대되는 말을 하지? 오호라! 바로 네가 에덴 동산을 해하려고 하는 동물이로구나! 잘 들어. 나는 하나님의 형상이야. 하나님의 형상은 하나님의 형상의 자리에 있을 때 가장 아름다워. 그게 하나님의 창조 질서이기도 하고. 만약 하나님의 형상이 하나님처럼 되려고 하나님의 말씀을 어긴다면 창조 질서가 무질서해질 거야. 그러니 어서 물러나!

하와는 이와 같은 방식으로 뱀을 다스려야 했다. 만약 그랬다면 존재적으로 하위에 위치한 뱀은 그 자리를 떠났을 것이다. 하지만 창세기 3:6은 우리가 듣고 싶지 않은 쪽으로 사건이 발생했음을 보여준다.

여자가 그 나무의 과일을 보니 먹음직스럽고 보기에 아름다우며 지혜롭게 할 만큼 탐스럽기도 하였다. 그래서 여자가 그 과일을 따서 먹고 자기 남편에게 주니… (창 3:6)

이 부분에서 아이들은 소리를 질렀다.

아, 안 돼! 주지 마!

하나님과 하와 사이에 있던 질서, 그리고 하와와 뱀 사이에 있던 질서가 무질서로 바뀌는 순간이었다. 하와가 뱀의 말을 따를 때, 뱀과 하와 사이에 있던 존재적 위계 구조에 무질서가 찾아왔다. 하와가 선악과를 먹을 때, 하나님과 하와 사이에 있던 존재적 위계 구조에 무질서가 찾아왔다. 그리고 하와가 선악과를 아담에게 건넬 때, 아담과 하와 사이에 있던 기능적 질서에 무질서가 찾아왔다.

하와의 유혹과 아담의 대응

뱀과 하와 사이에 오고 간 대화를 읽어보면 알겠지만, 뱀은 결코 무례하게 행동하지 않았다. 하와에게 명령하거나 폭력을 행하는 뱀의 모습은 그 어디에서도 찾아볼 수 없다. 게다가 선악과를 따다가 하와의 손에 건네거나 하와의 입에 욱여 넣는 뱀의 모습도 나타나지 않는다. 뱀은 예의를 지켜 하와에게 다가갔을 뿐이다. 이는 뱀과 하와 사이에 존재적 위계 구조가 있었기 때문으로 보인다.

뱀이 선악과를 하와에게 직접 전달하지 않았다는 점을 기억할 때, 선악과가 하와를 통해 아담에게 전달됐다는 점은 매우 유의미하다. 그렇다. 하와는 아담에게 선악과를 전달했다. 하와와 아담 사이에 존재적 위계 구조가 없으므로 가능했던 일로 보인다. 그래도 아담은 하와가 건네는 선악과를 거절할 수 있었다. 아담은 기능적 질서 속에서 하와를 바른 길로 인도하는 역할을 감당해야 했기 때문이다. 게다가 하나님과 자신 사이에 있는 존재적 위계 구조를 기억하며 선악과를 받지 않을 수도 있었다. 하나님의 창조 질서가 더 망가지지 않으려면 아담은 선악과를 건네는 하와를 향해 바른 결정을 내려야 했다. 나는 이번에도 잠시 아담이 되어 아담이 마땅히 해야만 했던 말을 전하는 연기를 했다.

> 나에게 선악과를 건네주면 어떡해요? 당신은 내가 선악과를 먹지 않도록 도와주는 "돕는 사람"이잖아요? 그런데 오히려 내가 선악과를 먹도록 돕다니요? 어서 손에 있는 선악과를 버리세요. 그리고 하나님께 용서를 구하세요. 내가 당신과 함께 하나님 앞에 나아갈게요.

나는 뱀을 꾸짖고 멀리 쫓아내는 시늉을 했다. 아이들은 재미있게 들었지만, 사실 내 마음은 몹시 아팠다. 인도하는 자가 마땅히 보여야 할 행동을 아담이 보여주지 않았다는 사실을 알고 있었기 때문이다. 성경의 증언에 따르면, 아담은 하와가 건네주는 선악과를 받았다. 그리고

> … 그도 그것을 먹었다. (창 3:6)

하와가 "돕는 사람"의 역할에 실패했듯이, 아담도 "인도하는 자"의 역할에 실패했다. 무엇보다도 아담과 하와는 하나님의 형상으로 기능하는 데 모두 실패했다. 그렇게 피조계를 유지하고 있던 창조 질서에 무질서가 찾아왔다.

아담과 하와의 실패

아담과 하와는 모두 본인의 위치를 잊어버렸다. 하와는 자신과 뱀의 위치(뱀을 다스려야 하는 위치), 자신과 아담의 위치(아담을 도와야 하는 위치), 그리고 자신과 하나님과의 위치(하나님의 말씀에 순종해야 하는 위치)를 모두 잊어버렸다. 아담 역시 자신과 뱀의 위치(뱀을 꾸짖어야 하는 위치), 자신과 하와의 위치(하와를 인도해야 하는 위치), 그리고 자신과 하나님의 위치(창조자의 말씀에 순종해야 하는 위치)를 모두 망각했다. 그렇게 선악과 사건은 하나님께서 세우신 창조 질서에 무질서를 가져왔다.

따라서 선악과 사건은 "일개의 죄"로 단순화되어서는 안 된다. 선악과 사건은 하나님의 창조 질서에 다방면으로 무질서를 가져온 대대적인 사건이었다. 이 사건은 하나님과 인간, 인간과 동물 사이에 있던 존재적 위계 구조를 무질서로 바꿨다. 그리고 아담과 하와 사이에 있던 기능적 질서까지 무질서로 바꿨다. 에덴의 질서를 구성하고 있던 수직적 질서와 수평적 질서가 모두 무질서로 뒤바뀐 것이다. 제7장에서 살펴보겠지만 창세기 3:7-24은 선악과 사건에 의해 발생한 무질서가 얼마나 일그러진 열매를 맺었는지를 여실히 보여준다.

성경 공부를 마치며

성경 공부를 마무리할 무렵 아이들의 표정을 살피니 많이 어두웠다. 아무래도 오늘 성경 공부 주제가 아이들의 마음을 많이 무겁게 했던 것 같다. 나는 곧바로 예수님의 회복 사역을 말해주며 분위기를 바꾸고 싶었지만, 입을 꾹 닫았다. 아이들이 선악과 사건에 담긴 무게를 조금이라도 더 느끼기를 바랐기 때문이다. 그때, 딸이 갑자기 큰 소리로 외쳤다.

아담과 하와 미워! 왜 선악과를 먹어! 하나님께서 먹지 말라고 했으면 먹지 말아야지!

나는 딸의 손을 잡으며 말했다.

많이 아쉽지? 아빠도 그래. 그런데 만약 우리가 그곳에 있었다면 어땠을까? 만약 슬이가 하와였다면 어땠을까? 선악과를 먹었을까, 안 먹었을까?

슬이는 손사래를 치며 말했다.

저는 절대 안 먹었을 것 같아요!

나는 아들을 바라보며 동일한 질문을 던졌다.

언이가 아담이었다면 어땠을까? 선악과를 먹었을까 먹지 않았을까?

잠시 생각에 잠겼던 아들은 조용히 답했다.

음… 저는 먹었을 것 같아요. 저는 아빠가 먹지 말라고 하면 더 먹고 싶어지거든요. 아까도 아빠가 밥 먹기 전에 캔디 먹지 말라고 했는데 저는 그 캔디가 정말 먹고 싶었어요. 음… 몰래 먹었던 적도 있고요.

나는 고개를 돌려 딸을 쳐다봤다. 딸도 내 말을 어기고 종종 캔디를 먹기 때문이다. 내 눈길의 의미를 알아차렸던 딸은 멋쩍은 듯이 웃으며 말했다.

사실 저도 먹었을 것 같아요.

딸의 고백에 우리는 모두 웃음을 터뜨렸다. 그때 아들이 중요한 질문 하나를 던졌다.

아빠, 선악과 사건이 이 세상에 무질서를 가져왔잖아요? 그러면 아담과 하와가 무질서를 질서로 바꿀 수는 없었어요?

매우 중요한 질문이다. 아담과 하와가 일으킨 문제를 본인들 스스로 해결할 수 있었을까? 아쉽게도 이 질문은 이번 성경 공부 시간에 다룰 수 없을 정도로 거대했다. 그래서 나는 아이들에게 다음에 질문의 답을 찾아보자고 말했다. 아이들은 아쉬워했지만, 시계가 저녁 8:30을 넘은 지 이미 오래되었다는 사실을 잘 알았기 때문에 아쉬운 마음을 뒤로하고 잠자리로 들어갔다.

책상에 남아

아이들을 방으로 보낸 나는 잠시 생각에 잠겼다. 창세기 1장과 2장은 질서의 하나님을 부각한다. 하나님께서는 피조물들 사이에 질서를 세우신다. 그 질서는 존재적 위계 구조와 기능적 질서였다. 하나님의 형상으로 지음 받은 아담과 하와는 하나님의 말씀을 지킴으로 두 종류의 질서를 모두 관리해야 했다. 하지만 창세기 3장은 하나님의 피조계에 무질서가 찾아왔음을 보여준다. 하나님의 말씀에 최고의 우선순위를 두어야 했던 하나님의 형상들이 자신들의 위치를 망각했기 때문이다.

너 하나님의 형상아, 너희들이 선악과를 먹는다면 하나님처럼 될 수 있어.

뱀의 유혹은 하나님의 형상과 하나님 사이의 경계를 허물라는 도발적인 제안이었다.[4] 아담과 하와는 하나님의 형상의 상태(semi-defecation)를 버리고 야훼 하나님과 같은 완전한 신의 상태(full-defecation)로 환골탈태하기 위해 선악과를 먹었다. 그렇다면 두 사람은 과연 신이 되었을까? 아니다. 이들은 세상에 찾아온 무질서로

---

4   본서 제5장을 보라.

인해 고통받는 패잔병들이 되었다.

하나님의 형상이 하나님이 되고자 할 때, 문제가 발생한다. 물이 경계선을 넘어 육지로 몰려들 때 쓰나미라는 대참사가 일어나듯, 하나님의 형상이 존재의 경계선을 넘어 하나님이 되려고 할 때, 우주의 질서는 일그러진다. 하나님의 형상은 하나님의 형상의 자리에 있을 때 가장 아름답다. 그래서 우리는 그 자리를 사수해야 한다. 선악과 사건은 오늘날 우리에게도 우리가 있어야 하는 위치를 바르게 파악하고 사수하는 일이 얼마나 중요한지를 보여준다.

잠시 내 삶에 최고봉이 누구인지를 돌아보자. 내 삶의 최고봉이 하나님이 아니라면, 그래서 그분의 말씀이 나를 이끄는 동력이 아니라면, 그것은 곧 내 삶의 우선순위가 일그러져 있다는 의미이다. 우리는 스스로에게 질문해야 한다. "나는 누구인가?" 그리고 이 질문에 "나는 하나님의 형상"이라는 답을 할 수 있도록 스스로를 수시로 돌아봐야 한다. 내가 하나님의 형상이라는 의미는 나를 창조하신 분이 계신다는 뜻이다. 그리고 그분의 말씀을 따라 매일을 살아야 함을 의미한다. 그렇다면 우리는 과연 얼마나 자주 창조자를 묵상하는가? 그리고 얼마나 자주 하나님의 말씀에 자신을 노출하는가? E. M. 바운즈(Bounds)는 이렇게 말했다.

아침에 눈을 떠 가장 먼저 떠오르는 분이 하나님이 아니라면, 잠자리에서 일어나 가장 먼저 한 행동이 하나님을 위한 것이 아니라면, 하나님께서는 당신의 뒷전에 밀려나 계시다는 의미입니다.

나는 바운즈의 말을 자주 떠올리며 나 자신에게 묻는다.

너 하나님의 형상아, 너를 지으신 하나님은 지금 어디에 계시느냐?

그리고 이 질문에 대한 나의 답이 늘 한결같기를 소망한다.

나를 지으신 하나님은 내가 아침에 눈을 떠 가장 먼저 떠오르는 분이시고, 내가 잠자리에서 일어나 가장 먼저 움직이는 행동의 이유입니다. 하나님께서는 언제나, 항상, 매사에 내 앞에 계십니다.

제7장
아담과 하와가 어떤 죄를 지었어요?

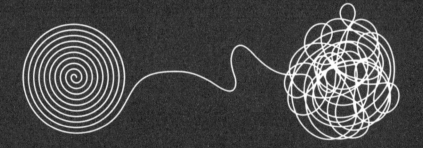

7. 아담과 하와가 어떤 죄를 지었어요?

성경 구절

⁷ 이렇게 두 사람이 그 열매를 따먹자 그들의 눈이 밝아져 자기들이 벌거벗은 줄을 알게 되었다. 그래서 그들은 무화과 나뭇잎을 엮어 몸을 가렸다. ⁸ 두 사람은 서늘한 바람이 부는 저녁 무렵에 야훼 하나님께서 동산을 거니시는 소리를 들었다. 그래서 그들은 하나님의 눈에 띄지 않으려고 얼른 동산에 있는 나무들 사이에 몸을 숨겼다. ⁹ 그러나 야훼 하나님께서는 아담을 찾으시며 '네가 어디 있느냐?' 하고 부르셨다. ¹⁰ '동산에서 하나님께서 거니시는 소리를 듣고는 무서웠습니다. 그래서 이렇게 숨었습니다. 제가 벌거벗었기 때문이지요' 하고 남자가 대답하였다. ¹¹ '그래, 누가 그러더냐? 네가 벌거벗었다고 말이다. 내가 분명히 일러두지 않았더냐? 너희가 그 나무 열매를 따먹어서는 안 된다고 말이다. 그런데도 그 열매를 따먹었더란 말이냐?'

하고 하나님께서 소리치셨다. ¹² '하나님께서 내 곁에 늘 있도록 허락하신 이 여자가 그 나무 열매를 따주었습니다. 그래서 그냥 그 열매를 먹었을 뿐입니다' 하고 남자가 변명하였다. ¹³ 그러자 야훼 하나님께서 여자에게 물으셨다. '그래, 네가 어쩌자고 이런 일을 저질렀느냐?' '뱀이 그 나무 열매를 한번 따먹어 보라고 자꾸 꾀었어요' 하고 여자가 대답하였다. ¹⁴ 그러자 야훼 하나님께서 뱀에게 말씀하셨다. '이런 일을 저질렀으니 너는 벌을 받아 마땅하다. 너는 온갖 집짐승과 들짐승 가운데에서 저주를 받아 배로 기어 다녀야만 하리라. 또 너는 죽을 때까지 흙만 먹고 살아가야 하리라. ¹⁵ 나는 네가 여자와 서로 미워하면서 살아가게 하리라. 따라서 여자의 후손과 네 후손도 내내 원수지간으로 지내게 할 것이다. 여자의 후손이 네 머리를 상하게 할 것이며 너는 그의 발꿈치를 상하게 하리라' ¹⁶ 여자에게는 또 이렇게 말씀하셨다. '네가 아이를 가졌을 때 그 고통이 이루 말할 수 없으리라. 또한 아이를 낳을 때에도 말로 다 할 수 없는 고통이 뒤따라야 비로소 해산하리라. 너는 남편을 네 마음대로 하고 싶겠지만 오히려 남편이 너를 지배하게 될 것이다.' ¹⁷ 이번에는 남자에게 말씀하셨다. '네가 내 말은 듣지 않고 아내의 말만 듣고 그 열매를 따먹었구나. 네가 그 열매를 따먹었으니 이제 땅이 저주를 받으리라. 또 너는 일생 동안 죽도록 일해야 먹고 살 곡식을 거두어들일 수 있으리라. ¹⁸ 너 때문에 땅에는 가시덤불과 엉겅퀴가 무성하리라. 너는 오직 들에서 자라는 푸성귀만 먹고 살아야 하리라. ¹⁹ 너는 이마에 땀을 흘리며 흙을 파야 먹고 살아갈 곡식을 얻으리라. 너는 흙으로 빚어진 존재니 흙으로 돌아가고 말리라. 너는 먼지니 다시 먼지로 돌아가리라.' [20] 아담이 그 아내를 하와라고 이름 지었다. 그녀가 온 인류의 어머니가 될 것이기 때문이다. [21] 야훼 하나님께서는 아담과 그의 아내에게 짐 승 가죽으로 옷을 해 입혔다. 그래서 아담과 하와는 가죽옷을 입었다. [22] 야훼 하나님께서 말씀하시기를 '자, 이제 사람이 무엇이 좋고 무엇이 나쁜 일인지를 우리처럼 똑같이 알게 되었구나 이제 우리처럼 무엇이 좋고 무엇이 나쁜 일인지를 알게 되었으니 손을 내밀어 생명나무 열매를 따먹지 못하게 해야겠다. 그 나무 열매를 따먹었다가는 죽지도 않고 영영 살겠지' 하셨다. [23] 그래서 야훼 하나님께서는 사람을 에덴 동산에서 쫓아내셨다. 그리고 사람이 흙에서 왔으므로 그 흙을 갈아 농사를 짓도록 하셨다. [24] 이렇게 사람을 내쫓으신 뒤에 에덴 동산 동쪽에 천사 그룹을 두어 지키게 하시고 또 칼날과 같이 날카롭게 이글거리는 불이 사방을 빙빙 돌게 하셨다. 그 누구든 생명나무가 있는 길목으로 들어서지 못하게 하기 위해서였다. (창 3:7-24 『현대어 성경』)

공부의 시작

창세기 1장은 하나님께서 놀라운 힘과 깊은 지혜로 피조계를 창조하시는 모습을 보여준다. 전지전능하신 창조자께서 6일에 걸쳐 삼라만상의 질서를 세우시는 모습은 정말 이루 말할 데 없이 경이롭다. 빛과 어두움을 나누시는 모습, 물과 궁창을 나누시는 모습, 물과 땅을 나누시는 모습, 낮과 밤을 나누시는 모습, 큰 광명에게 낮을 주관하고 작은 광명에게 밤을 주관하게 하시는 모습, 그리고 이들에게 이름을 부여하시는 모습은 하나님께 질서의 속성이 있음을 명시한다. 이와 같은 질서의 하나님에 의해 창조된 피조계는 질서가 충만한 세상이었다. 그래서 하나님 보시기에 모든 것이 좋았다.

하지만 창세기 3:7-23은 하나님께서 6일 동안 정성스럽게 창조하신 피조계가 눈 깜짝할 사이에 무질서로 바뀌는 모습을 보여준다.[1] 지난 성경 공부 시간에 아들이 내게 물었던 질문이 떠올랐다.

> 아빠, 선악과 사건이 이 세상에 무질서를 가져왔잖아요? 그러면 아담과
> 하와가 무질서를 질서로 바꿀 수는 없었어요?

아담과 하와가 선악과 사건이 가져온 무질서를 상쇄할 수 있을까? 안타깝게도 답은 "아니오"였다. 전지전능하신 하나님께서 6일 동안 공들여 세우신 질서는 유한한 인간의 힘과 지혜로 복구될 수 없었다. 인간이 아무리 하나님의 형상이라 할지라도 이들에게는 무질서를 상쇄할 능력이 없었다.

---

1   6일 개념을 하나님께서 우주의 질서를 세우기 위해 사용하신 시간의 양 (quantity)으로 이해할 수도 있지만, 하나님께서 들이신 시간의 질(quality)로도 이해할 수도 있다. 이럴 경우, 6일 개념은 하나님께서 얼마나 공들여 우주의 질서를 세우셨는지를 강조하는 문학적 장치가 된다. 놀랍게도 하나님께서 세우신 질서가 무질서로 변하는 데는 단 하루가 걸렸다!

레고와 무질서

우리 집에는 레고가 있다. 세 아이들은 레고를 잘 가지고 논다. 그런데 "잘 논다"는 의미가 아이들에 따라 조금씩 다르다. 예컨대 첫째와 둘째는 레고로 건물이나 우주선, 그리고 로봇 등을 만들며 잘 논다. 하지만 막내는 레고를 사방팔방에 던지며 잘 논다. 조금 더 솔직하게 밝히자면, 막내는 형과 누나가 애써 만든 "작품"을 부수면서 잘 논다. 첫째와 둘째가 레고로 질서를 만든다면, 셋째는 레고로 무질서를 만들며 노는 셈이다. 우리가 알다시피 질서와 무질서가 만나면 무질서가 이긴다. 그래서 레고가 있는 우리 집 한 편은 늘 어지럽다.

하루는 첫째가 몇 날 며칠 동안 애써 만든 레고 우주선을 막내가 산산조각 내는 일이 있었다. 학교에서 돌아온 첫째는 부서진 우주선을 바라보며 막내에게 화를 냈다.

행복아, 형이 힘들게 만든 레고를 이렇게 부수면 어떻게 해? 다시 만들어 놔!

하지만 2살짜리 아이가 아무리 노력한다 한들 9살짜리 형이 애써 만든 우주선을 복구하기에는 역부족이었다. 아니, 아예 불가능하다고 말하는 게 더 맞겠다. 막내에게는 질서를 무질서로 만들 수 있는 능력은 있지만, 무질서를 질서로 만들 수 있는 능력은 전혀 없었다. 결국 첫째는 분을 못 이겨 눈물을 흘렸다.

질서를 무질서로 바꾸는 일은 어렵지 않다. 이는 2살짜리 아이도 할 수 있는 매우 간단한 일이다. 질서를 세우는 데에는 오랜 시간이 걸리지만, 질서를 무질서로 바꾸는 일은 순식간에 일어난다. 그 이유가 무엇일까? 질서를 구축하는 작업에는 많은 힘과 큰 지혜가 필요하지만, 질서를 무너뜨리는 데는 이것들이 그다지 필요 없기 때문이다.

무질서로 바뀐 질서

나는 언이와 슬이에게 물었다.

아빠가 질문 하나를 할게. 너희가 레고로 무엇을 만들고 있을 때 행복이가

오면 어때?

언이가 바로 답했다.

안 돼요! 행복이는 우리가 만든 레고를 다 부수어요.

슬이도 언이를 거들며 말했다.

맞아. 전에 나하고 오빠가 캐슬(castle)을 만들었는데 행복이가 다 부수었

어요.

나는 말했다.

정말 속상했겠구나. 그러면 행복이에게 다시 만들라고 하면 안 되나?

슬이가 목소리를 높이며 말했다.

네? 어떻게 그럴 수 있어요? 행복이는 캐슬을 못 만들어요. 행복이는 아기

잖아요? 행복이는 부수기만 하지 만들지는 못해요.

언이도 고개를 힘차게 끄덕이며 슬이의 말에 맞장구를 쳤다.

맞아. 행복이는 맨날 망가뜨려!

나는 레고 이야기를 예로 들며 창세기 3장이 묘사하는 무질서에 대해서 설명하기 시작했다.

너희들 말이 모두 맞아. 행복이는 질서를 무질서로 만드는 데 탁월하지만, 무질서를 질서로 만드는 일은 못해. 행복이에게는 질서를 만들 힘이 없거든. 선악과 사건도 마찬가지야. 선악과 사건으로 인해 하나님의 창조 질서에 무질서가 찾아왔어. 아담과 하와는 자신들이 벌거벗은 것을 처음으로 보게 됐고, 하나님께서 에덴 동산에 오시는 소리를 듣고 처음으로 나무 사이에 숨었지. 선악과 사건 전에는 없었던 현상이야. 어디 이뿐인가? 하와는 임신하는 고통과 해산의 진통을 겪게 됐고, 아담은 가시와 엉겅퀴를 내는 땅과 싸워야 했어. 이것 역시도 선악과 사건 전에는 전혀 없었던 현상이야. 땅도 선악과 사건으로 인해 저주를 받았고, 뱀 또한 배로 땅을 기어 다니면서 흙을 먹게 됐어. 그리고 무엇보다 가장 슬픈 사건은 아담과 하와에게 영생의 기회가 사라졌다는 거야. 이것도 역시 선악과 사건 전에는 전혀 없었던 현상이지. 이처럼 선악과 사건은 하나님의 창조 질서에 엄청난 무질서를 일으켰어.

아이들은 내 설명을 조용히 들었다. 그리고 한동안 말이 없었다. 나는 침묵을 깨고 아이들에게 질문을 했다.

이러한 무질서는 아담과 하와의 잘못 때문에 찾아왔어. 따라서 아담과 하와가 책임지는 게 맞아. 그렇다면 아담과 하와는 무질서를 질서로 바꿀 수 있었을까?

아들은 조용히 말했다.

음 … 아니요.

나는 고개를 끄덕이며 말을 이었다.

맞아. 선악과 사건 때문에 찾아온 무질서는 아담과 하와가 해결하기에는 너무 큰 문제였어. 마치 행복이가 언이와 슬이가 만든 레고 성을 부순 후에 그것을 원상태로 되돌려 놓을 수 없는 것처럼 말이지. 무질서를 만드는 일은 누구나 할 수 있어. 그러나 무질서를 질서로 바꾸는 일은 아무나 할 수 없지. 특히 피조계에 찾아온 거대한 무질서를 질서로 바꾸는 일은 놀라운 힘과 깊은 지혜가 있는 분만 할 수 있어. 그렇다면 세상에 찾아온 무질서는 누가 해결할 수 있을까?

이번에는 딸이 답했다.

하나님이요! 왜냐하면 하나님께서 세상을 만들고 세상에 질서를 주셨으니까요. 하나님만 하실 수 있어요.

그렇다. 피조계에 찾아온 무질서는 인간의 능력으로 되돌릴 수 없었다. 오직 전지전능하신 하나님만 되돌릴 수 있었다.

여전히 질서 가운데 운행하시는 하나님

나는 언이와 슬이가 창세기가 계시하는 하나님은 질서의 하나님이라는 점을 인지하기를 바랐다. 인간의 잘못을 통해 무질서가 찾아온 세상 속에서도 하나님은 여전히 질서 속에서 운행하시는 분이심을 이해하기를 바랐다. 하나님의 불변하는 속성 중에 질서성이 있다는 점은 창세기 3장에서 벌어지는 여러 사건들을 바르게 이해할 수 있는 기반을 제공하기 때문이다. 나는 아이들에게 말했다.

> 아빠가 조금 전에 우리 하나님은 질서의 하나님이라고 말했지? 창세기
> 1-2장에 있는 창조 이야기는 하나님께서 얼마나 질서 있는 분이신지를 보
> 여주고 있어. 그런데 그거 아니? 선악과 사건으로 인해 세상에 무질서가
> 찾아왔음을 보여주는 창세기 3장도 우리 하나님은 여전히 질서의 하나님이
> 라는 점을 보여주고 있어. 아빠는 너희들이 이 부분을 잘 이해하면 좋겠어.

나는 아이들에게 창세기 3:9-14을 읽도록 한 후, 하나님께서 선악과 사건 후에 아담, 하와, 뱀을 찾으시는 순서를 찾아보라고 권했다. 아이들은 앞다투어 성경을 읽기 시작했다.

⁹ 야훼 하나님께서는 아담을 찾으시며 '네가 어디 있느냐?' 하고 부르셨다. … ¹³ 야훼 하나님께서 여자에게 물으셨다. '그래, 네가 어쩌자고 이런 일을 저질렀느냐?' … ¹⁴ 야훼 하나님께서 뱀에게 말씀하셨다. (창 3:9-14 『현대어 성경』)

딸이 먼저 입을 열었다.

하나님께서 아담을 먼저 찾으셨어요. 그다음에 하와를 찾으셨고, 그다음에 뱀에게 말씀하셨어요.

딸의 말처럼 하나님께서는 아담→하와→뱀의 순서대로 찾으셨다. 이번에는 아이들에게 창세기 3:14-17을 읽도록 한 후, 하나님께서 이들에게 저주를 내리시는 순서를 찾아보라고 했다.

¹⁴ 야훼 하나님께서 뱀에게 말씀하셨다. '이런 일을 저질렀으니 너는 벌을 받아 마땅하다. … ¹⁶ 여자에게는 또 이렇게 말씀하셨다. '네가 아이를 가졌을 때 그 고통이 이루 말할 수 없으리라.' … ¹⁷ 이번에는 남자에게 말씀하셨다. '네가 내 말은 듣지 않고 아내의 말만 듣고 그 열매를 따먹었구나. 네가 그 열매를 따먹었으니 이제 땅이 저주를 받으리라. 또 너는 일생 동안 죽도록 일해야 먹고 살 곡식을 거두어들일 수 있으리라. (창 3:14-17 『현대어 성경』)

이번에도 딸이 먼저 입을 열었다.

> 어? 저주는 반대의 순서로 내려졌어요! 저주는 뱀이 먼저 받고, 그다음에
> 하와가 받고, 그다음에 아담이 받았어요. 와, 신기해요!

그렇다. 하나님께서 아담→하와→뱀을 순서대로 찾으셨다면, 저주는 뱀→하와→아담의 순서대로 내리셨다. 나는 아이들에게 하나님께서 첫 번째 순서처럼 아담, 하와, 뱀을 찾으신 이유를 물어보았다. 한참을 생각하던 아들이 먼저 입을 열었다.

> 아담과 하와는 하나님의 형상이지만, 뱀은 동물이라서요? 그리고 아담은
> 인도하는 자고, 하와는 돕는 자라서요?

아들은 내가 가르쳐 줬던 기능적 질서와 존재적 위계 구도 속에서 답을 제시했다. 아들의 답을 조금 더 풀어서 설명하자면 다음과 같다. 학급에 소란이 일어날 때, 담임 선생님이 반장을 먼저 찾듯이, 하나님께서는 아담을 하와보다 먼저 찾으셨다(기능적 질서). 그리고 반려견이 문제를 일으켰을 때, 경찰이 반려견의 주인을 먼저 찾는 것처럼, 하나님께서 뱀보다 사람을 먼저 찾으셨다(존재적 위계 구도). 즉, 하나님께서는 창조 질서를 따라 [〔아담→하와〕→뱀]의 순서로 찾으셨다는 의미이다. 나는 아들의 답에 동의하며 또 다른 질문을 던졌다.

그렇다면 하나님께서 저주를 뱀→하와→아담의 순서대로 내리셨던 이유는 뭘까?

이번에는 딸이 답했다.

뱀이 하와에게 선악과를 먹으라고 했어요. 그다음에는 하와가 아담에게 선악과를 줬어요.

딸은 선악과 섭취 모티프가 발현 및 전달된 순서를 따라 하나님의 저주가 임했다고 이해했다. 나도 딸의 생각에 동의했다.

하나님께서는 창조 질서를 따라 [(아담→하와)→뱀]의 순서대로 이들을 찾으셨다. 그리고 선악과 섭취 모티프가 진행된 순서를 따라 [뱀→(하와→아담)]의 순서대로 저주를 내리셨다. 이와 같은 순서를 우연으로 볼 수 있을까? 나는 그렇게 생각하지 않는다. 나는 이와 같은 순서가 하나님에 대한 매우 중요한 속성을 드러낸다고 생각한다. 바로 하나님의 질서성이다. 앞서 살펴봤듯이, 창세기 1-2장은 하나님의 질서성을 강하게 계시한다. 따라서 창세기 3장에 등장하는 하나님도 응당 질서의 하나님이다. 여기에서 중요한 점은 선악과 사건에 의해 무질서가 들어온 세상 속에서도 하나님께서는 여전히 질서를 따라 움직이고 계신다는 부분이다. 하나님의 질서성은 하나님의 불변하는 속성이기 때문이다.

이때 아들이 손을 들며 말했다.

아빠, 저와 슬이가 집을 어지럽힐 때 아빠가 저를 먼저 부르는 것과 비슷하네요? 제가 오빠니까요?

이 말을 들은 슬이가 웃으며 말했다.

맞아. 그리고 내가 먼저 잘못했으면 나를 먼저 혼내시는 것도 비슷하네.

아이들이 싸우면 나는 항상 첫째와 먼저 대화를 나눈다. 첫째가 아이들의 리더이기 때문이다. 그리고 문제의 시발점이 둘째에게 있다고 판단되면 둘째를 먼저 혼낸다. 이는 우리 가족의 구성원들이 동의하고 따르는 질서이다. 이와 같은 질서에 익숙한 아이들은 창세기 3장에 나타나는 순서의 모티프를 어렵지 않게 이해할 수 있었다.

세 가지 무질서

나는 조금 더 깊게 들어가 창세기 3장이 보여주는 무질서의 양상을 나누기로 결심했다.

… [하나님께서] 남자에게 말씀하셨다. "네가 내 말은 듣지 않고 아내의 말만 듣고 그 열매를 따먹었구나." (창 3:17 『현대어 성경』)

본문은 하나님의 말씀(אמר)과 하와의 말(קול)을 비교 구조 속에 놓고 있다. 아담이 하나님의 명령을 버리고 하와의 목소리를 대신 취했기 때문이다. 이러한 구도는 매우 유의미하다. 하나님의 형상인 아담은 응당 "선악과를 먹지 말라"는 하나님의 말씀에 따라 "선악과를 먹으라"는 하와의 말을 거절해야 했다(하나님-아담의 존재적 위계 구도). 그리고 돕는 자 하와가 하나님께 회개할 수 있도록 하와를 하나님께 인도하는 자로서의 기능을 감당해야 했다(아담-하와의 기능적 질서). 그러나 아담은 하나님의 형상인 하와의 말을 하나님의 말씀 위에 두었을 뿐만 아니라, 하와의 인도에 따라 하나님의 명령을 어겼다. 이것이 뜻하는 바가 무엇일까? 하나님-아담의 존재적 위계 구도와 아담-하와의 기능적 질서에 모두 무질서가 발생했다는 점이다. 무질서는 하나님과 아담 사이에 발생했고, 또한 아담과 하와 사이에도 발생했다. 따라서 하나님께서는 하나님과 아담, 그리고 아담과 하와의 관계적 틀 속에서 두 개의 무질서에 각기 대응하셨다. 우선 하나님-아담의 관계 속에서 아담을 다루시는 하나님을 보자.

> [하나님께서] 남자에게 말씀하셨다. "네가 내 말은 듣지 않고 아내의 말만 듣고 그 열매를 따먹었구나. 네가 그 열매를 따먹었으니 … 너는 일생 동안 죽도록 일해야 먹고 살 곡식을 거두어들일 수 있으리라."
>
> (창 3:17 『현대어 성경』)

하나님의 형상에게는 "일생 동안 죽도록 일"하지 않아도 생명을 유지할 수 있는 특혜가 있었다. 그러나 하나님께서는 이 특혜를 거두어 가셨다. 일하지 않고도 생명을 유지할 수 있는 특혜는 하나님의 형상이 하나님의 말씀을 최고의 권위로 둘 때에만 허용되었던 선물이기 때문이다. 이제 아담은 일생 동안 죽도록 일해야 먹고 살 곡식을 거두어 들일 수 있는 세상 속에 놓였다. 이것은 아내의 말을 하나님의 말씀 위에 둔 죄의 열매였다.

이제 아담-하와의 관계 속에서 하와를 다루시는 하나님을 보자.

> [하나님께서] 여자에게는 또 이렇게 말씀하셨다. "네가 아이를 가졌을 때 그 고통이 이루 말할 수 없으리라. 또한 아이를 낳을 때에도 말로 다 할 수 없는 고통이 뒤따라야 비로소 해산하리라. 너는 남편을 네 마음대로 하고 싶겠지만 오히려 남편이 너를 지배하게 될 것이다." (창 3:16 『현대어 성경』)

하나님께서는 하와에게 아담의 지배를 받으라고 명하셨다. 하와는 아담이 선악과를 먹지 못하도록 도와야 했지만, 오히려 아담이 선악과를 먹도록 인도했다. 돕는 자의 역할에 실패했을 뿐만 아니라 자기 스스로를 인도하는 자의 위치로 자리바꿈을 한 셈이다. 그러나 하나님께서는 아담이 하와를 지배(משל)하도록 허용하심으로 하와가 만든 무질서에 대응하셨다.[2] 놀랍게도 아담이 아내의 이름을 다시 짓는 사건이 창세기 3:20에 등장한다는 점은 유의미하다.

---

2   K. A. Mathews, *Genesis 1–11:26* (NAC 1A; Nashville: B&H, 1996), 251-52.

아담은 자기 아내의 이름을 '이브'/'하와'라고 불렀는데(קרא) 그 이유는(כי) 그녀가 생명이 있는 모든 것의 어머니이기 때문이다. (창 3:20 『저자 사역』)

아담이 아내의 이름을 다시 한번 지었다.[3] 앞서 살펴봤듯이 아담은 선악과 사건 전에도 아내의 이름을 "여자"로 지었다. 그런데 본문은 아담이 선악과 사건 후에도 아내의 이름을 지었음을 보여준다. 작명 모티프는 대상에 따라 존재적 위계 구도(하나님-피조물; 사람-동물)나 기능적 질서(사람-사람)를 의미한다는 점을 기억하자. 따라서 창세기 3:16, 20은 아담과 하와의 기능적 질서에 찾아온 무질서가 다시 질서로 바뀌는 모습을 암시한다.[4]

창세기 3장에는 하나님께서 대응하신 무질서가 하나 더 있다. **뱀과 여자의 존재적 위계 구조에 발생한 무질서이다.** 하나님께서 뱀을 저주하시는 장면은 이 부분을 잘 보여준다.

> [15] 나는 네가 여자와 서로 미워하면서 살아가게 하리라. 따라서 여자의 후손과 네 후손도 내내 원수지간으로 지내게 할 것이다. 여자의 후손이 네 머리를 상하게 할 것이며 너는 그의 발꿈치를 상하게 하리라. (창 3:15 『현대어 성경』)

---

3   본문에 사용된 문법 구조(כי + קרא)는 아담이 아내의 이름을 새롭게 지었음을 보여준다.

4   Mathews, *Genesis 1-11:26*, 254.

본문은 여자의 후손과 뱀 사이에 발생한 무질서에 대응하시는 하나님을 보여준다. 그렇다면 하나님께서 언급하신 "여자의 후손"은 누구일까? 문맥 속에서 여자는 하와이고, 하와는 하나님의 형상이라는 점을 기억해야 한다. 따라서 "여자의 후손"은 하나님의 형상의 후손, 곧 사람의 자손을 의미한다. 본문은 그 사람이 누구인지 특정하지 않는다. 하지만, 구약성경과 신약성경을 유기적으로 연결된 하나님의 특별 계시로 믿는 우리는 그 사람을 예수님으로 믿는다.[5] 사람의 아들, 곧 "여자의 후손"으로 오신 예수님께서 뱀의 머리를 밟으실 때, 선악과 사건으로 인해 전복된 사람과 동물의 질서가 다시 뒤바뀐다는 의미이다.

내 설명을 신중하게 듣고 있던 아들이 중요한 질문을 던졌다.

> 아빠, 질문이 있어요! 왜 아담이 직접 뱀의 머리를 밟지 않았어요? 왜 여자의 후손이 와서 뱀의 머리를 밟을 때까지 기다려야 해요?

딸도 역시 중요한 질문을 던졌다.

> 맞아. 그리고 아담이 하와의 이름을 다시 지은 것처럼 아담이 뱀의 이름을

---

5   창세기의 문맥은 "여인의 후손"을 반드시 메시아적 독법(*protoevangelium*)으로 읽어야 한다는 근거를 제공하지 않는다. 그럼에도 불구하고 "여인의 후손"을 예수님으로 특정하는 이유는 예수님께서 여인의 후손이 할 일, 즉 뱀의 머리를 밟는 일을 이루셨다고 신약성경이 계시하기 때문이다. 본서 제10장을 보라.

다시 지을 수는 없었어요? 그러면 여자의 후손이 올 때까지 기다릴 필요가
없잖아요?

굉장히 중요한 질문이었다. 아담은 아내의 이름을 다시 지음으
로써 기능적 질서에 찾아온 무질서에 대응했다. 하지만 아담은 뱀
의 이름을 다시 짓지도 않았고, 뱀의 머리를 밟지도 않았다. 하나님
께서도 아담에게 이와 같은 행동을 요구하지 않으셨다. 그 이유가
무엇일까? 혹시 사람과 뱀 사이에 있는 존재적 위계 구조에 발생한
무질서와, 아담과 하와 사이에 있는 기능적 질서에 찾아온 무질서
사이에 독특한 차이가 있기 때문이 아닐까?

경계선을 어지럽히는 죄

고대의 문헌들—고대 근동, 그리스 문헌, 제2성전기 문헌—을
보면 무질서에도 경중이 있음을 알 수 있다. 세상에는 여러 종류의
무질서들이 있지만 개중에는 신들이 가장 엄격하게 다루는 무질서,
그리고 신이 직접 개입함으로 해결해야만 하는 무질서도 있었다.
그것은 바로 종(class)이 다른 존재들을 구별하는 경계선을 어지럽히는 죄
였다. 그리스 신화에 따르면, 탄탈루스가 신들만 먹을 수 있는 넥타
와 암브로스를 신들의 허락 없이 인간계에 풀어놓았다 (*Olympian* 1.55-
66; *Isthmean* 8.10; 5th c. BCE). 신들은 그의 행동을 매우 괘씸하게 생각했
다. '인간이 신의 음식을 먹으면 인간이 신이 된다'라는 개념이 있었

기 때문이다. 그래서 신들의 허락 없이 넥타와 암브로스를 인간계에 방출한 행위는 신과 인간 사이에 있는 경계선에 무질서를 일으키는 중범죄였다. 신들은 탄탈루스의 머리 위에 언제 떨어질지 모르는 커다란 돌을 매달아 둠으로써 그의 죄에 대응했다.[6]

제2성전기 문헌에도 비슷한 종류의 무질서가 나타난다 (『에녹1서』 6-10장). 에녹계 전통에 따르면 하늘의 영적 감찰자들이 하나님의 뜻을 거스르고 땅에 내려와 사람의 딸들과 결혼하여 거인들을 낳았다. 그렇게 태어난 거인들은 절제할 수 없는 식욕을 채우기 위해 동물들과 사람들을 닥치는 대로 잡아먹었고, 통제할 수 없는 폭력성으로 인해 난폭한 행동을 일삼았다. 그 결과 생태계에 교란이 찾아왔다. 하나님께서는 감찰자들이 일으킨 무질서를 가볍게 여기지 않으셨다. 영적 존재와 육적 존재가 몸을 섞는 일은 종이 다른 두 존재들을 구별하는 경계선을 어지럽히는 중범죄였기 때문이다. 하나님께서는 감찰자들을 어둠에 가두셨고, 홍수를 통해 거인들을 죽이는 방식으로 대응하셨다.[7]

구약성경에도 이와 같은 무질서에 적극적으로 대응하시는 하나

6　자세한 설명은 Sanghwan Lee, "An Examination of the Punishment Motif in the Book of the Watchers 10:4-8 in Light of Greek Myths," *JAJ* 13.1 (2021): 27-51을 보라.

7　자세한 설명은 다음의 자료를 보라: Sanghwan Lee, "Making Sense of the Optical Punishment of the Watchers in Light of Ancient Ocular Theories," *JAJ* 12.3 (2021): 360-90; idem, "An Examination of the Punitive Blindness of Asael in Light of the Triadic Relationship between Sight, Light, and Knowledge," *JAJ* 13.2 (2022): 151-85.

님의 모습이 담겨 있다. 가장 대표적인 예는 수간을 죽음으로 대응하라는 율법이다.

> 짐승과 음란한 짓을 하는 자는 반드시 죽여라. (출 22:19 『현대인의 성경』)

사람과 짐승은 종이 다른 존재들이다. 따라서 이 둘 사이에 몸을 섞는 행동은 경계선을 어지럽히는 중범죄이다. 따라서 하나님께서는 수간을 하는 자들이 일으킨 무질서에 죽음형으로 대응하셨다.

이처럼 고대인들은 종이 다른 존재들의 차이를 구분하는 경계선을 어지럽히는 죄를 매우 중하게 생각했다. 이를 기억하며 창세기 3장을 본다면 경계선을 어지럽히는 죄가 여러 영역에서 일어났음을 알 수 있다. 우선 아담과 하와 사이에 발생한 무질서는 종이 다른 두 존재들 사이에 발생한 무질서가 아니다. 따라서 아담이 아내의 이름을 다시 지음으로 기능적 질서에 찾아온 무질서를 해결할 수 있었다. 하지만 하와와 뱀 사이에 발생한 무질서는 종이 다른 두 존재들 사이에 발생한 무질서이다. 그러므로 아담이나 하와가 뱀의 이름을 다시 짓거나 뱀의 머리를 밟음으로 문제를 해결할 수 없었다. 이 문제는 오직 신적 개입을 통해서만 해결될 수 있었다. 그러나 정말 심각한 문제는 따로 있었다. 하나님과 하나님의 형상 사이에도 무질서가 발생했기 때문이다.

이제 우리는 선악과 사건으로 인해 발생한 무질서의 양상에 대해 이해할 수 있다. 선악과 사건은 하나님과 하나님의 형상, 그리고 하나님의 형상과 동물 사이에 있는 존재적 위계 구조에 무질서를 전방위적으로 일으켰다. 이는 창세 이래로 가장 파괴적인 무질서를 가져온 사건이었다.

- **같은 종 사이에서 발생한 죄**: 아담과 하와의 기능적 질서에 찾아온 무질서 → 아담이 하와의 이름을 다시 지음 → 기능적 질서의 회복을 의미함

- **다른 종 사이에서 발생한 죄**: 하나님과 하나님의 형상의 존재적 위계 구조에 찾아온 무질서 → 인간이 해결할 수 없음 → 신적 개입의 필요를 의미함

- **다른 종 사이에서 발생한 죄**: 하나님의 형상과 뱀의 존재적 위계 구조에 찾아온 무질서 → 인간이 해결할 수 없음 → 신적 개입의 필요를 의미함

다시 언이와 슬이의 질문으로 돌아가 보자. 왜 하나님께서는 아담에게 뱀의 머리를 밟게 하지 않으셨을까? 그리고 왜 아담에게 뱀의 이름을 다시 짓게 하심으로 문제를 해결하지 않으셨을까? 이제 우리는 이 질문에 답할 수 있다. 사람과 뱀 사이에 발생한 무질서는 존재의 경계선에 찾아온 무질서였기 때문이다. 이와 같은 무질서는 인간의 힘으로는 해결할 수 없었다. 결국 인간의 한계는 신의 개입

이 우주의 질서를 회복하는 데 절대적으로 필요하다는 답으로 귀결된다. 그런데 심각한 문제가 있다. 아담과 하와는 그들을 도울 수 있는 유일무이한 분이신 하나님께도 범죄했다는 점이다.

하나님이 되려 했던 인간, 인간이 되신 하나님

나는 다시 레고 이야기로 돌아왔다. 그리고 아이들에게 인간의 무력함에 대해서 이야기를 시작했다.

> 우리가 아까 이야기를 나눴듯이, 행복이는 레고를 어지럽힐 수 있는 힘은 있어도 어지럽혀진 레고를 정리할 수 있는 힘은 없어. 무질서는 특별한 힘과 지혜가 없어도 만들 수 있지만, 질서는 특별한 힘과 지혜가 있어야 하거든. 안타깝게도 아담과 하와에게는 하나님과 그들, 그리고 그들과 뱀 사이에 찾아온 무질서를 바로 잡을 수 있는 힘이 없었던 거야. 그래서 하나님의 도우심이 반드시 필요했지. 그런데 큰 문제가 하나 있어. 아담과 하와는 그들을 도울 수 있는 하나님께도 잘못했거든.

내 이야기를 조용히 듣고 있던 아들이 굳게 닫혀 있던 입을 열었다. 그리고 다음과 같이 질문했다.

> 아빠, 그러면 하나님께서 아담과 하와를 도와주지 않으셨어요? 음… 그러니까 그들이 어지럽힌 세상을 고쳐주지 않으셨어요?

나는 아들을 바라보며 답했다.

그렇게 생각되지? 아담과 하와가 괘씸한 죄를 저질렀으니까. 우리가 하나님이라면 그들을 도와주지 않았을 수도 있어. 그런데 말이야 ….

성경은 세상이 생각하지도 못하고 기대하지도 않았던 방법을 통해 하나님께서 개입하셨다고 말한다. 그 방법이 무엇인가? 성자 하나님께서 무질서가 관영하고 있는 세상 안으로 성육신 해 들어오셨다. 사람이 하나님이 되려고 했기에 발생한 무질서를, 하나님께서 사람이 되심으로 해결하셨다는 의미이다.[8] 나는 이 충격적인 사건을 예수 그리스도의 전복(顚覆) 사역으로 부른다.[9]

잠시 갈라디아서 4:4를 보자.

그러나 정해진 때가 되자 하나님께서는 여자의 몸을 빌어 그 아들을 유대인으로 태어나게 하셨습니다.… (갈 4:4 『현대어 성경』).

---

8 하나님의 형상이 하나님이 되려고 했기 때문에 무질서가 초래됐다면, 하나님이신 예수님께서 사람이 되시는 것도 무질서를 초래하는 사건으로 이해해야 한다는 논리가 생성될 수 있다. 하지만 예수님의 성육신과 아담의 범죄는 서로 다른 양상을 띠고 있음을 알아야 한다. 아담은 인간의 상태를 버리고 하나님처럼 되려고 했다. 그러나 예수님께서는 하나님의 상태를 버리고 인간이 되신 것이 아니었다. 예수님께서는 온전한 하나님이심과 동시에 온전한 인간으로 공생애를 사셨다. 그러므로 예수님의 성육신은 서로 다른 종 사이의 경계에 무질서를 가져오지 않았다.

9 본서의 제10장을 보라.

예수님의 성육신 사건이 "정해진 때"에 발생했다는 점은 흥미롭다. 이것이 뜻하는 바가 무엇일까? 예수님의 성육신 시점이 오래전에 특정되었다는 의미일까? 그렇다면 그 시점은 어떤 계산을 통해 산출된 것인가? 학자들은 이 질문에 여러 답들을 제시한다. 하지만 성경이 정확한 답을 주지 않기 때문에 우리는 여전히 여러 선택지들 속에 머물러 있어야 한다. 그래도 갈라디아서 본문을 통해 우리가 확실히 알 수 있는 바는 하나님께서 피조계에 전방위적으로 발생한 무질서를 당신의 때에 당신의 방법으로 그리고 무엇보다 당신의 아들을 통해 질서로 바꾸셨다는 점이다.

여기서 우리가 반드시 기억해야 할 부분이 있다. 선악과 사건부터 십자가 사건까지의 길고도 긴 시간은 하나님의 방관을 말하지 않는다는 점이다. 오히려 그 반대이다. 하나님께서는 피조물들이 감히 상상할 수 없는 계획을 통해 무질서를 질서로 바꿀 준비를 하셨다. 창조하는 데 6일을 사용하신 하나님께서 재창조 사역을 위해 더 많은 시간을 할애하셨다. 이와 같은 독법은 아담과 하와가 세상에 가져온 무질서가 얼마나 거대하고 파괴적인 사건이었는지를 역설한다. 그렇다. 선악과 사건은 십자가 사건, 곧 거대하신 하나님께서 인간의 자리에서 파괴되는 사건을 통해서만 상쇄될 수 있는 대대적인 사건이었다.

그리고 바로 예수님께서 선악과 사건을 전복시키기 위해 이 땅에 오셨다. 무질서의 씨앗을 당신의 온몸으로 흡수하신 예수님께서 십자가 위에서 물과 피를 쏟으심으로 질서의 씨앗을 건네주셨다.

성도들의 두 손에 들린 질서의 씨앗은 "예루살렘과 온 유대와 사마리아와 땅끝까지" 뻗어가며 온 세상에 심어졌고, 세상에 관영하는 무질서에 역행하며 질서의 열매를 맺기 시작했다. 이제 그날, 곧 성자 하나님께서 재림하사 질서의 열매를 거두실 그날, 세상에 남아 있는 무질서의 열매들은 모두 종식될 것이며, 이 세상은 질서가 충만한 거룩한 터전이 될 것이다.

여기에서 우리는 중요한 사실 하나를 발견한다. 공의의 하나님께서 인간의 죄에 대응하시는 데서 멈추지 않으시고, 은혜까지 흘려보내셨다는 점이다.

- 인간의 죄: 하나님의 형상이 뱀의 유혹으로 인해 하나님이 되려고 했음
- 하나님의 벌: 아담, 하와, 뱀에게 각각 합당한 대응을 하심
- 하나님의 은혜: 성자 하나님께서 하나님의 형상으로 성육신하심

인간이 되신 하나님께서 아담과 하와가 일으킨 무질서를 상쇄해 주셨다. 이제 우리는 십자가를 통해 다시 영원한 생명으로 초대하시는 하나님의 손을 붙잡을 수 있게 되었다. 바로 이 지점에서 우리는 공의의 하나님과 은혜의 하나님을 모두 보게 된다. 그리고 인간을 향한 하나님의 사랑도 보게 된다. 이 얼마나 놀라운 이야기인가?

레고를 치우며

아이들을 잠자리로 돌려보낸 나는 주변을 정리하기 시작했다. 언이와 슬이가 가지고 놀던 레고 조각들이 여기저기에 흩어져 있었다. 언이와 슬이가 아무리 막내보다 나이가 많다고 해도 아직 어린 아이들이다. 아이들은 나름대로 열심히 청소한다고 하지만 나를 만족시킬 정도로 깨끗하게 정리하지는 못한다. 여기서부터 청소는 어른인 나의 몫이 된다. 나는 아이들이 남겨 놓은 무질서의 조각들을 정리하며 질서를 만든다.

예수님을 만나기 전, 내 삶에는 무질서가 관영했었다. 그러나 이러한 내 삶에 질서의 근원이신 예수님께서 찾아오셨다. 예수님은 내 삶의 무질서를 질서로 바꾸기 시작하셨다. 물론 나는 여전히 성화의 과정을 거치며 엎치락뒤치락한다. 일어났다 넘어지고, 넘어졌다 일어나는 과정을 반복한다. 그리고 여전히 내 부족함으로 인해 발생하는 소소한 무질서들이 있다. 그래서 나는 매일 좌충우돌한다.

그러나 내 삶을 거시적인 관점으로 보자면 점점 질서를 향해 움직이고 있음을 볼 수 있다. 내 속에 내주하시는 성령 하나님께서 나를 도와주시기 때문이다. 나는 무질서에 끌리는 관성을 느낄 때마다, 무릎을 꿇고 머리를 땅에 댄다. 그리고 질서의 하나님께 기도한다. 이 부족한 자를 도와 달라고, 이 낮은 자를 도와 달라고, 그리고 무엇보다 나는 하나님의 형상이라는 사실과, 하나님의 형상인 나에게는 따라야 할 하나님이 계시다는 사실을 단 한순간도 잊지 않게

해달라고⋯. 그렇게 이 길을 걷다 보면 질서의 열매를 거두러 재림
하시는 예수님을 뵐 날이 오지 않을까?

주님여
이 손을 꼭잡고 가소서
약하고 피곤한 이 몸을

폭풍우 흑암속 헤치사
빛으로 손잡고 날 인도하소서

제8장
아담과 하와는 정말 벌거벗고 있었어요?

8. 아담과 하와는 정말 벌거벗고 있었어요?

성경 구절

²:²⁵ 남자와 그 아내가 둘 다 벌거벗고 있었으나, 부끄러워하지 않았다. … ³:⁷그러자 두 사람의 눈이 밝아져서, 자기들이 벗은 몸인 것을 알고, 무화과나무 잎으로 치마를 엮어서, 몸을 가렸다. … ¹⁰ 그가 대답하였다. "하나님께서 동산을 거니시는 소리를, 제가 들었습니다. 저는 벗은 몸인 것이 두려워서 숨었습니다." ¹¹ 하나님이 물으셨다. "네가 벗은 몸이라고, 누가 일러주더냐? 내가 너더러 먹지 말라고 한 그 나무의 열매를, 네가 먹었느냐?"(창 2:25-3:11)

공부의 시작

지난 성경 공부 시간에 배운 내용을 다시 복습하며 아이들과 여러 가지 이야기를 주고받았다. 아들이 질문하면 딸이 답하고, 딸이 질문하면 아들이 답하는 모습도 보기 좋았다. 그런데 둘 사이에서 해결할 수 없는 문제가 하나 등장했다. 아무렇지도 않게 벌거벗고 있던 아담과 하와가 선악과 사건 이후로부터 서로의 부끄러움을 인지하기 시작한 부분이었다. 아이들은 이 부분을 의아해했다. 결국 서로 몇 마디를 주고받더니 딸이 나에게 물었다.

> 아빠, 아담하고 하와는 왜 갑자기 부끄러워졌어요? 처음부터 옷을 안 입었던 게 아니에요?

딸의 질문이 끝나기가 무섭게 아들도 한 마디 덧붙였다.

> 맞아. 둘은 아무것도 입지 않고 잘 살고 있었는데…

그리고 잠시 생각에 잠겨 있던 딸이 재미있는 질문을 했다.

> 아빠, 혹시 선악과에 독 같은 게 있었어요?

딸은 며칠 전에 봤던 백설 공주가 먹은 독 사과 이야기를 꺼내며, 혹시 선악과에 '부끄럽지 않은 것을 부끄럽게 보도록 하는 독'이 있었던 게 아닌지를 물었다.

백설 공주의 독 사과

아이들이 궁금해하는 부분은 나도 어렸을 때 궁금해했던 부분이다. 나 역시 "하나님께서 왜 선악과를 만드셨는가?"라는 질문보다 "선악과를 먹은 후에 왜 벌거벗고 있다는 점이 부끄러워졌는가?"에 더 많은 의문을 가진 적이 있다. 창세기의 증언에 따르면, 처음에 아담과 하와는 서로 벗고 있었음에도 벗고 있다는 사실을 인지하지 못했다(창 2:25; 3:7). 하지만 선악과 사건이 발생한 후에 그들은 서로의 벌거벗음을 인지했고, 더 나아가 그러한 상태를 부끄러워하며 몸을 가렸다. 선악과 사건으로 인해 무엇인가가 바뀐 것이다. 하나님의 음성을 직접 인용한 창세기 3:11도 선악과 사건과 벌거벗음 모티프가 직결되어 있음을 보여준다.

> 하나님이 물으셨다. "네가 벗은 몸이라고, 누가 일러주더냐? 내가 너더러 먹지 말라고 한 그 나무의 열매를, 네가 먹었느냐?" (창 3:11)

선악과 섭취 후에 아담과 하와에게 어떤 변화가 일어난 것일까? 딸의 질문처럼, 선악과가 부끄럽지 않은 것을 부끄럽게 보도록 바꾼 것일까? 만일 그렇다면 선악과에 아담과 하와의 관점을 일그러뜨린 독소가 들어 있었다고 봐야 한다. 마치 백설 공주가 마녀에게 받은 사과에 독이 들어 있었던 것처럼, 선악과에도 독—하나님께서 아름답다 하신 것을 아름답지 않게 보도록 바꾸는 부정적인 효력—

이 들어 있었다는 의미이다.

그러나 나는 이와 같은 해석이 불편하게 느껴졌다. 하나님께서 정말로 선악과 안에 "독"을 넣으셨을까? 가능성의 차원에서만 보자면 그럴 수도 있겠지만, 그것은 내가 성경을 통해 만난 하나님의 성품과는 맞지 않는 독법이었다. 그래서 나는 아이들에게 되물었다.

백설 공주에 나오는 마녀처럼 하나님께서 선악과에 "독"을 넣으셨을까?

질문을 받은 딸은 잠시 머뭇거렸다. 독을 주입하는 하나님의 모습이 그동안 성경을 통해 배운 좋으신 하나님과 어울리지 않았기 때문이었을 것이다. 백설 공주에게 독 사과를 건네는 매부리코의 무서운 마녀는 딸이 생각하고 싶은 하나님의 모습이 결코 아니었다!

벌거숭이 임금님

한참을 생각하던 아들이 입을 열었다.

그럼 혹시… 하나님의 말씀을 잘 듣는 사람들에게는 보이고, 말을 안 듣는 사람들에게는 보이지 않는 옷을 입고 있었나요?

이 말을 들은 딸이 바로 응수했다.

오빠, 그런 게 어디 있어? 아담과 하와가 벌거벗었다고 했잖아. 그런데 하나님의 말씀을 잘 듣는 사람들에게는 보이고 말을 안 듣는 사람에게는 보이지 않는 옷을 입고 있다는 게 말이 돼? 아담과 하와가 옷을 입었다는 거야 안 입었다는 거야?

딸의 질문을 받은 아들은 멋쩍은 듯이 웃으며 머리를 긁었다. 하지만 나는 아들의 제안이 매우 흥미롭다고 생각했다. 그래서 그에게 여러 가지 질문을 던졌다.

와! 정말 신기한 생각이네? 하나님과의 관계에 따라 보이거나 보이지 않을 수 있는 옷? 그런 옷이 정말 있을까? 만약 아담과 하와가 그런 옷을 입고 있었다면 옷을 입은 걸까 안 입은 걸까? 성경은 분명히 아담과 하와가 벌거벗었다고 말하고 있거든. 그러니 조금 더 설명해 줄래?

풀이 죽어있던 아들의 눈이 반짝거렸다. 그리고 조심스럽게 자신의 생각을 풀어내기 시작했다. 그리고 아들의 입에서 나온 설명은 나를 놀라게 했다.

우리가 읽었던 동화에 보면 옷을 안 입었는데 입었다고 생각했던 왕이 있잖아요? 그 왕은 다른 사람들이 볼 땐 옷을 안 입고 있었는데, 자기는 옷을 입고 있다고 생각했잖아요? 음 … 그러니까 …. 그런 옷이 정말 있다면 … 누군가에게는 보이고, 누군가에게는 안 보이는 옷이 있다는 뜻이잖아요? 만약 하나님께서 아담과 하와에게 착한 사람들에게만 보이고 나쁜 사람들에게는 안 보이는 옷을 입혀 줬다면 사람에 따라 옷을 볼 수도 있고, 못 볼수도 있잖아요? 아닌가요?

아들이 언급한 동화는 한스 C. 안데르센(H. C. Andersen)의 『벌거숭이 임금님』이다. 이 이야기에 따르면 사치스러운 황제가 사기꾼들에게 속아 "바보들에게는 안 보이는 옷감으로 직조된 옷"을 입고 나체로 거리를 활보한다. 애당초 이런 "옷"은 존재하지 않았다. 이 "옷"은 사기꾼들이 황제의 허영심을 통해 쉽게 돈을 벌기 위해 고안한 가짜 "옷"이었다.

아들은 이 동화에 등장하는 옷의 모티프를 가지고 창세기 문제에 접근했다. 아들의 제안에 따르면 아담과 하와는 대상에 따라 보이거나 보이지 않는 옷을 입었다. 하나님께 순종하는 사람들은 그 옷을 봤을 것이고, 불순종하는 사람들은 볼 수 없었을 것이다. 이런 사유는 아담과 하와가 선악과를 따먹은 후, 즉 하나님께 불순종한 후 자신들의 벌거벗음을 인지했다는 구절과도 잘 어울린다. 불순종하기 전의 아담과 하와는 서로를 가리고 있던 옷을 봤을 테지만, 불순종한 후에는 그 옷을 볼 수 없었을 테니 말이다. 하지만 아들의 생각을 들은 딸은 곧바로 반기를 들었다.

　　　잠깐. 그러면 결국 옷을 입은 거잖아? 사람에 따라 보이거나 보이지 않는
　　옷도 옷이잖아? 성경은 아담과 하와가 옷을 안 입었다고 했어.

나는 딸의 비평이 합당하다고 생각했다. 아무리 아들의 제안이 참신하다 할지라도, 그리고 순종과 불순종의 구도를 잘 드러냈다 할지라도, 성경은 아담과 하와가 옷을 입고 있지 않았다고 말한다. 하지만 딸의 말을 들은 아들은 창세기 3:7을 가리키며 되물었다.

　　　그런데 아담과 하와의 눈이 변한 거는 맞잖아? 하나님의 말씀을 안 들은
　　아담과 하와의 눈이 밝아졌어. 그래서 착한 사람은 볼 수 있었던 옷이 안
　　보이게 된 거야.

아들과 딸은 옥신각신하며 이야기를 주고받았다. 하지만 아들의 주장은 "아담과 하와가 옷을 입고 있지 않았다"라는 성경의 주장과 조화를 이루기에는 거리가 멀어 보였다. 그래서 나는 아들에게 참신한 생각을 나누어 줘서 고맙다고 말한 후, 그의 주장이 성경의 내

용과 충돌을 일으킨다고 말했다. 잠시 생각에 잠겨 있던 아들은 고개를 끄덕이며 수긍했다. 결국 우리 모두는 문제의 원점으로 돌아왔다.

하나님의 빛을 반사하는 사람

얼마 후 나의 생각을 공유할 시간이 됐다고 판단하여 아이들을 바라보며 말했다.

> 너무 궁금하지? 아빠도 이 부분이 매우 궁금해. 성경이 우리에게 확실한 답을 주지 않기 때문에 우리가 정답을 찾을 수는 없어. 하지만 그렇다고 해서 우리가 답을 찾는 일을 포기해야 한다는 뜻은 아니야. 우리는 더 많이 궁금해해야 하고, 더 많이 질문해야 해. 지금처럼 말이지.

아이들의 귀가 쫑긋 세워졌다. 아들은 두 팔로 턱을 괴고 나를 바라봤고, 딸은 허리를 반듯이 세우고 나를 쳐다보았다. 나는 잠시 뜸을 들이다가 말을 이었다.

> 아빠는 말이야, 아담과 하와의 몸에서 빛이 났다고 생각해. 그들의 벌거벗음을 가려주는 빛 말이야. 그 빛은 하나님의 빛을 반사해서 생기는 빛이었을 거야.

아이들은 환호성을 질렀다. 그 후에 딸이 질문했다.

네? 몸에서 빛이 나요? 와! 진짜 멋지다! 몸에서 나오는 빛 때문에 아담과 하와는 서로의 벌거벗음을 못 봤던 거예요? 그래서 옷을 따로 입을 필요도 없었고요?

아들이 맞장구를 치며 질문을 던졌다.

그래서 서로 옷을 벗고 있다는 것을 몰랐던 거네요?

나는 아이들에게 몇 가지 생각을 더 나눴다.

아빠는 그렇게 생각해. 선악과를 먹은 아담과 하와의 몸에서 빛이 사라졌을 거야. 빛은 하나님의 속성이거든. 하나님의 말씀을 잘 들었던 아담과 하와는 하나님의 빛을 반사할 수 있었겠지만, 하나님의 말씀을 듣지 않은 후에는 빛을 반사할 수 없었겠지. 아담과 하와는 그렇게 서로의 벌거벗음을 가려주고 있던 빛을 잃어버린 거야.

살가죽과 빛, 그리고 하나님의 형상

범죄한 아담과 하와가 갑자기 자신들의 벌거벗음을 인지하게 되었다는 내용은 학자들의 궁금증을 자극하기에 충분했다. 학자들은 선악과와 벌거벗음의 관계를 이해하기 위해 다방면으로 노력했고, 몇 가지 재미있고 흥미로운 가능성을 제시했다.[1] 가장 먼저 주목을 받은 부분은 히브리어의 "살가죽"(עור)과 "빛"(אור)이 동음이의어라는 부분이었다. 살가죽과 빛의 히브리어는 서로 철자가 다르지만 모두 오르라고 발음된다. 일부 학자들은 여기에 초점을 맞추었다. 이스라엘 백성이 언어유희를 즐겨 사용했다는 점, 히브리어 성경에도 언어유희가 빈번히 나타난다는 점, 그리고 고대 이스라엘 백성은 "읽기"가 아닌 "듣기"를 통해 성경의 내용을 접했다는 점 등은 동음이의어의 관계를 통해 문제에 접근할 수 있는 근거를 제공했다. 학자들은 하나님께서 오르(אור)를 옷처럼 입고 계시다는 시편 104편의 말씀, 인간이 하나님의 형상으로 지음을 받았다는 창세기 1장의 말씀, 하나님을 만난 후 시내산에서 내려오는 모세 얼굴의 오르(עור)에 광채가 났다는 출애굽기 34장의 말씀, 그리고 하나님께서 아담과 하와에게 오르(עור)로 만든 옷을 입혀주셨다는 창세기 3장의 말씀에도 주목했다.

야훼 하나님은 오르(אור)를 옷처럼 걸치시는 분 … (시 104:2)

---

1 앞으로 소개될 내용을 보다 구체적으로 살펴보기 원한다면 다음의 자료들을 보라: David Aaron, "Shedding Light on God's Body in Rabbinic Midrashim: Reflections on the Theory of a Luminous Adam," *HTR* 90.3 (1997): 299–314; Jung Hoon Kim, *The Significance of Clothing Imagery in the Pauline Corpus* (JSNTSup 268; New York: T&T Clark, 2004), 10–57. 더 많은 자료들을 보고 싶다면 「참고 문헌 3」을 보라.

하나님이 당신의 형상대로 사람을 창조하셨으니, 곧 하나님의 형상대로 사람을 창조하셨다. 하나님이 그들을 남자와 여자로 창조하셨다. (창 1:27)

모세가 시내 산에서 내려올 때에 자기 손에 증거 돌판 두 개를 들고 내려 오는데, 모세가 야훼와 말했으므로 얼굴 오르(עור)에 광채가 났으나, 그 자신은 알지 못했다. (출 34:29 『바른 성경』)

야훼 하나님께서 오르(עור)로 만든 옷을 만들어 아담과 그의 아내에게 입혀주셨다. (창 3:21, 개인 번역)

위에 인용한 네 개의 본문은 서로 다른 문맥 속에 들어 있다. 그래서 문맥의 문법적 연결성은 존재하지 않는다. 그러나 학자들은 구약성경의 거시적 문맥 속에서 네 구절을 살피며 문제에 접근했다. 그 접근을 따라가보면 다음과 같다.

첫째, 시편 104편은 하나님께서 빛을 걸치신 분이라고 말한다. 하나님의 속성이 빛이라는 의미이다. 둘째, 창세기 1장은 하나님께서 사람을 당신의 형상대로 창조하셨다고 말한다. "하나님의 형상"을 어떻게 해석해야 하는지에 대한 이견이 있지만, 그중에 하나는 하나님과 인간 사이에 공유된 속성이 있다고 보는 것이다.[2] 그 속성

_____

2   우리는 본서 제2장에서 하나님과 하나님의 형상 사이에 주권성이 공유되어 있음을 살펴보았다. 그렇다면 빛의 속성도 공유가 가능한 속성으로 이해될

들 중의 하나가 빛의 속성이다. 셋째, 출애굽기 34장은 하나님의 현현을 경험한 모세의 얼굴이 하나님의 빛을 반사하는 모습을 보여준다. 이는 본디 하나님의 형상의 기능 중 하나가 하나님의 빛을 반사하는 것이라는 주장을 강화한다. 넷째, 창세기 3장은 하나님께서 서로의 벌거벗음을 인지한 하나님의 형상들에게 오르(가죽[=짐승의 오르])로 만든 옷을 입히셨다고 말한다. 이러한 내용을 총체적으로 고려해보면, 아래와 같은 사유의 흐름이 형성된다.

- 하나님께서는 오르(אור)를 옷처럼 입고 계신다.
- 하나님의 형상인 인간은 하나님의 오르(אור)를 반사할 수 있었다.
- 죄를 범한 인간은 더 이상 하나님의 오르(אור)를 반사하지 못했다.
- 오르(אור)를 반사하지 못하는 인간은 서로의 벌거벗음을 인지하게 되었다.
- 하나님께서는 오르(אור)를 반사하지 못하는 인간들에게 오르(עור [= 짐승의 가죽])를 입혀 주셨다.

이와 같은 사유에 따르면, 타락 이전의 아담과 하와는 하나님의 빛(אור)을 반사했었다고 볼 수 있다.

놀랍게도 유대교 전통에는 타락 전의 아담과 하와가 빛을 입고 있었다는 개념이 보존되어 있다. 예컨대, 『창세기 랍바』(*Genesis Rab-*

수 있다. 단, 인간에게 부여된 주권성의 근원이 하나님께 있듯이, 인간이 반사하는 빛의 근원도 하나님께 있다.

bah) 20:12은 아담이 햇불처럼 타오르는 "빛의 옷"을 입고 있었다고 말한다. 『레위기 랍바』(*Leviticus Rabbah*) 20:2 역시 아담의 발뒤꿈치가 "태양"보다 더 빛났고, 그의 얼굴은 이와 비교할 수 없을 정도로 "광채"가 났다고 말한다. 『신명기 랍바』(*Deuteronomy Rabbah*) 11:3은 아담에게 있었던 "영광스러운 빛"이 타락 후에 사라졌다고 말한다. 이와 유사한 전통은 제2성전기 문헌, 초대교회 교부의 글, 심지어 영지주의 문헌에서도 발견된다.[3] 따라서 우리는 다음과 같이 사유할 수 있다. "하나님께서 본래 아담과 하와에게 빛의 옷을 입혀 주셨으나 그들의 죄로 인해 그 옷이 벗겨졌다. 그들은 원래 영광의 옷을 입고 있었으나 타락으로 인해 그 옷을 상실하게 되었다."[4]

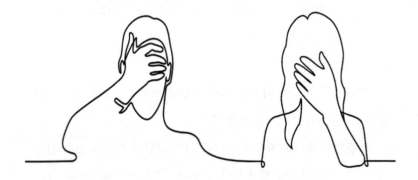

---

3   *Apocryphon of John* II 19.15–20.7; *Apocalypse of Adam* 64.6–19.

4   Kim, *The Significance of Clothing Imagery in the Pauline Corpus*, 54.

잃어버린 빛

선악과를 따먹은 아담과 하와는 더 이상 하나님의 빛을 반사하지 못했다. 하나님께 불순종한 이들은 서로의 벌거벗음을 가려주던 "빛의 옷"을 잃어버렸다. 이에 따라 밝아진 눈은 서로의 벌거벗음을 보게 했다. 그리고 부끄러움을 느끼게 했다. 이 부끄러움에는 불순종으로 인해 "빛의 옷"을 잃어버렸다는 수치심도 포함되어 있었다. 스스로 빛을 생산할 수 없는 이들은 "무화과나무 잎으로 치마를 엮어서 몸을 가"렸다. 나뭇잎 옷은 빛의 옷에 비해 초라해도 너무 초라했다. 내 설명을 주의 깊게 들었던 아들이 입을 열었다.

> 아빠, 궁금한 게 있어요. 하나님의 말씀을 잘 듣던 아담과 하와가 하나님의 빛을 반사했다고 했잖아요? 그러면 하나님의 말씀을 안 들은 아담과 하와는 왜 빛을 반사할 수 없었던 거예요?

나는 아들의 질문이 아주 중요하다고 생각했다. 이 질문은 기독교의 핵심 교리 중 하나인 죄론과 연결되기 때문이다. 안타깝게도 우리 아이들은 죄론을 깊이 있게 공부하기에는 아직 어렸다. 그래서 아이들의 한계를 고려하며 죄론을 설명해야 했다. 나는 잠깐 기다리라고 말한 후, 화장실에 들어 갔다. 그리고 깨끗하게 닦인 손거울을 가지고 나왔다. 나는 거실의 불을 끈 후에 책상 옆에 있는 스탠드의 불을 켰다. 그리고 손거울로 스탠드의 빛을 벽으로 반사했다.

벽에 도달한 빛은 반짝거리며 빛났다. 아이들 모두 그 빛을 향해 시선을 돌렸다. 나는 책상 위에 있던 마커를 가지고 와서 손거울의 표면을 칠했다. 그리고 다시 스탠드의 빛을 벽으로 반사했다. 이번에는 빛이 거의 반사되지 않았다. 아이들은 모든 과정을 신기해하며 지켜봤다. 나는 두 번째 실험에서 빛이 반사되지 않았던 이유를 아이들에게 물었다. 딸이 답했다.

거울이 더러워졌어요. 아까는 거울이 깨끗해서 빛이 반사됐는데, 이번에는 거울이 더러워져서 빛이 반사되지 않았어요.

아들도 동의하며 고개를 끄덕였다. 나는 말했다.

맞아. 스탠드의 빛은 그대로 있는데 거울의 상태에 따라 그 빛이 반사될 수도 있고, 반사가 안 될 수도 있어. 여기에서 깨끗한 거울은 아담과 하와가 선악과를 먹지 않았을 때의 상태, 즉 하나님의 말씀을 잘 들었을 때의 상태를 의미해. 반면에 더러워진 거울은 아담과 하와가 선악과를 먹은 후의 상태, 즉 하나님의 말씀을 안 들었을 때의 상태를 의미하고. 그러면 빛은 무엇을 의미할까?

딸이 바로 답했다.

하나님이요! 아, 아니… 하나님의 빛이요!

나는 고개를 끄덕이며 답했다.

맞아. 하나님의 빛이야. 아담과 하와의 벌거벗음을 가려줬던 근원이지. 자,
그러면 아빠가 정말 중요한 질문을 하나 할게. 거울에 묻은 낙서는 무엇을 의
미할까? 스탠드의 빛을 거울이 반사하지 못하도록 방해한 낙서 말이야.

아이들은 머뭇거렸다. 스탠드의 빛과 거울이 무엇을 의미하는지
쉽게 이해했던 아이들이 이번에는 쉽게 대답하지 못했다. 나는 그
이유를 충분히 이해할 수 있었다. 죄는 아이들에게 추상적이고 이해
하기 어려운 개념이기 때문이다. 그래서 나는 아이들이 이해할 수
있는 영역에서 죄를 설명해야 했다.

낙서는 "죄"라는 것을 상징해. 죄는 아담과 하와가 하나님의 빛을 반사
하지 못하도록 막은 더러운 요소야. 죄는 거울을 더럽힐 뿐만 아니라 하나님
의 빛을 다른 곳에 반사하지 못하게 하지. 그리고 하나님과 우리의 영적인
거리를 멀리, 아주 멀리 떨어지게 하는 장애물이기도 해.

아이들은 이해했다는 듯이 고개를 끄덕였다. 하지만 아이들의
머릿속에 여러 가지 질문이 찾아오고 있다는 점을 알 수 있었다. 아
들이 던진 아래의 질문은 내 짐작이 맞았다는 사실을 알렸다.

그러면 낙서를 지우면 되잖아요. 아담과 하와가 서로 지워줄 수 없었어요?

그러면 다시 빛을 반사할 수 있는 게 아닌가요?

나는 이 질문이 너무 반가웠다. 이 질문은 예수 그리스도의 속죄 사역을 부각하는 기독교 신앙의 백미와 연결되기 때문이다. 하지만 거기까지 가기에는 먼저 수많은 단계를 거쳐야 했다.

그렇지! 낙서를 지우면 되겠지! 그런데 이를 어쩌지? 아담과 하와는 마커로 낙서를 그릴 수는 있었지만 그려진 낙서를 지울 수는 없었어. 그걸 지울 수 있는 힘이 없었거든. 너희들이 어렸을 때 했던 일을 생각해 봐. 마커로 벽에다가 낙서했던 적이 있지? 너희는 낙서할 힘은 있었지만 낙서를 지울 수 있는 힘은 없었어. 그래서 엄마와 아빠가 그 낙서를 고생하며 지웠지!

아이들은 자신들이 했던 일을 기억하며 웃었다. 딸이 초롱초롱 빛나는 눈으로 나를 바라보며 묻는다.

그럼 하나님께서 낙서를 지워주시면 되겠네요. 그러면 아담과 하와의 몸에서 다시 빛이 날 수 있잖아요?

나는 답했다.

맞아. 하나님께서 낙서를 지워주시면 아담과 하와의 몸에서 다시 빛이 날 수 있겠지. 하지만 모든 일에는 순서가 있고 과정이 있어. 아담과 하와가 저지른 죄가 너무 커서 그것을 지우기에는 치밀한 계획과 준비가 필요했거든. 너희들 그거 아니? 성경이 우리에게 주는 중요한 가르침들 중 하나가 하나님께서 그 낙서를 지울 수 있는 분을 보내주셨다는 가르침이야. 혹시 그분이 누구인지 아니?

딸이 바로 답했다.

예수님?

나는 딸의 머리를 만지며 그렇다고 답했다.

옳거니! 맞아, 예수님이야. 예수님께서는 우리에게 묻어 있는 낙서를 지워주러 오셨어. 그래서 누구든지 예수님을 믿으면 하나님의 빛을 다시 반사할 수 있는 몸으로 부활하는 거야!

나는 잠시 화제를 돌려 예수님 이야기를 들려주기로 했다.

별과 같은 성도

우리가 살펴본 곳은 하나님과 아브라함의 대화가 기록된 창세기 15장이었다. 본문에는 자녀가 없는 아브라함에게 놀라운 약속을 주시는 하나님이 나타난다.

[하나님께서 아브라함을] 데리고 밖으로 나가 이르시되, 이제 하늘을 쳐다보고 별들을 셀 수 있거든 세어 보라, 하시며 또 그에게 이르시되, 네 씨가 그와 같으리라, 하시니라. (창 15:5 『한글흠정역』)

하나님께서 아브라함의 자손들, 곧 믿음의 자손들을 별들과 같게 해주겠다는 약속을 하셨다. 지금까지 다수의 학자들은 이 약속을 양(quantity)적으로만 해석해 왔다. 이 경우 무자한 아브라함에게 많은 자손이 생긴다는 기적에 초점이 맞춰진다. 하지만 고대의 유대인들은 아브라함의 자손과 별들의 관계를 질(quality)적으로도 이해했다. 이 경우, 하나님의 약속에는 믿음의 자손이 **별과 같은 상태로** 바뀌는 기적도 포함되었다고 봐야 한다.[5] 즉, 하나님께서 아브라함의 자손들을 수적으로 증가시켜 주실 뿐만 아니라, 그들의 상태를 하늘의 별처럼 바꾸어 주겠다고 약속하셨다는 의미이다. 우리는 여기에서 중요한 질문 하나를 만난다. 믿음의 자녀들의 상태가 별처럼 변하게 된다는 의미가 무엇일까?

잠시 밤하늘에 떠 있는 별들을 떠올려 보자. 별은 밤의 빛이다. 공해가 없었던 아브라함의 시대, 밤하늘을 수놓고 있는 별들은 지

---

5 David A. Burnett, "'So Shall Your Seed Be': Paul's Use of Genesis 15:5 in Romans 4:18 in Light of Early Jewish Deification Traditions," *JSPL* 5.2 (2015): 211-36; Matthew Thiessen, *Paul and the Gentile Problem* (New York: Oxford University, 2016), 135-50; Chris Tilling, "Abraham in New Testament Letters," in *Abraham in Jewish and Early Christian Literature* (LSTS 93; London: T&T Clark, 2019), 127-48.

금과 비교할 수 없을 정도로 밝게 빛났을 것이다. 하나님께서는 아브라함에게 그 별들을 보게 하셨다. 그리고 그 별들과 같은 자녀들을 주겠다고 약속하셨다. 아브라함의 머릿속에 무엇이 떠올랐을까? 단순히 **별들의 개수**(quantity)만 떠올랐을까? 아니면 **별들의 밝기**(quality)까지 떠올랐을까? 둘 다였을 것이다.

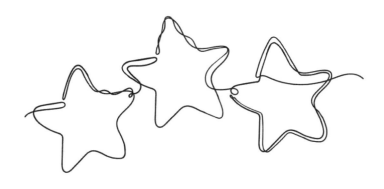

이제 우리는 또다시 상상의 나래를 타고 더 멀리 날아오를 수 있게 되었다. 고대의 문서들은 천사와 같은 영적 존재들을 별들에 빗대어 설명한다. 밤하늘의 별들이 빛을 내며 움직이듯, 영적 존재들도 빛을 내며 움직인다고 믿었기 때문이다. 그래서 고대인들에게 하늘의 별은 영적 존재들을 비유하는 데 매우 적절한 도구였다. 성경도 예외는 아니다. 성경에는 천사를 별에 빗대어 설명하는 구절들이 제법 등장한다.

그 날 새벽에 별들이 함께 노래하였고, 천사들은 모두 기쁨으로 소리를 질렀다. (욥 38:7)

[뿔]이 하늘 군대에 미칠 만큼 강해지더니, 그 군대와 별 가운데서 몇을 땅에 떨어뜨리고 짓밟았다. (단 8:10)

그리고 천사의 빛으로 인해 주변이 밝아지는 내용도 등장한다.

⁵ 이렇게 되어서, 베드로가 감옥에 갇히고, 교회는 그를 위하여 하나님께 간절히 기도하였다. ⁶ 헤롯이 베드로를 백성들 앞에 끌어내기로 한 그 전날 밤이었다. 베드로는 두 쇠사슬에 묶여, 군인 두 사람 틈에서 잠들어 있었고, 문 앞에는 파수꾼들이 감옥을 지키고 있었다. ⁷ 그런데 갑자기 주님의 천사가 나타나고, 감방에 빛이 환히 비치었다. 천사가 베드로의 옆구리를 쳐서 깨우고 말하기를 "빨리 일어서라" 하였다. 그러자 쇠사슬이 그의 두 손목에서 풀렸다. (행 12:5-7)

그 뒤에 나는 다른 천사가 큰 권세를 가지고 하늘에서 내려오는 것을 보았습니다. 땅은 그의 영광으로 환해졌습니다. (계 18:1)

이처럼 고대인들은 영적 존재들이 빛을 낸다고 인식했다. 고대 근동의 구성원이었던 아브라함도 마찬가지였을 것이다. 그래서 하나님께서 별과 같은 자손들을 주겠다고 약속하실 때, 그는 약속에 담겨있는 양적인 부분과 질적인 부분을 모두 떠올렸을 가능성이 높다.

이와 같은 배경 지식을 고려하면서 하나님의 약속을 이해한다면, 그 약속은 곧 믿음의 자손들은 언젠가 천사들과 마찬가지로 빛으로 옷을 입은 상태, 곧 하나님의 빛을 반사하는 상태에 이른다는 예언으로 해석될 수 있다. 즉, 아브라함에게 임한 하나님의 약속은 창세기 사건—아담과 하와가 빛을 잃어버린 사건—의 전복을 약속하는 회복의 예언으로 이해될 수 있다.[6] 실제로 이러한 회복의 약속은 성경의 여러 구절들에 수놓아져 있다.

> 지혜 있는 사람은 하늘의 밝은 빛처럼 빛날 것이요, 많은 사람을 옳은 길로 인도한 사람은 별처럼 영원히 빛날 것이다. (단 12:3)

> 너희는 세상의 빛이다. 산 위에 세운 마을은 숨길 수 없다. (마 5:14)

> 여러분이 전에는 어둠이었으나, 지금은 주님 안에서 빛입니다. 빛의 자녀답게 사십시오. (엡 5:8)

> [4] 그러나 형제자매 여러분, 여러분은 어둠 속에 있지 아니하므로, 그 날이 여러분에게 도둑과 같이 덮치지는 않을 것입니다. [5] 여러분은 모두 빛의 자녀요, 낮의 자녀입니다. 우리는 밤이나 어둠에 속한 사람이 아닙니다. (살전 5:4-5)

---

6   본서 제10장을 보라.

놀랍게도 시리안 주석가 에프렘(Ephrem)은 예수님의 성육신 사건을 벌거벗은 인류, 곧 아담의 후손의 벌거벗음을 가려주는 사역으로 이해했다.

> 그리스도께서 길을 잃은 아담을 찾으러 오셨습니다. 그리스도께서는 아담에게 빛의 옷을 입히신 후 그를 에덴으로 돌려보내러 오셨습니다.[7]

> 아담이 죄를 범한 후 그가 입고 있던 영광이 사라졌습니다. 그는 무화과 나뭇잎으로 자신의 벌거벗은 몸을 가렸습니다. 우리의 구원자께서 오셔서 고통을 받으신 이유는 아담의 상처를 싸매시고, 영광의 옷을 돌려주시기 위함입니다.[8]

물론 우리는 아직 문자적으로 하나님의 빛을 반사하지는 않는다. 지금은 우리의 삶을 통해 하나님의 빛을 반사할 뿐이다. 그러나 부활체를 입게 되는 그날, 우리의 오르(עוֹר)는 하나님의 오르(אוֹר)를 눈부시게 반사할 것이다. 아브라함이 봤던 하늘에 수놓아져 있었던 찬란한 별들처럼 말이다.

---

7   Ephrem, *Hymns on Virginity*, 16:9.
8   Ephrem, *Commentary on Tatian's Diatessaron*, 16:10.

우리요?

아이들의 표정을 보니 신기함과 어리둥절함이 모두 서려 있었다. 아담과 하와의 타락 이야기를 나누던 문맥 속에서 느닷없이 등장한 "우리"라는 표현이 아이들을 혼동하게 했던 것이다. "우리에게 묻어 있는 낙서", "우리도 빛을 반사하지 못하게 됐어", "우리도 언젠가는 빛을 반사하게 될 거야." 아들과 딸은 서로를 바라보며 몇 마디의 대화를 주고받았다. 그리고 아들이 먼저 입을 열었다.

> 우리요? 우리에게도 낙서가 묻었어요? 그래서 우리 몸에서 빛이 안 나는 거예요? 저는 아담과 하와에게만 낙서가 묻은 줄 알았어요. 빛도 아담과 하와만 반사했다고 생각했고요. 그런데 … 왜 저한테도 낙서가 묻어 있어요? 저는 선악과를 안 먹었어요.

딸도 질문을 던졌다.

> 나는 예수님을 믿어요. 그러면 나한테 있던 낙서가 지워진 게 아니에요? 그런데 왜 나한테 빛이 안 나요? 부활할 때까지 기다려야 해요?

늘 그렇듯이 하나의 답을 제시하면 또 다른 질문들이 생긴다. 그리고 그 질문들에 답하면 또 다른 질문들이 꼬리에 꼬리를 물고 나타난다. 이는 참 반가운 현상이다. 아이들이 생각하며 공부에 참여

한다는 증거이기 때문이다. 그래서 아이들의 질문을 받은 나는 무척이나 기뻤다. 기독교의 굵직한 교리들을 소개할 수 있는 토대를 제공하기 때문이다. 앞으로 살펴보겠지만, 아들의 질문은 죄론과 연결되고, 딸의 질문("부활할 때까지 기다려야 해요?")은 내세론과 연결된다. 그리고 이 교리들의 중심에는 바로 예수 그리스도가 계신다.

공부를 마치며

시계를 보니 벌써 저녁 8:30이 넘었다. 아이들과 대화를 나누다 보니 계획했던 것보다 시간이 많이 지나갔다. 아쉽게도 오늘은 여기에서 성경 공부를 중단해야 했다. 나는 아이들에게 앞으로 더 깊이 공부하게 될 것이라고 말한 후 성경 공부를 마쳤다. 의자에서 일어나는 아들이 딸에게 묻는다.

> 지금 우리 몸에는 빛이 안 나잖아? 그러면 우리 몸에도 낙서가 묻어 있다는 뜻인가? 그걸 지우면 우리 몸에도 빛이 날까? 그러면 옷을 안 입어도 되는 건가? 그런데 나는 선악과를 안 먹었는데…

하지만 딸의 관심은 다른 곳에 있었다.

> 나는 나중에 드레스 모양으로 빛이 반사되게 해 달라고 하나님께 부탁할 거야. 반짝반짝하는 빛의 드레스. 너무 이쁘겠다, 그렇지? 엘사보다 더

이쁜 옷이었으면 좋겠다.

나는 대화를 나누는 아이들을 바라보며 생각했다.

아빠도 너희들이 빛을 입은 모습을 보고 싶구나. 그리고 너희가 빛을 반사할 수 있는 유일무이한 방법은 예수님을 통해서 온다는 점도 빨리 가르쳐주고 싶구나. 오늘은 빛을 입은 자신들의 모습을 꿈꾸렴. 다음 공부 시간에는 더 많은 이야기를 들려줄 테니까.

그렇게 짧지만, 깊은 성경 공부가 마무리되었다.

침대에서

아이들과의 성경 공부는 주로 저녁에 이루어진다. 그래서 아이들은 자기 전에 배운 내용을 생각하며 잠이 든다. 나 역시도 자기 전에 가장 많이 떠오르는 생각이 성경 공부 시간에 나누었던 대화이다. 그날 밤도 마찬가지였다. 자리에 누운 나는 방 안을 둘러보았다. 사방이 어두웠다. 고요한 침묵이 어두움에 무게를 더했다. 나는 눈을 감고 하나님의 빛을 반사하는 내 자신을 상상했다. 부활체를 입은 나의 모습은 어떨까? 불완전한 육신을 벗고 완전한 육신을 입게 될 나의 모습은 어떨까? 궁금하다. 하지만 내가 확실히 아는 부분이 하나 있다. 내 부활체가 정말 빛을 발하게 된다면, 그 이유는 세상의 빛으로 오셔서 아담의 후손에게 묻어 있는 낙서를 지워 주신 예수 그리스도의 고귀한 사역 때문이라는 점이다. 공부 시간에 아이들에게 들려줬던 에프렘(Ephrem)의 글이 머리에 떠올랐다.

그리스도께서 길을 잃은 아담을 찾으러 오셨습니다. 그리스도께서는 아담에게 빛의 옷을 입히신 후 그를 에덴으로 돌려보내러 오셨습니다.

아담이 죄를 범한 후 그가 입고 있던 영광이 사라졌습니다. 그는 무화과 나뭇잎으로 자신의 벌거벗은 몸을 가렸습니다. 우리의 구원자께서 오셔서 고통을 받으신 이유는 아담의 상처를 싸매시고, 영광의 옷을 돌려주시기 위함입니다.

아이들이 이와 같은 예수님의 사역을 이해하기 위해서 반드시 올라가야 할 높은 산이 있다. 원죄의 산이다. 나는 아이들과 함께 이 거대한 산을 어떻게 넘어야 할지를 생각하며 서서히 잠에 들었다.

제9장
저는 선악과를 안 먹었는데요?

9. 저는 선악과를 안 먹었는데요?

성경 구절

²² 주 하나님이 말씀하셨다. "보아라, 이 사람이 우리 가운데 하나처럼, 선과 악을 알게 되었다. 이제 그가 손을 내밀어서, 생명나무의 열매까지 따서 먹고, 끝없이 살게 하여서는 안 된다." ²³ 그래서 주 하나님은 그를 에덴 동산에서 내쫓으시고, 그가 흙에서 나왔으므로, 흙을 갈게 하셨다. ²⁴ 그를 쫓아내신 다음에, 에덴 동산의 동쪽에 그룹들을 세우시고, 빙빙 도는 불칼을 두셔서, 생명나무에 이르는 길을 지키게 하셨다. (창 3:22-24)

¹² 그러므로 한 사람으로 인해 죄가 세상에 들어오고 또 죄로 인해 죽음이 들어온 것같이 모든 사람이 죄를 지었으므로 죽음이 모든 사람에게 이르렀습니다. … ¹⁸ 한 사람의 범죄로 인해 모든 사람이 정죄

에 이[르렀습니다]. (롬 5:12-18 『우리말 성경』)

아담 안에서(ἐν τῷ Ἀδὰμ) 모든 사람이 죽은 것같이⋯. (고전 15:22 『우리말 성경』)

공부의 시작

성경 공부를 위해 책상에 모인 우리는 지난 시간에 다 끝내지 못했던 이야기를 마무리하기로 했다. 아들은 아담의 죄와 우리의 죄가 어떻게 연결되어 있는지를 무척 궁금해하고 있었다. 나는 아이들의 손을 꼭 잡으며 말했다.

오늘은 지난 성경 공부 시간에 나눴던 이야기 중에서 아담에게 묻은 낙서와 우리에게 묻은 낙서가 어떻게 연결되어 있는지 배울 거야. 그런데 이 내용은 조금 어려워. 그러니까 최대한 집중해서 들어주기를 바라. 알았지?

아이들은 고개를 끄덕이며 화답했다. 나는 심호흡을 크게 한 후, 원죄에 대한 이야기를 시작했다. 원죄를 설명하는 이론은 여러 가지다(Augustinian-Reformed view, Moderate Reformed view, Wesleyan view, Eastern Orthodox view, Reconceived view).[1] 하지만 각각의 이론마다 강점과 약점이

---

1   아담과 원죄의 관계에 대한 최근 학계의 견해는 다음의 연구물을 참고하라: James Stump and Chad V. Meister (eds), *Original Sin and the Fall: Five Views*

있으므로 모든 이론을 신중하게 검토하며 문제에 접근하는 자세가 필요하다. 만약 우리가 하나의 이론에만 매몰된다면 일그러진 원죄론이 만들어질 것이다. 이와 같은 이유로 나는 아이들에게 다양한 이론들을 균형 있게 설명해 줘야 할 필요성을 느꼈다. 하지만 10살 이하인 아이들에게 복잡한 이론들을 모두 설명해 주는 일은 시기상조였다. 결국 나는 하나의 이론이 원죄의 모든 양상을 명쾌하게 설명하지는 못한다는 점을 강조한 후, 아이들이 가장 쉽고 직관적으로 이해할 수 있는 이론부터 소개해 주기로 했다.

원죄

나는 로마서 5:12, 15를 펴서 아이들에게 읽어 주었다.

> [12] 그러므로 한 사람(ἑνὸς ἀνθρώπου)으로 인해 죄가 세상에 들어오고 또 죄로 인해 죽음이 들어온 것같이 모든 사람이 죄를 지었으므로 죽음이 모든 사람(πάντας ἀνθρώπους)에게 이르렀습니다. … [18] 한 사람의 범죄(ἑνὸς παραπτώματος)로 인해 모든 사람(πάντας ἀνθρώπους)이 정죄에 이[르렀습니다] …. (롬 5:12, 18 『우리말 성경』)

(Downers Grove, IL: IVP Academic, 2020) [=『원죄와 타락에 관한 논쟁: 죄의 기원과 확산에 대한 5가지 관점』(새물결플러스, 2023)]; Loren Haarsma, *When Did Sin Begin?: Human Evolution and the Doctrine of Original Sin* (Grand Rapids, MI: Baker Academic, 2021). [=『죄의 기원: 인간의 진화와 원죄 교리는 조화를 이룰 수 있는가?』(새물결플러스, 2024)]

이번에는 고린도전서 15:22를 읽어 주었다.

> 아담 안에서(ἐν τῷ Ἀδάμ) 모든 사람이 죽은 것같이…. (고전 15:22 『우리
> 말 성경』)

교회 전통은 위에 인용한 신약성경의 본문을 창세기 3장의 타락
사건과 연결하여 이해해 왔다. 이럴 경우, 아담 한 사람의 범죄, 곧
그가 범한 선악과 사건으로 인해 "아담 안"(ἐν τῷ Ἀδάμ)에 있던 그의
모든 후손들이 죽음의 영향 아래 들어갔다는 독법이 가능해진다.[2]
　우리는 여기에서 몇 가지 중요한 질문을 만나게 된다. 첫째, 아
담 한 사람의 죄가 어떻게 그의 모든 후손들에게 죽음의 영향을 끼
칠 수 있었을까? 둘째, 아담 안에서 그의 모든 후손들이 죽었다는
표현의 뜻이 무엇일까? 학자들은 다양한 이론을 통해 이 질문에 답
한다. 그들의 주장을 살펴보는 일은 유익하고 흥미롭지만, 안타깝게
도 아이들의 성경 공부 시간에 다룰 수 있는 범위는 아니었다. 그래
서 나는 아이들이 지금까지 공부했던 내용 안에서 첫째 질문의 답
을 찾아보기로 했다. 우리가 향한 곳은 창세기 3장이었다.

2　많은 기독교인들이 역사적 아담론과 인류 진화론 사이에 우주적 원죄론이
　걸림돌로 작용한다고 생각한다. 하지만 나는 세 가지 이론이 공존할 수 있는
　접근 - 과학의 이론과 성경의 해석을 모두 존중하는 접근 - 이 가능하다고 생
　각한다. 심지어 역사적 아담론(*Creatio de novo*)을 취한다고 힐지라도 인류
　진화론과 우주적 원죄론이 공존할 수 있다고 본다. 본서의 제1장에 있는 첫
　번째 각주를 보라.

²² 주 하나님이 말씀하셨다. "보아라, 이 사람이 우리 가운데 하나처럼, 선과 악을 알게 되었다. 이제 그가 손을 내밀어서, 생명나무의 열매까지 따서 먹고, 끝없이 살게 하여서는 안 된다." ²³ 그래서 주 하나님은 그를 에덴 동산에서 내쫓으시고, 그가 흙에서 나왔으므로, 흙을 갈게 하셨다. ²⁴ 그를 쫓아내신 다음에, 에덴 동산의 동쪽에 그룹들을 세우시고, 빙빙 도는 불칼을 두셔서, 생명나무에 이르는 길을 지키게 하셨다. (창 3:22-24)

나는 아이들에게 이렇게 질문했다.

혹시 이 본문이 아담 한 사람의 죄가 어떻게 아담의 모든 후손들에게 죽음의 영향을 끼쳤는지에 대해서 말하고 있을까?

아들이 손을 들고 답했다.

네, 그런 것 같아요. 아담이 생명나무가 있는 에덴 동산에서 쫓겨났어요. 하나님께서는 아담이 동산으로 돌아오지 못하도록 생명나무로 가는 길을 막으셨고요. 그러면 아담과 그의 자녀들은 생명과를 먹지 못해서 죽는 게 아닐까요?

나는 아들의 설명에 동의했다. 창세기 문맥에 따르면 영생을 제공하는 생명나무는 아담과 그의 모든 후손들에게 허락된 하나님의 선물이었다. 하지만 아담의 범죄—하나님의 형상이 하나님이 되려고 했던 범죄—로 인해 생명나무로 가는 길이 막혔다. 이로 인한 결과는 자명했다. 바로 영생을 누릴 기회가 있었던 아담과 그의 모든 후손들에게 죽음이 찾아온 것이다.

그렇다면 둘째 질문—"아담 안"에서(ἐν τῷ Ἀδὰμ) 그의 모든 후손들이 죽었다는 표현—은 어떻게 이해해야 할까? 나는 아이들에게 이 질문을 던졌다. 그러나 아이들은 서로 어리둥절한 표정만 지을 뿐 답을 하지 못했다. 아담으로 인해 아담의 모든 후손들이 죽음의 영향 아래 놓이게 되었다는 부분은 아이들이 이해할 수 있는 범위 안에 있었다면, 아담의 후손들이 어떻게 "아담 안"에서 죽게 되었는지에 대한 부분은 이해 범위 밖에 있었던 것 같다. 내가 아이들을 말없이 바라보자, 딸이 손을 들고 질문했다.

> 아빠, 이해가 안 돼요. 어떻게 아직 태어나지도 않은 사람들이 "아담 안"에서 죽을 수 있어요? 아담 배 속에 아담의 자녀들과 그 자녀들의 자녀들이 다 있었던 것도 아니잖아요?

아들도 고개를 끄덕이며 딸의 질문에 동의했다. 학자들은 다양한 이론들을 통해 이 질문에 답한다. 하지만 아이들 성경 공부 시간에 그 이론들을 모두 소개하고 설명할 수 없었다. 그래서 나는 얼마 전에 아이들과 함께 낚시를 갔다가 경험한 사건 하나를 통해 **생물학적 대표 이론**(Seminal Headship)을 소개해 주기로 했다.

호수 낚시

우리 집 근처에 호수 하나가 있다. 나는 종종 아이들과 함께 그 곳에서 낚시를 한다. 아이들과 함께 자연을 보고 대화를 나누는 일이 즐겁기 때문이다. 아이들도 낚시를 하러 가는 것을 좋아한다. 비록 물고기를 잡지는 못해도 찌를 물 속에 넣고 건져내는 일 자체를 즐거워한다.

하루는 옆에서 낚시하던 할아버지께서 물고기 한 마리를 잡으셨다. 호수에 사는 어종치고는 제법 컸다. 배가 통통하게 불러 있는 것을 보니 알을 품고 있음이 분명했다. 할아버지께서 멋지게 건져 올린 물고기를 본 아이들은 환호성을 질렀다. 아이들을 한번 힐끔 보신 할아버지께서 우리 쪽으로 오셨다. 그리고 아이들에게 말씀하셨다.

너희들이 원하면 줄게. 집에 가져가서 잘 손질해서 먹어. 맛있을 거야. 배에 들어있는 알들은 보너스야!

아이들은 무척 좋아하며 물고기를 달라고 했다. 물고기가 제법 컸기 때문에 아들이 받았다. 딸이 서운한 표정을 짓자 할아버지께서 "한 마리 더 잡으면 너 줄게"라고 말씀하신 후 다시 낚시를 시작하셨다.

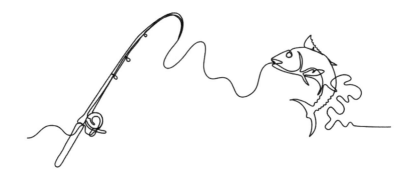

할아버지께서 자리를 떠나자 아들이 내게 조용히 물었다.

아빠, 이 물고기는 엄마지요?

알을 품고 있느냐는 질문이었다. 그렇다고 하자 아들은 슬픈 표정을 지으며 말을 이었다.

물고기를 풀어주고 싶어요. 불쌍해요. 엄마가 죽으면 안에 있는 알들도 죽잖아요. 엄마 물고기도 알들도 다 슬퍼할 것 같아요.

마침 그때, 아들의 손에 들려 있던 물고기가 파닥거리며 몸부림을 쳤고, 놀란 아들은 들고 있던 물고기를 놓쳤다. 호수에 다시 입수한 물고기는 순식간에 우리의 시야로부터 사라졌다. 아들의 얼굴에는 안도의 표정이 드리웠다.

아담 물고기

위에 언급한 호수 낚시 이야기는 아담의 후손이 어떻게 "아담 안"에서 죽게 되었는지를 설명하는 **생물학적 대표 이론**과 상당히 흡사하다. 나는 이것을 조금 더 쉽게 설명하기 위해서 미리 준비해 둔 파워포인트 자료를 꺼내 아이들에게 보여 주었다. 아이들은 신기해하며 컴퓨터 모니터를 바라보았다. 나는 아래의 그림을 보여주며 말했다.

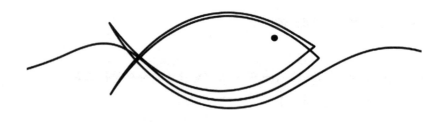

그림을 잘 봐. 물고기가 보이지? 이 물고기의 이름은 "아담"이야.

물고기 그림을 보던 아이들은 깔깔대며 웃었다. 나는 다른 그림을 보여주며 계속해서 설명을 이어나갔다.

그런데 아담 물고기는 혼자 있지 않았어. 물고기의 배 안에는 그의 자손들을 상징하는 알들이 가득 들어 있었어. 그거 아니? 옛날 사람들은 남자의 몸 안에 생명의 씨앗들이 있다고 생각했어.[3] 그래서 남자가 그 씨앗을 여자의 배에 넣어주면, 그 안에서 씨앗이 잘 크다가 사람으로 태어난다고 생각했던 거야. 신기하지?

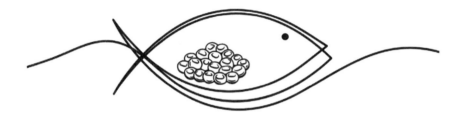

아이들은 고개를 끄덕이며 이해했다는 신호를 보냈다. 나는 다른 그림을 보여주면서 설명을 이어갔다.

그런데 이를 어쩌지? 아담 물고기가 먹으면 안 되는 음식을 먹고 죽었어. 그러면 아담 물고기만 죽었을까, 물고기 안에 있던 알들도 죽었을까?

---

3 "멜기세덱이 아브라함을 맞았을 때에 레위가 조상 아브라함의 몸 속(ἐν τῇ ὀσφύϊ)에 있었기 때문입니다" (히 7:10 『공동번역』).

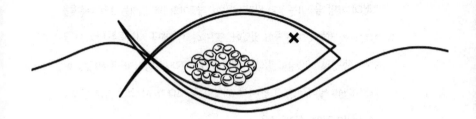

질문을 받은 아이들은 답하기를 주저했다. 그래서 나는 호수에서 있었던 일을 언급하며 아들에게 물었다.

우리가 얼마 전에 호수에 가서 물고기 잡았던 일 기억하지? 그때 너는 할아버지에게 받은 물고기를 풀어주고 싶다고 말했어. 왜 그랬지?

아들이 이해했다는 듯이 눈을 반짝거리며 답했다.

엄마 물고기라서요. 엄마가 죽으면 알들도 죽어서 불쌍하니까요. 아… 그러면 아담이 죽으면 아담의 배 속에 있는 알들도 다 죽겠네요.

나는 다른 그림을 보여주며 답했다.

맞아. 그게 자연의 이치야. 성경은 아담 속에 아담의 모든 자손들이 씨앗으로 들어 있었다고 가르치고 있어. 그래서 아담이 죽을 때, 우리도 함께 죽었다고 말하는 거야.

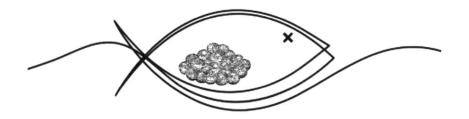

딸이 고개를 갸우뚱하며 물었다.

우리가 죽었다고요? 아빠, 나는 안 죽었는데요? 아빠도, 오빠도, 엄마도
안 죽었잖아요?

나는 딸을 바라보며 말했다.

우리가 문자적으로 죽었다는 의미가 아니야. 만약 그랬다면 우리가 이렇게
성경 공부를 할 수 없었겠지. 성경은 두 종류의 죽음을 가르치고 있어. 하나
는 문자적인 죽음이고, 다른 하나는 영적인 죽음이야. 이 둘은 서로 밀접하게
연결되어 있지. 조금 더 설명하자면, 하나님께 불순종하여 생명나무로부
터 멀어져 있는 상태를 영적인 죽음이라고 해. 그리고 생명나무로부터 멀
어졌기 때문에 찾아오는 결과를 물리적인 죽음이라고 하고.

대화를 통해 아이들이 영적인 죽음에 대해서 쉽게 이해할 수 없
다는 점을 알게 되었다. 그래서 이전에 나누었던 거울과 빛의 구도

를 예로 들어 아이들이 좀 더 이해하기 쉽게 설명해 보기로 했다.

많이 어렵지? 아직은 잘 이해가 안 될 거야. 일단은 이렇게 이해하면 좋을 것 같아. 저번에 거울에 낙서를 칠하니까 빛이 반사가 안 됐지? 이것이 영적인 죽음, 곧 사람의 안팎에 더러운 것이 묻어서 하나님의 빛을 반사할 수 없게 된 상태를 의미한다고 생각하면 돼.

골똘히 생각하며 듣던 딸이 다시 물었다.

그러면 아담에게 더러운 것이 묻을 때, 우리에게도 더러운 것이 묻었어요? 우리가 아담 안에 있었으니까요?

나는 손뼉을 치며 말했다.

맞아! 그것도 아주 많이 묻었지. 아담에게 묻은 더러운 것은 아담의 안팎에 모두 묻었어. 그래서 아담 안에 있던 우리에게도 더러운 게 묻은 거야. 결국 우리는 선악과를 따먹은 아담처럼 하나님의 빛을 반사하지 못하게 된 거야.

아담 나무

나는 아이들의 이해를 더욱 확실하게 돕고 싶어서 다른 비유를 들려주었다. 이번에는 나무 비유였다. 나는 그림 하나를 보여주며 설명을 이어갔다.

아빠가 소개해 주고 싶은 나무 한 그루가 있어. 여기 보이는 이 나무의 이름은 "아담"이야. 보다시피 아담 나무에는 많은 가지들이 있었어. 멋지지?

아이들은 그림을 보자 고개를 끄덕였다. 나는 다른 그림을 보여주며 질문했다.

그런데 안타깝게도 아담 나무가 병이 들어서 나무의 뿌리와 기둥이 죽었어.

그러면 나뭇가지들은 어떨까? 가지들은 잘 살 수 있을까?

아이들은 바로 답했다.

아니요! 나무의 뿌리와 기둥이 죽으면 가지들도 죽어요.

나는 고개를 끄덕이며 다른 그림을 보여 주었다. 그리고 말했다.

맞아. 그것이 자연의 이치야. 아담 물고기가 죽을 때 아담 물고기 안에 있던 알들도 죽는 것처럼, 아담 나무가 죽을 때 나무의 가지들도 함께 죽는 거야. 이처럼 아담이 범죄하여 생명나무로부터 멀어질 때 아담의 모든 후손들도 생명과로부터 멀어져 죽음을 맞이하게 된 거지.

이 이야기 후 나는 예수님에 관한 이야기로 화제를 돌려 이야기를 이어나갔다.

마지막 아담

놀랍게도 성경은 아담을 "첫 번째 사람"(ὁ πρῶτος ἄνθρωπος)으로 부르고, 예수님을 가리켜 "마지막 아담"(ὁ ἔσχατος Ἀδὰμ)으로 부른다.

> 성경에 "첫 사람 아담은 산 영이 되었다"고 기록한 바와 같이, 마지막 아담은 생명을 주시는 영이 되셨습니다. (고전 15:45)

성경이 아담과 예수님을 비교하는 이유가 무엇일까? 둘 사이에 매우 중요한 유사점이 있기 때문이다.

- 아담 안에 그의 후손들이 포함되어 있었던 것처럼, 예수님 안에도 그분의 후손들이 포함되어 있다.
- 아담이 옛 인류의 시발점이라면 예수님께서는 새 인류의 시발점이다.

하지만 둘 사이에 커다란 차이점도 있다.

- 아담의 후손은 물리적인 후손인 반면, 예수님의 후손은 영적인 후손이다.
- 아담은 후손에게 죽음을 가져다 준 반면, 예수님께서는 후손에게 생명을 가져다 주셨다.

성경은 이와 같은 유사점과 차이점을 명시한다.

> 아담 안에서 모든 사람이 죽는 것과 같이, 그리스도 안에서 모든 사
> 람이 살아나게 될 것입니다. (고전 15:22)

> 그러니 한 사람의 범죄 행위 때문에 모든 사람이 유죄판결을 받았는
> 데, 이제는 한 사람의 의로운 행위 때문에 모든 사람이 의롭다는 인
> 정을 받아서 생명을 얻게 되었습니다. (롬 5:18)

나는 아이들에게 "첫 번째 사람"인 아담과 "마지막 아담"인 예
수님 사이에 있는 유사점과 차이점을 설명해 주었다. 그런데 설명
을 들은 아들이 조금 이상한 행동을 보였다. 책상 한쪽을 뚫어지게
쳐다보고 있는 것이 아닌가? 그것은 아들이 무언가를 골똘히 생각
할 때 나타나는 행동이었다. 내가 언이에게 무엇을 생각하고 있는
지 묻자, 아들이 조심스레 입을 열었다.

> 아빠, 혹시 예수님도 "아담 안"에 있었나요? 음… 그러니까 예수님도 아
> 빠가 있고, 예수님의 아빠도 아빠가 있고 … 그러면 아담이 선악과를
> 먹을 때 물었던 낙서가 예수님께도 묻은 게 아닌가요?

나는 가끔 이이들의 질문에 깜짝 놀란다. 지금처럼 예리한 질문
을 던질 때가 있기 때문이다. 만약 아들의 질문처럼 예수님께서 "아

담 안"에 있었다면 예수님께도 낙서가 묻게 된다. 그렇다면 하나님의 속죄 공식에 의해 우리의 구원자가 될 수 없다.

하지만 성경은 예수님께서 동정녀로부터 탄생했다고 계시한다 (마 1:18-25; 눅 1:26-38). 예수님은 족보적으로는 아담의 후손이지만, 생물학적으로는 아담의 후손이 아니라는 의미이다.[4] 이것이 뜻하는 바는 자명하다. 예수님은 선악과 사건이 발생할 때 "아담 안"에 씨앗으로 존재하지 않으셨다. 따라서 예수님께는 아담을 통하여 낙서가 묻지 않았다. 나는 아들에게 이와 같은 사실을 반복해서 설명해 주었다. 하지만, 아들은 여전히 고개를 갸우뚱하며 질문했다.

아빠, 그런데 크리스마스는 예수님의 생일을 축하하는 날이잖아요. 예수님께서 엄마의 배에서 태어나신 게 아니었어요?

나는 다시 답했다.

물론 예수님께서는 엄마 배에서 태어나셨지. 그런데 그것이 예수님을 아담의 물리적 후손, 곧 아담 물고기 안에 있던 알로 만들지는 않아. 잘 들어봐. 아담 물고기의 알들인 우리는 아빠가 엄마의 배에 씨앗을 넣어주는

---

4   구체적인 논증은 Robert Duncan Culver, *Systematic Theology: Biblical and Historical* (Ross-shire, UK: Mentor, 2005), 470–83; Millard J. Erickson, *Christian Theology* (3rd ed; Grand Rapids, MI: Baker Academic, 2013), 674–91을 보라. 다음의 자료도 참고하라: R. C. Sproul, *Essential Truths of the Christian Faith* (Wheaton, IL: Tyndale House, 1992), chapter 29.

방법을 통해서 세상에 태어날 수 있다고 했지? 그래서 예수님께서 엄마의 배에서 태어났다는 점만 본다면 예수님도 아담 물고기의 알이었을 것으로 충분히 생각할 수도 있어. 그런데 놀랍게도 예수님께서는 우리와 다른 방법으로 엄마 배 안으로 들어가셨어. 어떻게 들어가셨는지 아니? 아빠의 씨앗을 통해서가 아니라 본인 스스로 씨앗이 되어 들어가신 거야!

아들은 눈을 크게 뜨며 물었다.

네? 어떻게 그럴 수 있어요?

나는 답했다.

그 부분이 굉장히 중요해. 예수님께서는 완전한 인간이시지만 동시에 완전한 하나님이셔. 우리는 이 사실을 잊어서는 안 돼. 하나님이신 예수님께서는 아빠의 씨앗 없이 엄마의 배 속으로 들어가셨어. 그러므로 예수님께서는 아담의 물리적 후손이 될 수 없는 거지.

이번에는 딸이 물었다.

아빠, 그러면 아담이 선악과를 먹을 때 예수님은 어디에 계셨어요?

나는 종이와 연필을 가져와서 그림을 그리기 시작했다. 아이들은 내가 그리는 그림을 유심히 바라보며 빨리 그림이 완성되기를 기다렸다. 그리기를 끝낸 나는 아래의 그림을 보여주며 설명했다.

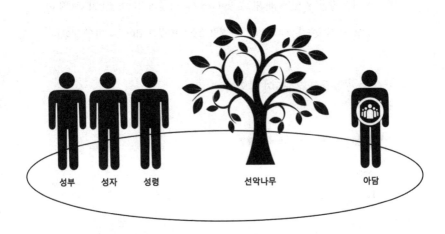

성부 성자 성령 선악나무 아담

잘 봐. 아담은 선악나무 오른 쪽에 있어. 아담의 배 속에는 그의 모든 후손들이 씨앗으로 들어 있고. 그러면 예수님은 어디에 계실까?

그림을 유심히 살피던 아이들이 "성자"(God the Son)에 손가락을 가리키며 말했다.

여기요! 아, 그렇구나. 예수님께서는 아담 안이 아니라 아담 밖에 계셨었군요!

그렇다. 선악과 사건이 발생할 때, 예수님께서는 "아담 안"이 아니라 아담 밖에 계셨다. 고맙게도 나에게 삼위일체 교리에 대해서 자주 들었던 아이들은 "성자" 하나님께서 "예수님"이라는 점을 잊지 않고 있었다. 물론 열 살 이하의 아이들이 삼위일체와 성육신, 그리고 동정녀 탄생의 교리를 깊이 이해하지는 못했다. 그래도 감사한 부분은 예수님께서 아담의 물리적 후손이 아니라는 점은 확실히 이해했다는 점이다. 나는 예수님만이 아담의 후손인 우리의 유일무이한 구원자가 될 수 있다는 점을 강조하며 아이들을 가르쳤다.

다시 열리는 생명나무의 길

표정이 다시 밝아진 아들이 손을 번쩍 들더니 다른 질문을 했다.

아빠, 아담이 잘못했기 때문에 생명나무의 길이 막혔잖아요? 그것 때문에 아담의 자손들은 죽어야 했던 것이고요. 그러면 생명나무의 길이 다시 열릴 수도 있어요?

나는 아들을 바라보며 답했다.

물론이지! 성경은 우리가 다시 생명나무의 열매를 먹을 수 있다는 기쁜 소식을 말해주고 있어.

나는 아들에게 창세기(2:9; 3:22, 24)에 등장하는 생명나무가 요한계시록(2:7; 22:14, 19)에도 등장한다는 점을 말해 주었다. 그리고 특별히 요한계시록 2:7을 찾아 함께 읽었다.

> … 이기는 사람에게는, 내가 하나님의 낙원에 있는 생명나무의 열매를 주어서 먹게 하겠다. (계 2:7)

문맥 속에서 "주다"($\delta\acute{\omega}\sigma\omega$)라고 번역된 헬라어 동사의 동작주는 예수님이시다. 이것의 의미가 무엇일까? 예수님께서 아담의 죄로 인해 막혀 있던 생명나무의 길을 "이기는 사람", 곧 예수님 안에 있는 자들에게 열어 주시겠다는 의미이다. 이러한 이유로 성경은 예수님을 "생명의 빵"(요 6:35)뿐만 아니라 "생명" 그 자체라고 계시한다.

> [1] 이 글은 생명의 말씀에 관한 것입니다. 이 생명의 말씀은 태초부터 계신 것이요, 우리가 들은 것이요, 우리가 눈으로 본 것이요, 우리가 지켜본 것이요, 우리가 손으로 만져본 것입니다. [2] 이 생명이 나타나셨습니다. 우리는 그것을 보았습니다. 그래서 우리는 이 영원한 생명을 여러분에게 증언하고 선포합니다. 이 영원한 생명은 아버지와 함께 계셨는데, 우리에게 나타나셨습니다. (요일 1:1-2)

> 그 아들을 모시고 있는 사람은 생명을 가지고 있고, 하나님의 아들을 모시고 있지 않은 사람은 생명을 가지고 있지 않습니다. (요일 5:12)

하나님의 아들이 오셔서, 그 참되신 분을 알 수 있도록, 우리에게 이해력을 주신 것을 우리는 압니다. 우리는 그 참되신 분 곧 하나님의 아들 예수 그리스도 안에 있습니다. 이 분이 참 하나님이시요, 영원한 생명이십니다. (요일 5:20)

그러므로 아담의 후손인 우리는 생명의 길이신 예수님을 통해 영원한 생명이신 예수님께로 나아갈 수 있다.

공부를 마치며

내 설명을 들은 아이들은 무척 신나 하며 여러 가지 질문들을 묻기 시작했다.

아빠, 그러면 나하고 아빠는 영원히 아빠와 아들로 지내는 거예요? 나하고 슬이도 영원히 오빠와 동생으로 지내고요?

딸도 덩달아 질문을 했다.

아빠, 예수님께서 생명나무의 열매를 주신다고 했잖아요? 그러면 선악나무는 어디에 있어요? 만약 우리가 천국에서 선악나무를 먹게 되면 어떻게 돼요?

역시 여러 가지 질문들이 꼬리에 꼬리를 물었다. 아이들이 던진 질문들은 모두 중요하고 의미 있는 것들이었다. 하지만 시간은 이미 저녁 8:30을 지난 지 오래였다. 나는 어쩔 수 없이 성경 공부를 마쳐야 했다. 아이들은 아쉬워하며 책상을 떠났다. 방으로 향하는 아이들이 서로 질문을 주고받는다.

오빠, 우리는 영원히 오빠와 동생으로 지내는 걸까? 내가 오빠의 누나가 됐으면 좋겠다.

아들은 웃으며 답했다.

안 돼! 내가 계속 오빠 할 거야!

둘은 서로 깔깔대면서 방으로 들어갔다.

책상에 남아

오래전부터 물고기는 기독교의 상징이었다. 요한복음 6장의 "오병이어 기적" 때문일까? 아니면 요한복음 21장의 "153마리의 물고기 기적" 때문일까? 모두 아니다. 물고기가 기독교의 상징이 될 수 있었던 이유는 "물고기"라는 헬라어(ΙΧΘΥΣ)가 예수 그리스도의 독특성과 유일성을 고백하는 데 안성맞춤이었기 때문이다.[5] 그 이유는 다음과 같다.

초대교회 성도들은 "주는 그리스도시요, 살아계신 하나님의 아들"이라는 고백을 중심으로 모여 예수님을 "구원자"로 예배했다. 이 핵심어들을 헬라어로 쓰면 "Ἰησοῦς Χριστός, Θεοῦ Υἱός, Σωτήρ"가 된다. 각 단어를 구성하고 있는 단어에서 첫 번째 알파벳을 따로 떼어 보자.

(1) Ἰησοῦς (예수) → I

(2) Χριστός (그리스도) → Χ

(3) Θεοῦ (하나님의) → Θ

(4) Υἱός (아들) → Υ

(5) Σωτήρ (구원자) → Σ

그리고 단어와 분리된 다섯 개의 알파벳들을 순서대로 붙여보자.

I + Χ + Θ + Υ + Σ → ΙΧΘΥΣ

보다시피 ΙΧΘΥΣ라는 단어가 만들어진다. ΙΧΘΥΣ가 무슨 뜻일까? 바로 "물고기"이다. 초대교회 성도들은 ΙΧΘΥΣ가 "예수 그리스

---

5   Robin M. Jensen, *Understanding Early Christian Art* (2nd ed.; London: Routledge, 2024), 51.

도, 하나님의 아들, 구원자"가 "물고기"를 의미하도록 아크로스틱(각 행의 첫 글자 또는 마지막 글자를 짜맞추면 하나의 말이 되는 형식) 혹은 애너그램(철자 순서를 바꾼 말)을 활용했던 것이다.

이 세상에는 오직 두 마리의 물고기만 있다. 바로 아담 물고기와 예수님 물고기이다. 아담 물고기 안에 있는 알들은 선악과 사건으로 인해 모두 죽음을 물려받는다. 그러나 예수님 물고기 안에 있는 알들은 십자가 사건을 믿음으로 말미암아 생명을 받는다. 아담 물고기의 알들인 우리는 생명나무의 열매와 단절된 상태로 태어나지만, 예수님 물고기 안에서 거듭남으로써 생명나무의 열매를 공급받을 수 있다.

이 세상에는 오직 두 그루의 나무만 있다. 바로 아담 나무와 예수님 나무다. 아담 나무에 붙어 있는 가지들은 선악과 사건으로 인해 모두 죽음의 열매를 맺는다. 그러나 예수님 나무에 붙어 있는 가지들은 십자가 사건을 믿음으로 말미암아 생명의 열매를 맺는다. 아담 나무의 가지들인 우리는 필연적으로 죽음을 맺는 상태로 태어나지만, 예수님 나무에 접붙임 됨으로써 생명나무의 열매를 공급받는다. 이처럼 좋은 예수님을 어찌 사랑하지 않을 수 있을까?

제10장
예수 그리스도

진흙을 만드시는 예수님

제10장을 시작하며

드디어 우리는 이 책의 마지막 부분에 도달했다. 나는 본서를 어떻게 매듭지어야 하는지에 대해 상당히 고민했다. '아이들과 나눴던 성경 공부를 하나 더 나눌까?', '지금까지 살펴봤던 내용들을 요약할까?' 오랜 고민 끝에 내 생각은 한 방향으로 모아졌다. 제1장부터 제9장까지 나누었던 내용을 예수 그리스도의 사역을 통해 재조명하기로 한 것이다. 창세기 사건과 예수 그리스도 사건의 연결성을 논하는 작업은 구약성경과 신약성경을 하나님의 특별 계시로 믿는 우리에게 아주 유익하다. 물론 지면의 한계상 이 과업을 깊이 있게 이룰 수는 없었다. 그래서 몇 가지의 주제들을 취사선택하고, 미처 다루지 못한 부분은 참고 문헌을 소개하는 방법을 취했다.

이번 장에서 나눌 내용은 다음과 같다: (1) 진흙을 만드시는 예수님, (2) 생명의 기운을 불어 넣으시는 예수님, (3) 두 천사들 사이에 누우셨던 예수님, (4) 하나님의 형상인 예수님, (5) 요한계시록이 소개하는 예수님. 이 다섯 가지 주제들은 창세기 사건과 예수님이 어떻게 연결되는지, 그리고 아담의 후손인 우리에게 왜 예수님이 필요한지를 설명한다. 이제 무질서의 전복자, 뱀을 밟으실 승리자, 옛 인류의 구원자, 새 인류의 창조자, 그리고 새 하늘과 새 땅의 빛이신 예수님을 만나보자.

실로암 페리코페

요한복음의 본론은 크게 두 그룹으로 분리된다. 첫 번째 그룹은 "표적의 책"(The Book of Signs)이고 두 번째 그룹은 "영광의 책"(The Book of Glory)이다. 각각의 책에는 신기하면서도 아리송한 내용을 담고 있는 사건들이 소개되어 있는데, 대표적으로 실로암 페리코페[1](요 9:1-41)와 성령 페리코페(요 20:21-23)가 있다. 우선 전자부터 살펴보자.

---

1   "페리코페란 더 긴 서사에서 분리되어도 온전한 상태를 유지하는 짧은 부분이나 문학적 단위를 의미하는 전문 용어이다. 복음서의 기본적인 단위를 일컫기도 한다." 『성서학 용어 사전』(IVP, 2021) 참고.

⁶ 예수께서 이 말씀을 하신 뒤에, 땅에 침을 뱉어서, 그것으로 진흙을 만드셨다. 그리고 그의 눈에 진흙을 바르시고, ⁷ 그에게 실로암 못으로 가서 씻으라고 말씀하셨다. 그 눈먼 사람이 가서 씻고, 눈이 밝아져서 돌아갔다. … ¹¹ "예수라는 사람이 진흙을 만들어 내 눈에 바르고, 나더러 실로암에 가서 씻으라고 하였소. 그래서 내가 가서 씻었더니, 보게 되었소." … ¹⁴ 예수께서 진흙을 만들어 그의 눈을 뜨게 하신 날이 안식일이었다. ¹⁵ … "그분이 내 눈에 진흙을 바르신 다음에 내가 눈을 씻었더니, 이렇게 보게 되었습니다" (요 9:6-7, 11, 14-15)[2]

본문에는 매우 기이한 내용이 있다. 예수님께서는 침을 사용하여 눈먼 자를 고치시는 게 아닌가? 요한복음이 소개하는 다른 치료의 기적들(요 4:50; 5:8)을 살펴보면, 말씀만으로 병자를 고치시는 예수님을 확인할 수 있다. 그런데 실로암 페리코페가 소개하는 예수님의 경우 "땅에 침을 뱉어 진흙을 만들어 [맹인]의 눈에 바르"시는 복잡한 방법을 사용하신다. 그 이유가 무엇일까?

요한복음과 창세기

우리는 요한복음 1:1과 창세기 1:1 칠십인역(LXX)의 구조를 비교함으로써 이 질문에 대한 답에 접근할 수 있다.[3]

2　헬라어 문법에 맞춰서 고쳐 인용함.
3　자세한 논증은 Carlos R. S. Siliezar, *Creation Imagery in the Gospel of John*

Ἐν ἀρχῇ ἦν ὁ λόγος, 태초에 말씀께서 계시니라 (요 1:1)

Ἐν ἀρχῇ ἐποίησεν ὁ Θεὸς, 태초에 하나님께서 창조하시니라 (창 1:1 LXX)

보다시피 두 문장 모두 〔Ἐν ἀρχῇ + 동사 + 관사 + 신적 인격체 명사〕로 연결된 구조를 보인다. 놀랍게도 이와 같은 구조는 신구약을 통틀어서 두 본문에만 나타난다. 따라서 다수의 학자들은 요한복음 1:1이 의도적으로 창세기 1:1(칠십인역)의 구조를 따라 작성되었다고 본다. 그 이유가 무엇일까?

그레코-로만 시대의 문서 양식을 연구한 학자들은 책의 서두가 책의 내용을 요약하거나, 적어도 책의 핵심 내용을 반영한다고 주장한다. 이를 고려한다면, 요한복음의 서두는 우리에게 창세기의 관점으로 요한복음을 읽도록 초대한다고 볼 수 있다. 물론 요한복음을 구성하는 모든 페리코페들을 이러한 관점으로 읽어내야 한다는 의미는 아니다. 카를로스 R. S. 실리에자(Carlos R. S. Siliezar)가 언급했듯이, 요한은 창조 이미지를 의도적으로 그러나 제한적으로 사용했다.[4] 따라서 우리는 요한복음의 어떤 페리코페가 창조 이미지를 사용하고 있는지를 신중하게 분석해야 한다.

(London: Bloomsbury, 2015), 28-32을 보라. 나는 Siliezar의 논증과 독립적으로 이 부분을 연구했음을 밝힌다.

4   Siliezar, *Creation Imagery in the Gospel of John*, 23.

[진]흙 모티프와 만들기 모티프

이를 기억하며 실로암 페리코페를 다시 한번 읽어 보자.

> ⁶ 예수께서 이 말씀을 하신 뒤에, 땅에 침을 뱉어서, 그것으로 진흙 (πηλὸν)을 만드셨다(ἐποίησεν). 그리고 그의 눈(ὀφθαλμοὺς)에 진흙(πηλὸν) 을 바르시고, ⁷ 그에게 실로암 못으로 가서 씻으라고 말씀하셨다. 그 눈먼 사람이 가서 씻고, 눈이 밝아져서 돌아갔다. … ¹¹ "예수라는 사 람이 진흙(πηλὸν)을 만들어(ἐποίησεν) 내 눈(ὀφθαλμοὺς)에 바르고, 나더 러 실로암에 가서 씻으라고 하였소. 그래서 내가 가서 씻었더니, 보 게 되었소." … ¹⁴ 예수께서 진흙(πηλὸν)을 만들어(ἐποίησεν) 그의 눈 (ὀφθαλμοὺς)을 뜨게 하신 날이 안식일이었다. ¹⁵ … "그분이 내 눈에 진 흙(πηλὸν)을 바르신 다음에 내가 눈(ὀφθαλμοὺς)을 씻었더니, 이렇게 보 게 되었습니다" (요 9:6-7, 11, 14-15)⁵

창세기의 관점으로 본문을 본다면 [진]흙 모티프와 만들기 모티프 가 눈에 띈다.⁶ 창세기의 하나님께서 흙(χοῦν)으로 사람을 만드셨던 (ἐποίησεν) 것처럼, 요한복음의 예수님께서도 진흙(πηλὸν)을 만들어 (ἐποίησεν) 사람을 고치셨다. 둘 사이에 유사점이 있다고 판단한 이레

---

5   헬라어 문법에 맞춰서 고쳐 인용함.
6   구체적인 논증은 Siliezar, *Creation Imagery in the Gospel of John*, 113-22을 참
    고하라. 나는 Siliezar의 논증과 독립적으로 이 부분을 연구했음을 밝힌다.

니우스는 요한복음이 예수님을 창세기의 하나님, 곧 흙을 사용해 아담을 창조하시는 하나님의 모습으로 묘사하고 있다고 이해했다.[7] 시리안 주석가 에프렘(Ephrem)도 예수님께서 장님에게 빛을 주기 위해 눈을 창조하셨다고 본문을 주해했고, 예수님을 첫 번째 사람인 아담을 창조하신 분으로 이해했다.[8] 이레니우스와 에프렘은 실로암 페리코페가 예수님을 가리켜 창조자의 기능을 수행하는 분으로 묘사하고 있다고 생각했던 것이다.

그런데 이들의 해석을 취하기 위해서는 하나의 장애물을 넘어야 한다. 창세기 속 하나님의 경우 땅의 흙(χοῦς)을 사용하셨던 반면, 요한복음 속 예수님은 진흙(πηλός)을 사용하셨다. 이와 같은 차이는 창조자 하나님과 예수님 사이에 나타나는 유사점을 약화시키는 것처럼 보인다. 하지만 제2성전기의 배경 지식을 고려한다면 전혀 다른 해석이 만들어진다. 예수님의 치료 사역이 이루어졌던 제2성전기에는 하나님께서 침(מצירוק)을 흙(עפר)에 섞어 만든 진흙(חמר)으로 사람을 만드셨다는 전통이 퍼져 있었다.[9] 그러므로 실로암 페리코페—예수님께서 진흙을 만들어 사람을 고치시는 페리코페—는 창조자 하나님과 예수님 사이에 나타나는 유사점을 더욱 강화한다고 볼 수 있다. 실로암 페리코페가 암시하는 예수님은 옛 인류를 창조하신 창세기의 하나님처럼 새 인류를 창조하는 창조자이시다.[10]

---

7   Irenaeus, *Against Heresies*, 5.15.2, 4; 5.16.1.

8   Ephrem, *Commentary on Tatian's Diatessaron*, 16.28, 31.

9   1QS XI 21–22; 1QH IX 21; XI 23–24; XX 31–32; XXII 11.

10   Siliezar, *Creation Imagery in the Gospel of John*, 118을 참고하라.

눈 모티프

우리가 지금까지 살펴본 바에 따르면 요한복음 실로암 페리코페와 창세기에는, (진)흙 모티프와 만들기 모티프가 공통 분모로 들어 있다. 놀랍게도 실로암 페리코페와 창세기 사이에 나타나는 유사점은 여기에서 멈추지 않는다. 눈 모티프까지 발견되기 때문이다. 창세기 3장에 따르면 아담과 하와는 선악과를 먹고 눈(οἱ ὀφθαλμοί)이 밝아졌고, 그 결과 서로의 벌거벗음을 인지하게 되었다(창 3:5-7). 불순종의 열매가 처음으로 발현된 곳은 다름 아닌 눈이었다. 그런데 예수님을 창조자로 묘사하는 요한복음 속 실로암 페리코페는 예수님께서 진흙을 만드신 이유를 장님의 눈(τοὺς ὀφθαλμοὺς)을 치료하기 위함으로 특정한다. 그렇다면 눈 모티프가 우리에게 전달하는 신학적 의미는 무엇일까?

고대의 문서를 보면, 종 사이의 경계선을 침범한 자들에게 신들이 눈과 관련된 벌을 내리는 모티프가 발견된다.[11] 따라서 고대의 독자들은 하나님의 형상이 하나님이 되려고 했다가 눈이 열린 창세기 사건을 종 사이의 경계선에 무질서를 가져온 대가로 받은 벌로 이해했을 것이다.

> 이렇게 두 사람이 그 열매를 따먹자 그들의 눈이 밝아져 자기들이 벌거벗은 줄을 알게 되었다. 그래서 그들은 무화과 나뭇잎을 엮어 몸을 가렸다. (창 3:7 『현대어 성경』)

비록 아담과 하와의 눈은 열렸지만, 그들의 눈 열림 현상은 긍정적인 결과가 아니었다. 그들의 눈은 하나님께서 원치 않는 것을 보기 위해 열렸고, 하나님께서 원하는 것을 보지 못하도록 닫혔다. 곧 그들의 눈은 회복이 필요한 눈이었다.

안타깝게도 창세기에는 그들의 눈을 치료하시는 하나님의 모습이 나타나지 않는다. 그러나 성경의 총체적인 증언에 따르면 하나님께서는 그들의 눈을 고칠 수 있는 치료자를 보낼 준비를 하셨다.

---

[11] Sanghwan Lee, "Making Sense of the Optical Punishment of the Watchers in Light of Ancient Ocular Theories," *JAJ* 12.3 (2021): 360–90; idem, "An Examination of the Punishment Motif in the Book of the Watchers 10:4-8 in Light of Greek Myths," *JAJ* 13.1 (2021): 27-51 idem, "An Examination of the Punitive Blindness of Asael in Light of the Triadic Relationship between Sight, Light, and Knowledge," *JAJ* 13.2 (2022): 151-85을 보라. 그리고 본서 제7장을 참고하라.

그리고 때가 차매, 그 치료자께서 오셨다. 그분이 누구인가? 요한복음 속 실로암 페리코페는 그분이 바로 예수님이라고 소개한다. 이와 같은 독법은 예수님의 공생애 사역이 하나님과 하나님의 형상 사이에 발생한 무질서를 다시 질서로 바꾸는 우주적 사역임을 암시한다.

생명의 기운을 불어 넣으시는 예수님

성령 페리코페

이번에는 요한복음 속 성령 페리코페를 살펴보자.

> 21 [예수께서] 다시 그들에게 말씀하셨다. "너희에게 평화가 있기를 빈다. 아버지께서 나를 보내신 것같이, 나도 너희를 보낸다." 22 이렇게 말씀하신 다음에, 그들에게 숨을 불어넣으시고 말씀하셨다. "성령을 받아라." (요 20:21-22)

예수님께서 제자들을 향해 문자적으로 숨을 불어 넣으시며 "성령을 받아라"라고 말씀하셨다. 우리는 여기에서 중요한 질문 하나를 만난다. 예수님께서 굳이 숨을 불어 넣으시는 행동까지 한 이유가 무엇일까? 성령을 받으라는 말씀만으로는 부족했던 것일까?

생령을 주시는 하나님

본문에 "불어 넣다"로 번역된 헬라어(ἐνεφύσησεν)는 신약성경에 오직 한 번만 나타나는 하팍스 레고메논(*hapax legomenon*)이다. 그래서 이 단어의 쓰임새를 살피기 위해서는 헬라어로 번역된 구약성경(칠십인역)을 참고해야 한다. 그런데 놀랍게도 이 단어가 처음으로 등장하는 구약성경 본문은 창세기 2:7, 즉 하나님께서 흙으로 만드신 사람에게 생명의 기운을 불어넣으시는 본문이다.

> 주 하나님이 땅의 흙으로 사람을 지으시고, 그의 코에 생명의 기운(πνοὴν ζωῆς)을 불어 넣으시니(ἐνεφύσησεν), 사람이 생명체가 되었다. (창 2:7)

> [예수께서] 그들에게 숨을 불어 넣으시고(ἐνεφύσησεν) 말씀하셨다. "성령(πνεῦμα ἅγιον)을 받아라." (요 20:22)

보다시피 의미론적으로 유사한 단어(πνεῦμα/πνοή)와 동일한 단어(ἐνεφύσησεν)가 두 본문에 사용되었다. 어디 이뿐인가? 동사의 동작주가 상대방에게 무엇인가를 불어 넣은 이미지도 함께 나타난다. 이를 우연으로 볼 수 있을까? 나는 그렇게 보지 않는다. 우리가 요한복음을 창세기의 관점으로 읽을 수 있다는 점을 기억한다면, 성령 페리코페는 예수님을 창세기의 창조자처럼 행동하시는 분으로 소

개하고 있음을 알 수 있다.[12]

마른 뼈를 살리시는 하나님

이제 마른 뼈들이 살아나는 환상이 나오는 에스겔 37장을 보자.

> [1] 주님께서 권능으로 나를 사로잡으셨다. 주님의 영이 나를 데리고 나가서, 골짜기의 한가운데 나를 내려 놓으셨다. 그런데 그곳에는 뼈들이 가득히 있었다. [2] 그가 나를 데리고 그 뼈들이 널려 있는 사방으로 다니게 하셨다. 그 골짜기의 바닥에 뼈가 대단히 많았다. 보니, 그것들은 아주 말라 있었다. [3] 그가 내게 물으셨다. "사람아, 이 뼈들이 살아날 수 있겠느냐?" 내가 대답하였다. "주 하나님, 주님께서는 아십니다." [4] 그가 내게 말씀하셨다. "너는 이 뼈들에게 대언하여라. 너는 그것들에게 전하여라. '너희 마른 뼈들아, 너희는 나 주의 말을 들어라. [5] 나 주 하나님이 이 뼈들에게 말한다. 내가 너희 속에 생기(πνεῦμα ζωῆς)를 불어넣어, 너희가 다시 살아나게 하겠다. [6] 내가 너희에게 힘줄이 뻗치게 하고, 또 너희에게 살을 입히고, 또 너희를 살갗으로 덮고, 너희 속에 생기를 불어넣어, 너희가 다시 살아나게 하겠다. 그때에야 비로소 너희는, 내가 주인 줄 알게 될 것이다.'" [7] 그래서 나는 명을 받은 대로 대언하였다. 내가 대언을 할 때에 무슨 소리가

---

12 Siliezar, *Creation Imagery in the Gospel of John*, 153–73도 나와 동일한 주장을 한다.

났다. 보니, 그것은 뼈들이 서로 이어지는 요란한 소리였다. ⁸ 내가 바라보고 있으니, 그 뼈들 위에 힘줄이 뻗치고, 살이 오르고, 살 위로 살갗이 덮였다. 그러나 그들 속에 생기가 없었다. ⁹ 그 때에 그가 내게 말씀하셨다. "사람아, 너는 생기에게 대언하여라. 생기에게 대언하여 이렇게 일러라. '나 주 하나님이 너에게 말한다. 너 생기야, 사방에서부터 불어와서 이 살해당한 사람들에게 불어서 그들이 살아나게 하여라.'" ¹⁰ 그래서 내가 명을 받은 대로 대언하였더니, 생기가 그들 속으로 들어갔고, 그래서 그들이 곧 살아나 제 발로 일어나서 서는데, 엄청나게 큰 군대였다. ¹¹ 그 때에 그가 내게 말씀하셨다. "사람아, 이 뼈들이 바로 이스라엘 온 족속이다. 그들이 말하기를 '우리의 뼈가 말랐고, 우리의 희망도 사라졌으니, 우리는 망했다' 한다. ¹² 그러므로 너는 대언하여 그들에게 전하여라. '나 주 하나님이 말한다. 내 백성아, 내가 너희 무덤을 열고, 무덤 속에서 너희를 이끌어 내고, 너희를 이스라엘 땅으로 들어가게 하겠다. ¹³ 내 백성아, 내가 너희의 무덤을 열고 그 무덤 속에서 너희를 이끌어 낼 그때에야 비로소 너희는, 내가 주인 줄 알 것이다. ¹⁴ 내가 내 영을 너희 속에 두어서 너희가 살 수 있게 하고, 너희를 너희의 땅에 데려다가 놓겠으니, 그때에야 비로소 너희는, 나 주가 말하고 그대로 이룬 줄 알 것이다. 나 주의 말이다.'" (겔 37:1-14)

본문을 요한복음의 성령 페리코페와 비교한다면, 동일한 단어 (πνεῦμα/πνεῦμα)가 두 본문에 나타남을 알 수 있다. 그리고 동사의 동작주가 상대방에게 무엇인가를 불어 넣은 이미지도 함께 등장함을 볼 수 있다. 이를 우연으로 볼 수 있을까? 역시 그렇게 보이지 않는다. 창세기와 에스겔에 공통으로 나타나는 모티프를 고려한다면, 요한복음 속 성령 페리코페에 등장하시는 예수님께서 창세기와 에스겔의 하나님처럼 행동하신다는 점을 알 수 있다.[13]

새 인류의 창조자, 예수님

이와 같은 관찰은 성령 페리코페의 해석에 유의미하게 개입될 수 있다. 창세기의 하나님께서 불어 넣으셨던 "생명의 기운"($\pi\nu o\grave{\eta}\nu\ \zeta\omega\tilde{\eta}\varsigma$)은 옛 인류에게 물리적인 생명을 허락했다. 에스겔의 하나님께서 불어 넣으셨던 "생기"($\pi\nu\epsilon\tilde{\upsilon}\mu\alpha\ \zeta\omega\tilde{\eta}\varsigma$)도 죽은 자들에게 물리적인 생명을 허락했다. 이처럼 예수님께서 불어 넣으시는 "성령"($\pi\nu\epsilon\tilde{\upsilon}\mu\alpha\ \ddot{\alpha}\gamma\iota o\nu$)은 아담 안에서 죽은 옛 인류, 그러나 예수님 안에서 거듭날 새 인류에게 영생을 제공하는 "생명의 기운"($\pi\nu o\grave{\eta}\nu\ \zeta\omega\tilde{\eta}\varsigma$)이자 "생기"($\pi\nu\epsilon\tilde{\upsilon}\mu\alpha\ \zeta\omega\tilde{\eta}\varsigma$)가 된다. 창세기의 하나님께서 주시는 "생명의 기운"($\pi\nu o\grave{\eta}\nu\ \zeta\omega\tilde{\eta}\varsigma$)이 옛 인류를 움직이게 했다면, 에스겔의 하나님께서 주시는 "생기"($\pi\nu\epsilon\tilde{\upsilon}\mu\alpha$

---

[13] Christopher J. H. Wright, *The Message of Ezekiel: A New Heart and a New Spirit* (Downers Grove, IL: IVP Academic, 2001), 301; idem, *Knowing the Holy Spirit through the Old Testament* (Downers Grove, IL: IVP Academic, 2006), 134; James E. Rosscup, *An Exposition on Prayer in the Bible: Igniting the Fuel to Flame Our Communication with God* (Bellingham, WA: Lexham, 2008), 1865–66을 참고하라.

ζωῆς)가 죽은 자들을 살렸다면, 예수님께서 주시는 "성령"(πνεῦμα ἅγιον)은 우리를 살리고, 또한 살게 하는 동력이 된다.[14] 그러므로 성령 페리코페는 예수님의 사역이 새로운 인류에게 생명을 공급하는 창조 사역임을 암시한다고 볼 수 있다.

이로 미루어 보건대, 웬디 E. S. 노스(Wendy E. S. North)의 판단은 결코 과장이 아니다.

이 놀라운 복음서에 나타나는 가장 놀라운 특징은 요한복음의 예수님께서 [구약의] 하나님처럼 말씀하시고 행동하신다는 것이다."[15]

---

14 요한복음 3:5, 6, 8; 6:63을 참고하라.

15 Wendy E. S. North, *A Journey Round John: Tradition, Interpretation and Context in the Fourth Gospel* (ed. Chris Keith; LNTS 534; London: T&T Clark, 2015), 1.

두 천사들 사이에 누우셨던 예수님

두 천사 페리코페

구약의 하나님처럼 말씀하시고 행동하시는 예수님의 모습은 여기에서 멈추지 않는다. 요한은 창세기 사건과 예수님의 사역을 연결하는 작업을 이어 나가며 예수님의 절대적 필요성을 지속해서 부각시킨다. 지금부터 살펴볼 두 천사 페리코페(요 20:11-18)도 그 작업의 일부이다.

> [11] 그런데 마리아는 무덤 밖에 서서 울고 있었다. 울다가 몸을 굽혀서 무덤 속을 들여다보니, [12] 흰 옷을 입은 천사 둘이 앉아 있었다. 한 천사는 예수의 시신이 놓여 있던 자리 머리맡에 있었고, 다른 한 천사는 발치에 있었다. (요 20:11-12)

보다시피 마리아가 예수님의 빈 무덤을 발견했다. 그런데 본문에는 지나치게 구체적인 내용이 담겨 있다. 굳이 천사들의 수와 그들이 앉아 있는 위치까지 설명해야만 했던 이유가 무엇일까? 에드워드 W. 클린크(Edward W. Klink III)는 이 점을 의아하게 생각하며 다음과 같은 질문을 던진다.

저자는 왜 이 특별한 세부 사항에 초점을 맞추는 걸까? 대부분의 해석자들은 천사들의 독특한 위치에 대해 언급하지 않는다. 혹은 천사들이 등장하는 이유를 단순히 빈 무덤을 강조하기 위함이라고 제안한다. 그러나 이전 페리코페(20:1-10)에서 이미 빈 무덤에 대한 선언을 강조한 바 있다. 게다가 두 천사들의 기적과도 같은 현현은 오히려 예수님의 부재에 초점을 맞추지 못하게 한다. 솔직히 말하자면, 천사들의 현현이 문맥 속에서 다른 역할을 하지 못한다면, 그들의 현현은 예수님의 부재를 약화시킬 수도 있다.[16]

예수님의 부활에 초점을 맞춰야 하는 본문이 천사들의 수와 그들이 앉아 있는 위치에 대한 구체적인 정보를 주는 이유가 무엇일까? 일부 학자들은 시은좌[17] 독법—두 천사 페리코페에 등장하는 천사들을 시은좌 위에 있는 두 명의 커룹들과 연결하는 해석—을 통해 질문의 답을 찾는다.[18]

---

16 Edward W. Klink III, *John* (ZECNT; Grand Rapids, MI: Zondervan, 2016), 841-42.

17 "속죄소" 혹은 "속죄판"으로 불리기도 한다.

18 B. F. Westcott, *The Gospel according to St John: The Authorized Version with Introduction and Notes* (London: John Murrary, 1989), 291; Andrew T. Lincoln, *The Gospel according to Saint John* (BNTC; Peabody, MA: Hendrickson, 2005), 492; Izaak J. de Hulster, "The Two Angels in John 20:12: The Old Testament Background," *BN* 162 (2014): 97-120; Klink III, *John*, 142; Mary L. Coloe, *John 11-21* (Collegeville, MN: Liturgical, 2021), 512.

시은좌 독법

잠시 출애굽기 25:18-19을 보자.

> [18] 금을 두들겨서 그룹 두 개를 만들고, 그것들을 속죄판의 양쪽 끝에
> 각각 자리잡게 하여라. [19] 그룹 하나는 이쪽 끝에 또 다른 하나는 그
> 맞은쪽 끝에 자리잡게 하되, 속죄판과 그 양끝에 있는 그룹이 한 덩
> 이가 되도록 하여라. (출 25:18-19)

보다시피 두 명의 그룹(커룹)이 시은좌의 양쪽 끝에 각각 자리 잡
고 있다.

히브리 민족과 유대인들에게 있어서 시은좌는 단순한 물건이 아니었다. 시은좌는 제물의 피가 떨어지는 곳이요, 하나님께서 오염과 부정을 제거하시는 곳이었다.

> [14] 그런 다음에, 그는 수소의 피를 얼마 받아다가 손가락으로 찍어서, 덮개 너머 곧 덮개 동쪽 부분에 한 번 뿌리고, 손가락으로 피를 찍어서 덮개 앞에 일곱 번 뿌려야 한다. [15] 이어서 아론은 백성이 속죄제물로 바친 숫염소를 잡아, 그 피를 휘장 안으로 가지고 들어가서, 수소의 피를 뿌릴 때와 마찬가지로, 덮개 너머와 덮개 앞에 뿌려야 한다. [16] 이렇게 하여, 그는 성소를 성결하게 하여야 한다. (레 16:14-16)

시은좌 위에 있는 두 커룹들도 단순한 장식이 아니었다. 하나님께서 현현하사 당신의 백성을 만나주시는 장소가 두 커룹들 사이였기 때문이다.

> 내가 거기에서 너를 만나겠다. 내가 속죄판 위 곧 증거궤 위에 있는 두 그룹 사이에서, 이스라엘 자손에게 명할 모든 말을 너에게 일러주겠다. (출 25:22)

따라서 두 커룹이 있는 시은좌는 신적 현현, 신적 정결, 신적 화해, 신적 만남을 상징하는 장치였다. 이와 같은 배경 지식을 고려하며 두 천사 페리코페를 살펴보자. 그러면 무덤에 있던 천사들의 수와 그들이 앉아 있는 위치가 시은좌 위에 있던 커룹들의 수, 그리고 그들이 놓인 위치와 닮아 있음을 알 수 있다.

어디 이뿐인가? 피 흘리는 제물이 된 예수님께서 눕혀진 장소는 제물의 피가 떨어진 시은좌와 의미상으로 연결된다. 그리고 예수님께서 누우셨던 자리가 입구를 막고 있던 돌로 인해 외부로부터 구별되어 있었듯이 시은좌도 휘장으로 인해 외부로부터 구별되어 있었다.[19] 이와 같은 유사점을 우연으로 보기는 힘들다.

메리 L. 콜로에(Mary L. Coloe)는 요한복음이 구약의 제의적 모티프를 자주 사용한다는 점과 복음서의 일차 독자가 그 모티프를 잘 알고 있었다는 점을 고려할 경우, 시은좌의 관점으로 두 천사 페리코페를 읽는 독법은 매우 설득력이 있다고 말한다.[20] 클린크도 예수님

19 Klink III, *John*, 842.
20 Coloe, *John 11–21*, 512.

의 수난, 돌아가심, 부활이 구약의 여러 가지 제의와 유사점이 있음을 예로 들며 시은좌 독법을 지지한다. 그리고 무엇보다, 예수님의 무덤을 "지성소"와 연결하여 이해하려 했던 초대교회의 전통들도 시은좌 독법을 지지한다.[21]

빛으로 오신 예수님

이와 같은 사유는 두 천사들 사이에 누우셨던 예수님과 두 커룹들 사이에 현현하셨던 하나님을 유의미하게 연결시킨다. 그래서 시은좌 독법을 취하는 대부분의 학자들은 두 천사 페리코페가 예수님의 신성을 구약의 하나님에 빗대어 드러낸다고 본다. 나도 그들의 해석에 동의한다. 하지만 여기서는 다른 부분에 초점을 맞추어 이야기를 진행하고 싶다. 바로 유대인들에게는 커룹들 사이에 현현하시는 하나님을 빛과 연결시키는 전통이 있었다는 부분이다. 시편 80:1-3을 보자.

> [1] [아삽의 시, 지휘자를 따라 소산님 에둣에 맞추어 부르는 노래] 아, 이스라엘의 목자이신 주님, 요셉을 양 떼처럼 인도하시는 주님, 귀를 기울여 주십시오. 그룹 위에 앉으신 주님, 빛으로 나타나 주십시오. [2] 에브

---

21 Daniel Stökl Ben Ezra, *The Impact of Yom Kippur on Early Christianity: The Day of Atonement from Second Temple Judaism to the Fifth Century* (Tübingen: Mohr Siebeck, 2003), 271을 참고하라.

라임과 베냐민과 므낫세 앞에서 주님의 능력을 떨쳐 주십시오. 우리를 도우러 와 주십시오. ³ 하나님, 우리를 회복시켜 주십시오. 우리가 구원을 받도록, 주님의 빛나는 얼굴을 나타내어 주십시오. (시 80:1-3)

보다시피 하나님, 커룹들, 그리고 빛이 매우 유의미하게 연결되어 있다.

잠시 지성소에 현현하신 하나님을 상상해 보자. 하나님께서 시은좌 위에 나타나신다. 하나님으로부터 뿜어져 나오는 광채는 두 커룹들 사이에서 찬란하게 빛난다. 커룹들의 날개 뒤로 길게 드리워진 그림자는 빛과 극명한 대조를 이루며 우리의 시선을 빛인 하나님께로 더욱 고정시킨다. 스티븐 던(Steven Dunn)은 이와 같은 사유를 통해 시편에 사용된 성소, 날개, 그늘 모티프들에 접근한다.[22]

주님의 날개 그늘에 나를 숨겨 주시고…. (시 17:8)

하나님, 주님의 한결같은 사랑이 어찌 그리 값집니까? 사람들이 주님의 날개 그늘 아래로 피하여 숨습니다. (시 36:7)

내 영혼이 주님께로 피합니다. 이 재난이 지나가기까지, 내가 주님의 날개 그늘 아래로 피합니다. (시 57:1)

---

22 Steven Dunn, *The Sanctuary in the Psalms: Exploring the Paradox of God's Transcendence and Immanence* (Lanham, MD: Lexington, 2016).

내가 영원토록 주님의 장막에 머무르며, 주님의 날개 아래로 피하겠습니다. (시 61:4)

주님께서 나를 도우셨기에 나 이제 주님의 날개 그늘 아래에서 즐거이 노래하렵니다. (시 63:7)

[1] 가장 높으신 분의 보호를 받으면서 사는 너는, 전능하신 분의 그늘 아래 머무를 것이다. … [4] 주님이 그의 깃으로 너를 덮어 주시고 너도 그의 날개 아래로 피할 것이니, 주님의 진실하심이 너를 지켜 주는 방패와 갑옷이 될 것이다. (시 91:1, 4)

던은 이 구절들을 하나로 묶을 수 있는 중심 모티프를 두 커룹들 사이에 빛으로 현현하시는 하나님이라고 판단한다. 즉, 커룹들 사이에 현현하신 하나님에게서 나오는 강렬한 빛이 커룹들의 날개 뒤로 그림자를 드리웠다는 의미이다.[23] 따라서, 요한복음의 일차 독자들은 두 천사 페리코페를 시은좌 독법으로 읽으며 예수님을 빛과 연결시켰을 가능성이 높다. 놀랍게도 이러한 해석은 예수님을 빛으로 소개하는 요한복음의 증언과도 부합한다.

---

23 Dunn, *The Sanctuary in the Psalms: Exploring the Paradox of God's Transcendence and Immanence*, 19: "지성소에 있는 언약궤과 언약궤 위에 있는 커룹들은 보이지 않게 보좌에 좌성하신 하나님, 그러나 강렬하게 거룩함을 발산하시는 하나님의 임재를 상징한다. [성경의 저자들은] 신성한 그늘과 날개 모티프를 사용해 이를 시적으로 표현했다."

참 빛이 있었다. 그 빛이 세상에 와서 모든 사람을 비추고 있다. (요 1:9)

"나는 세상의 빛이다. 나를 따르는 사람은 어둠 속에 다니지 아니하고, 생명의 빛을 얻을 것이다." (요 8:12)

"나는 빛으로서 세상에 왔다. 그것은, 나를 믿는 사람은 아무도 어둠 속에 머무르지 않도록 하려는 것이다." (요 12:46)

요한복음이 계시하는 예수님은 단지 빛을 주시는 분 정도가 아니었다. 예수님은 빛 그 자체이셨다.[24] 이 빛은 세상에 온 빛이었고, 시은좌 위에 임재하셨던 빛이었으며, 또한 벌거벗은 아담과 하와에게 옷이 되어 주었던 빛이었다.[25]

---

24 요한복음 1:5; 3:19-20도 참고하라.
25 로마서 13:12-14를 보자: "밤이 깊고, 낮이 가까이 왔습니다. 그러므로 우리는 어둠의 행실을 벗어버리고, 빛의 갑옷을 입읍시다(ἐνδυσώμεθα). 낮에 행동하듯이, 단정하게 행합시다. 호사한 연회와 술취함, 음행과 방탕, 싸움과 시기에 빠지지 맙시다. 주 예수 그리스도로 옷을 입으십시오(ἐνδύσασθε). 정욕을 채우려고 육신의 일을 꾀하지 마십시오." 보다시피 12절과 14절에 "입으라"라는 동일한 헬라어(ἐνδύω)가 사용되었다. 그런데 12절에는 입는 대상이 "빛의 갑옷"인데, 14절에는 "예수 그리스도"가 입는 대상으로 나온다. 이와 같은 구조는 성도가 입는 빛의 갑옷이 곧 예수님이라는 의미적 연결 고리를 만든다.

우리에게 빛을 주시는 예수님

아담과 하와는 빛을 잃어버렸다. 하나님의 형상이 하나님이 되려고 했기 때문에 발생한 비극이었다. 하나님에게서 멀어진 그들은 더 이상 하나님의 빛을 반사할 수 없었다. 그리고 그들의 후손들도 빛을 반사하지 못하게 되었다. 모든 인류가 더 이상 하나님의 형상으로서 온전히 기능할 수 없게 된 것이다. 이러한 우리에게 필요한 것은 하나님과 가까워지는 것이다. 그리고 우리에게 묻어 있는 낙서를 지우는 일이다. 하지만 아담과 아담의 후손들에게는 낙서를 지울 힘이 없다.

이러한 비극 속에 있는 우리에게 두 천사 페리코페는 복된 소식을 알린다. 빛인 하나님, 곧 시은좌 위에서 빛을 발하셨던 하나님께서 우리를 친히 찾아오셨다는 소식이다. 또한 죽임당하신 어린 양이 되어 당신의 보혈을 하늘의 시은좌에 묻히셨다는 소식이다. 구약의 시은좌는 동물의 피가 떨어지는 곳이요, 하나님께서 오염과 부정을 제거하시는 곳이었다. 이것을 기억할 때, 예수님의 사역은 가히 충격적으로 다가온다. 짐승의 피가 아닌 하나님의 피가 하늘의 시은좌에 떨어졌고, 이에 따라 부분적인 용서가 아닌 완벽한 용서가 가능해졌으며, 그 결과 우리에게 묻은 낙서가 지워질 수 있게 되었고, 하나님의 성전인 우리가 성결해지는 길이 열리게 된 것이다.

그렇다. 이제 예수님을 믿는 모든 자들은 하나님의 형상으로서의 기능을 회복하게 되었다. 회복된 하나님의 형상들은 그 시로부터 삶을 통해 하나님의 빛을 발한다. 그리고 부활체를 입는 날, 우리의 전신으로 하나님의 빛을 발할 것이다. 하나님의 백성이 장차 받을 영광을 예언하는 이사야 60장은 다음과 같이 말한다.

> ¹ 예루살렘아, 일어나서 빛을 비추어라. 구원의 빛이 너에게 비치었으며, 주님의 영광이 아침 해처럼 너의 위에 떠올랐다. ² 어둠이 땅을 덮으며, 짙은 어둠이 민족들을 덮을 것이다. 그러나 오직 너의 위에는 주님께서 아침 해처럼 떠오르시며, 그의 영광이 너의 위에 나타날 것이다. (사 60:1-2)

이러한 신적 회복은 시은좌의 두 커룹들 사이에서 빛으로 현현하신 하나님께서 우리를 위해 두 천사 사이에 누우셨기 때문에 주어진 축복이다.

하나님의 형상인 예수님

바울서신에 나타난 창세기 모티프

놀랍게도 사도 바울은 고린도후서 4:4와 골로새서 1:15에서 예수님을 "하나님의 형상"으로 부른다.[26] 고린도후서와 골로새서의 두

---

26 로마서 7-8장; 골로새서 3:10도 참고하라.

본문은 매우 복잡할 뿐 아니라 난해하기에 반드시 근접 문맥과 원격 문맥 속에서 이해되어야 한다. 그리고 그레코-로만 시대의 형상학과 제2성전기의 형상학을 모두 고려하며 접근해야 한다. 안타깝게도 여기서 두 본문을 깊이 다루기에는 한계가 있다. 그래서 우리는 두 본문에 투영되어 있는 창세기 모티프를 간략하게 살펴보는 방법을 통해 아쉬움을 달래려 한다.[27] 이를 기억하며 고린도후서 4:4-6을 보자.

> [4] 이 세상의 신(θεὸς)인 사단이 그 사람의 눈을 어둡게 하여 그의 위에 비치는 하나님의 형상(εἰκὼν τοῦ θεοῦ)이신 그리스도의 영광스러운 복음의 빛(φωτισμὸν)을 보지(αὐγάσαι) 못하게 하였습니다. [5] 우리는 우리 자신에 대한 것을 전하자는 것이 아닙니다. 우리는 오직 주님이신 예

---

[27] 사도 바울의 형상 신학에 대한 학자들의 주장은 다음의 책들을 참고하라. Stefanie Lorenzen, *Das paulinische Eikon-Konzept: Semantische Analysen zur Sapientia Salomonis, zu Philo und den Paulusbriefen* (WUNT 2.250; Tübingen: Mohr Siebeck, 2008); George Hendrik van Kooten, *Paul's Anthropology in Context: The Image of God, Assimilation to God, and Tripartite Man in Ancient Judaism, Ancient Philosophy and Early Christianity* (Tübingen: Mohr Siebeck, 2008); John F. Kilner, *Dignity and Destiny: Humanity in the Image of God* (Grand Rapids, MI: Eerdmans, 2015); Chris Kugler, *Paul and the Image of God* (Lanham, MD: Fortress Academic, 2020). 참고로 학자들은 바울의 하나님의 형상 모티프를 아담 기독론(Adam Christology)과 지혜 기독론(Wisdom Christology)을 중심으로 해석하고 있다. 나는 지혜 기독론이 바울의 신학을 더 잘 설명한다고 생각한다. 그러나 그렇다고 해서 바울이 아담 모티프를 사용하지 않았다는 의미는 아니다. 바울은 오히려 아담 모티프를 적극적으로 사용하면서 예수 그리스도의 신성을 드높인다.

수 그리스도만을 전하고 있습니다. 우리 자신에 대해서는 다만 예수 께서 우리에게 그러하셨듯이 우리도 여러분을 섬기는 종이 되었음을 알릴 뿐입니다. ⁶ '어둠 속에서 빛이 있으라'고 하신 하나님(θεὸς) 께서 우리에게 예수 그리스도의 얼굴에 빛나는 하나님의 영광스런 광채(φωτισμὸν)를 깨닫게 해주셨기 때문입니다. (고후 4:4-6 『현대어 성경』)[28]

보다시피 창세기에 등장하는 중요한 모티프들이 다섯 개나 등장함을 알 수 있다. (1) 하나님의 형상 모티프, (2) 원수 모티프, (3) 신 모티프, (4) 빛 모티프, (5) 눈 모티프.

모티프	고린도후서 본문	창세기 사건
하나님의 형상	예수님께서 하나님의 형상이심	아담과 하와가 하나님의 형상으로 창조됨
원수	이 세상의 악한 신이 사람에게 역사함	뱀이 아담과 하와의 타락에 개입함
신	하나님과 세상의 신이 적대 구도로 나타남	아담과 하와는 신이 되고자 선악과를 먹음
빛	하나님께서 빛을 창조하심	아담과 하와가 빛을 잃음
눈	사람이 복음의 빛을 보지 못함	아담과 하와가 서로의 벌거벗음을 봄

---

28 "모습"을 "형상"으로 고쳐 인용함.

고린도후서를 살펴봤으니, 이번에는 골로새서 1:15-20을 자세히 살펴보자.

> [15] 그 아들은 보이지 않는 하나님의 형상이시요, 모든 피조물보다 먼저 나신 분이십니다. [16] 만물이 그분 안에서 창조되었습니다. 하늘에 있는 것들과 땅에 있는 것들, 보이는 것들과 보이지 않는 것들, 왕권이나 주권이나 권력이나 권세나 할 것 없이, 모든 것이 그분으로 말미암아 창조되었고, 그분을 위하여 창조되었습니다. [17] 그분은 만물보다 먼저 계시고, 만물은 그분 안에서 존속합니다. [18] 그분은 교회라는 몸의 머리이십니다. 그는 근원이시며, 죽은 사람들 가운데서 제일 먼저 살아나신 분이십니다. 이는 그분이 만물 가운데서 으뜸이 되시기 위함입니다. [19] 하나님께서는 그분의 안에 모든 충만함을 머무르게 하시기를 기뻐하시고, [20] 그분의 십자가의 피로 평화를 이루셔서, 그분으로 말미암아 만물을, 곧 땅에 있는 것들이나 하늘에 있는 것들이나 다, 자기와 기꺼이 화해시켰습니다. (골 1:15-20)

또다른 바울서신인 골로새서 본문을 살펴보아도 역시나 창세기에 등장하는 중요한 모티프들이 등장함을 알 수 있다. (1) 창조 모티프, (2) 하나님의 형상 모티프, (3) 주권 모티프, (4) 생명 모티프, (5) 죽음 모티프.

모티프	골로새서 본문	창세기 사건
창조	만물이 예수님 안에서 창조됨	하나님께서 천지 만물을 창조하심
하나님의 형상	예수님은 보이지 않는 하나님의 형상이심	아담과 하와가 하나님의 형상으로 만들어짐
주권	예수님은 만물의 주인이자 교회의 머리이심	아담과 하와가 동물들을 다스리는 주권을 받음
생명	예수님께서 만물을 하나님과 화해시킴으로 이들을 살리심	아담과 하와는 생명나무의 열매를 통해 영생으로 초대받음
죽음	예수님은 죽은 사람들 가운데서 제일 먼저 살아난 분이심	선악과를 먹은 아담과 하와는 죽음을 맞이하게 됨

예수님을 하나님의 형상으로 특정하는 구절에 창세기 사건에 사용된 여러 가지 모티프들이 함께 등장한다. 우리는 여기에서 중요한 질문 하나를 마주하게 된다.

어째서 바울은 예수님을 하나님의 형상으로 특정한 것일까? 또한 어째서 그는 창세기 사건에 등장하는 다수의 모티프들을 함께 사용한 것일까? 혹시 구약의 하나님의 형상(=아담)과 신약의 하나님의 형상(=예수님) 사이에 어떤 독특한 관계가 있음을 알리기 위함은 아닐까? 나는 바울의 **마지막 아담론**이 이 질문에 대한 답을 찾는 실마리를 제공한다고 생각한다.

마지막 아담이신 예수님

구약성경을 잘 알고 있었던 바울은 아담이 하나님의 형상으로 지음 받았다는 점도 잘 알고 있었다. 그런데도 바울은 예수님을 하나님의 형상으로 지칭한다. 이는 아담과 예수님 사이에 유의미한 관계가 형성되어 있음을 알리는 장치이다. 이와 같은 해석은 바울이 예수님을 "마지막 아담"으로 소개하는 고린도전서 15:45을 통해 지지를 받는다.

> 성경에 "첫 사람 아담은 산 영이 되었다"고 기록한 바와 같이, 마지막 아담은 생명을 주시는 영이 되셨습니다. (고전 15:45)

바울은 예수님을 "마지막 아담"으로 부르고 있다. 그리고 "첫 사람 아담"과 "마지막 아담"이신 예수님을 비교하고 있다. "첫 사람 아담"이 하나님께서 주시는 생령으로 인해 살아난 영이라면, "마지막 아담"이신 예수님은 사람을 살리시는 영이시다. 이러한 비교 구도는 바울이 창세기의 모티프—아담을 하나님의 형상으로 부르는 모티프—를 채용해 예수님을 "하나님의 형상"으로 언급한 이유를 이해하도록 돕는다. 첫 사람 아담(= 옛 인류의 조상인 하나님의 형상)이 일으킨 무질서를 마지막 아담이신 예수님(= 새 인류의 창시자인 하나님의 형상)께서 상쇄하신다. 이러한 독법은 예수님께서 창세기 사건의 결과를 전복시키실 "여자의 후손"이라는 점과 유의미하게 연결된다.

무질서의 전복자, 예수님

창세기 사건을 떠올려보자. 하나님께서 천지를 창조하셨다(신, 창조 모티프). 하나님의 피조물들 가운데 으뜸은 사람, 곧 하나님의 형상으로 만들어진 사람이었다(하나님의 형상 모티프). 하나님께서는 사람에게 동물을 다스리는 주권을 허락하셨고, 생명나무의 실과를 먹게 하셨으며, 하나님의 빛을 반사하는 특권, 그래서 빛의 옷을 입는 특권을 주셨다(주권, 생명, 빛 모티프). 그래서 하나님의 형상들은 벌거벗고 있었지만 서로의 부끄러움을 볼 수 없었다. 하루는 뱀이 하나님의 형상들을 찾아와 "선악과를 먹으면 하나님처럼 될 수 있다"라고 유혹했다(원수 모티프). 이때 그들에게는 동물을 다스릴 수 있는 주권이 있었으므로 마땅히 뱀을 다스려야 했다. 하지만 하나님의 형상들은 하나님처럼 되고자 선악과를 먹었다. 그 결과 여러 가지 부정적인 일들이 발생했다. 하나님의 형상들은 빛의 옷을 잃어버렸고, 서로의 부끄러움을 보게 되었다(눈 모티프). 그리고 더 이상 생명나무의 실과를 먹지 못하게 되므로 죽음을 맞이하게 되었다(죽음 모티프).

이제 신약이 약속하는 그리스도 사건을 보자. 예수님께서 당신 안에서 피조물을 창조하셨다(신, 창조 모티프). 하지만 아담의 죄로 인해 피조물 가운데 무질서가 찾아왔다. 예수님께서는 무질서를 해결하기 위해 하나님의 형상으로 성육신하셨다(하나님의 형상 모티프). 그리고 십자가 사건을 통해 무질서를 해결하심으로 새 인류에게 피조물을 다스릴 수 있는 주권, 생명나무의 열매, 그리고 당신의 빛을 입을 수 있는 특권이 회복되는 길을 열어 주셨다(주권, 생명, 빛 모티프). 그리고 예수님께서는 마지막 날에 뱀, 곧 적그리스도의 세력을 온전히 밟으심으로써 새 하늘과 새 땅을 이루실 것이다(원수 모티프). 그때 우리는 하나님의 영광을 볼 것이고, 죽음을 이길 것이다(눈, 죽음 모티프).[29]

이와 같은 세기의 전복이 일어날 수 있었던 이유는 첫 사람 아담과 마지막 아담 사이에 있는 결코 무시할 수 없는 차이 때문이다. 전자는 낙서가 묻었던 죄인이었던 반면, 후자는 낙서가 없는 의로운 신인(神人)이었다. 즉, 후자는 전자의 낙서를 대신 짊어질 수 있는 의로운 신인이자 전자의 자리에서 대신 죽어줄 수 있는, 곧 전자의 무질서를 질서로 바꿀 수 있는 의로운 신인이었다. 그 의로운 신인의 사랑과 은혜, 그리고 고귀한 헌신으로 인해 하나님의 속죄 공식이 만족되었고, 인간의 문제가 해결될 수 있는 유일무이한 길이 열렸다. 골로새서 1:15-20은 이와 같은 개념을 아름답게 담고 있다.

> [15] 그 아들은 보이지 않는 하나님의 형상이시요, 모든 피조물보다 먼저 나신 분이십니다. [16] 만물이 그분 안에서 창조되었습니다. 하늘에 있는 것들과 땅에 있는 것들, 보이는 것들과 보이지 않는 것들, 왕권이나 주권이나 권력이나 권세나 할 것 없이, 모든 것이 그분으로 말미암아 창조되었고, 그분을 위하여 창조되었습니다. … [20] 그분의 십자가의 피로 평화를 이루셔서, 그분으로 말미암아 만물을, 곧 땅에 있는 것들이나 하늘에 있는 것들이나 다, 자기와 기꺼이 화해시켰습니다. (골 1:15-20)

---

29 본장에 있는 「요한계시록이 소개하는 예수님」을 보라.

그렇다. 바울의 신학에 따르면 예수님은 단순한 구원자가 아니다. 예수님은 망가진 옛 인류를 새롭게 소생시키실 새 인류의 창시자이고 어두운 옛 인류에게 빛을 주실 새 인류의 소망이다.

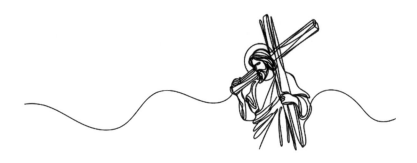

요한계시록이 소개하는 예수님

다섯 가지 모티프

많은 학자들이 오랫동안 주장해 왔듯이, 요한계시록에는 창세기 사건의 모티프가 다양하게 등장한다. 이는 신약과 구약을 유기적으로 연결된 특별 계시로 믿는 우리에게 지극히도 합당한 구조이다. 특별 계시의 첫 책이 소개한 사건을 특별 계시의 마지막 책이 종결

짓기 때문이다. 그러므로 요한계시록이 전복시키고 있는 창세기 사건의 모티프들을 일일이 찾아 공부하는 일은 상당히 흥미로운 작업이 될 것이다. 하지만 각각의 모티프들은 신학적으로 매우 방대하고 오묘한 의미를 담고 있으므로 본서의 마지막 장에서 깊이 다루기가 어렵다. 아쉽지만 몇 개의 모티프를 선별하여 간략하게 알아보는 방법을 취하기로 한다. 우리가 살펴볼 모티프는 다음과 같다. (1) 짐승 모티프, (2) 여자의 후손 모티프, (3) 승리자 모티프, (4) 생명나무 모티프, (5) 다스림 모티프.

먼저 짐승 모티프부터 살펴보자.

짐승 모티프

요한계시록은 하나님을 대적하는 세력을 가리켜 "짐승"(θηρίον)으로 표현한다. 요한계시록 13장을 보자.

[1] 나는 바다에서 짐승 하나가 올라오는 것을 보았습니다. 그 짐승은 뿔 열과 머리 일곱이 달려 있었는데, 그 뿔 하나하나에 왕관을 쓰고 있고, 그 머리 하나하나에는 하나님을 모독하는 이름이 붙어 있었습니다. [2] 내가 본 그 짐승은 표범과 비슷한데, 그 발은 곰의 발과 같고, 그 입은 사자의 입과 같았습니다. 그 용이 자기 힘과 왕위와 큰 권세를 이 짐승에게 주었습니다. [3] 그 머리들 가운데 하나는 치명상을 입은 듯하였습니다. 그러나 그 치명적인 상처가 나으니, 온 세상은 놀

라서 그 짐승을 따라갔습니다. ⁴ 용이 그 짐승에게 권세를 주니, 사람들은 그 용에게 경배하였습니다. 또 그들은 "누가 이 짐승과 같으랴? 누가 이 짐승과 맞서서 싸울 수 있으랴?" 하고 말하면서, 그 짐승에게 경배하였습니다. ⁵ 그 짐승은, 큰소리를 치며 하나님을 모독하는 말을 하는 입을 받고, 마흔두 달 동안 활동할 권세를 받았습니다. ⁶ 그 짐승은 입을 열어서 하나님을 모독하였으니, 하나님의 이름과 거처와 하늘에 사는 이들을 모독하였습니다. ⁷ 그 짐승은 성도들과 싸워서 이길 것을 허락받고, 또 모든 종족과 백성과 언어와 민족을 다스리는 권세를 받았습니다. ⁸ 그러므로 땅 위에 사는 사람 가운데서, 죽임을 당한 어린 양의 생명책에 창세 때부터 이름이 기록되어 있지 않은 사람은, 모두 그에게 경배할 것입니다. ⁹ 귀가 있는 사람은 들으십시오. ¹⁰ "사로잡혀 가기로 되어 있는 사람이면, 사로잡혀 갈 것이요, 칼에 맞아서 죽임을 당하기로 되어 있는 사람이면, 칼에 맞아서 죽임을 당할 것이다." 여기에 성도들의 인내와 믿음이 필요합니다. ¹¹ 나는 또 땅에서 다른 짐승 하나가 올라오는 것을 보았습니다. 그것은 어린 양처럼 뿔이 둘 있고, 용처럼 말을 하였습니다. ¹² 이 짐승은 첫째 짐승이 가진 모든 권세를 그 첫째 짐승을 대신하여 행사하였습니다. 이 짐승은, 땅과 땅 위에 사는 모든 사람들로 하여금 치명상에서 나음을 받은 그 첫째 짐승에게 절하게 하였습니다. ¹³ 또 그 짐승은 큰 기적들을 행하였는데, 사람들이 보는 앞에서 하늘에서 불이 땅에 내려오게도 하였습니다. ¹⁴ 그리고 그 첫째 짐승을 대신해서 행하도록 허락받은 그 기적들을 미끼로 해서 땅 위에 사는 사람들을 미혹하였습니다. 땅 위에 사는 사람들에게, 칼에 맞아서 상처를 입고서도 살아난 그 짐승을 위하여 우상을 만들라고 말하였습니다. ¹⁵ 그리고 둘째 짐승이 능력을 받아서 첫째 짐승의 우상에게 생기를 넣어 주고, 그 짐승의 우상으로 하여금 말을 하게도 하고, 또 우상에게 경배하지 않는 사람은 모두 죽임을 당하게도 하였습니다. ¹⁶ 또 작은 자나 큰 자나, 부자나 가난한 자나, 자유인이나 종이나 할 것 없이, 다 그들의 오른손이나 이마에 표를 받게 하였습니다. ¹⁷ 누구든지 이 표를 가진 사람, 곧 그 짐승의 이름이나, 그 이름을 나타내는 숫자로 표가 찍힌 사람이 아니면, 아무도 팔거나 사거나 할 수 없게 하였습니다. ¹⁸ 여기에 지혜가 필요합니다. 지각이 있는 사람은 그 짐승을 상징하는 숫자를 세어 보십시오. 그 수는 어떤 사람을 가리키는데, 그 수는 육백 육십육입니다. (계 13:1-18)

어째서 요한은 "짐승"(θηρίον)이라는 표현을 사용해 적그리스도의 세력을 묘사한 것일까? 요한이 창세기의 모티프를 사용한 부분이 많다는 점을 기억할 때, 여기서 우리는 무시할 수 없는 연결점을 발견하게 된다. 창세기의 증언에 따르면 뱀은 "들짐승"(חיה)으로 특정된다(창 3:1, 14). 같은 본문을 칠십인역(LXX)로 보면 역시 들짐승을 의미하는 헬라어(θηρίον)가 뱀을 지칭하기 위해 사용되었다.

뱀은, 주 하나님이 만드신 모든 들짐승 가운데서 가장 간교하였다 (Ὁ δὲ ὄφις ἦν φρονιμώτατος πάντων τῶν θηρίων τῶν ἐπὶ τῆς γῆς).

따라서 적그리스도의 세력을 "짐승"으로 표현한 이유는 곧 여자의 후손으로 오신 예수님께서 뱀의 머리, 곧 짐승의 급소를 가격하실 분임을 나타내는 장치로 볼 수 있다.[30] 이러한 독법은 예수님을 여자의 후손으로 묘사하는 구절로 우리를 인도한다.

여자의 후손 모티프

요한계시록 12장이 예수님을 가리켜 "여자의 후손"으로 그리고 있다는 점은 매우 중요하다.

> [1] 그리고 하늘에 큰 표징이 나타났는데, 한 여자가 해를 둘러 걸치고, 달을 그 발 밑에 밟고, 열두 별이 박힌 면류관을 머리에 쓰고 있었습니다. [2] 이 여자는 아이를 배고 있었는데, 해산의 진통과 괴로움으로 울고 있었습니다. [3] 또 다른 표징이 하늘에서 나타났습니다. 머리 일곱 개와 뿔 열 개가 달린 커다란 붉은 용 한 마리가 있는데, 그 머리에는 왕관을 일곱 개 쓰고 있었습니다. [4] 그 용은 그 꼬리로 하늘의 별 삼분의 일을 휩쓸어서, 땅으로 내던졌습니다. 그 용은 막 해산하려고 하는 그 여자 앞에 서서, 그 여자가 아기를 낳기만 하면 삼켜 버리려고 노리고 있었습니다. [5] 마침내 그 여자는 아들을 낳았습니다. 그 아기는 장차 쇠지팡이로 만국을 다스리실 분이었습니다. 별안간

---

30 Andrew D. Naselli, *The Serpent and the Serpent Slayer* (Wheaton, IL: Crossway, 2020)을 참고하라.

그 아기는 하나님께로, 곧 그분의 보좌로 이끌려 올라갔고, 6 그 여자는 광야로 도망을 쳤습니다. 거기에는 천이백육십 일 동안 사람들이 그 여자를 먹여 살리도록 하나님께서 마련해 주신 곳이 있었습니다. 7 그때에 하늘에서 전쟁이 일어났습니다. 미가엘과 미가엘의 천사들은 용과 맞서서 싸웠습니다. 용과 용의 부하들이 이에 맞서서 싸웠지만, 8 당해 내지 못하였으므로, 하늘에서는 더 이상 그들이 발 붙일 자리가 없었습니다. 9 그래서 그 큰 용, 곧 그 옛 뱀은 땅으로 내쫓겼습니다. 그 큰 용은 악마라고도 하고, 사탄이라고도 하는데, 온 세계를 미혹하던 자입니다. 그 용의 부하들도 그와 함께 땅으로 내쫓겼습니다. 10 그때에 내가 들으니, 하늘에서 큰 음성이 이렇게 울려 나왔습니다. "이제 우리 하나님의 구원과 권능과 나라가 이루어지고 하나님이 세우신 그리스도의 권세가 나타났다. 우리의 동료들을 헐뜯는 자, 우리 하나님 앞에서 밤낮으로 그들을 헐뜯는 자가 내쫓겼다. 11 우리의 동료들은 어린 양이 흘린 피와 자기들이 증언한 말씀을 힘입어서 그 악마를 이겨 냈다. 그들은 죽기까지 목숨을 아끼지 않았다. 12 그러므로 하늘아, 그리고 그 안에 사는 자들아, 즐거워하여라. 그러나 땅과 바다는 화가 있다. 악마가, 자기 때가 얼마 남지 않은 것을 알고, 몹시 성이 나서 너희에게 내려갔기 때문이다." 13 그 용은 자기가 땅으로 내쫓겼음을 알고, 남자 아이를 낳은 그 여자를 쫓아갔습니다. 14 그러나 그 여자는 큰 독수리의 두 날개를 받아 가지고 광야에 있는 자기 은신처로 날아가서, 거기에서 뱀을 피해서, 한 때와 두 때와 반 때 동안 부양을 받았습니다. 15 그 뱀은 그 여자의 등 뒤에다가 입에서 물을 강물과 같이 토해 내서, 강물로 그 여자를 휩쓸어 버리려고 하였습니다. [16] 그러나 땅이 그 여자를 도와주니, 땅이 입을 벌려서, 용이 입에서 토해 낸 강물을 삼켰습니다. [17] 그래서 그 용은 그 여자에게 노해서, 그 여자의 남아 있는 자손, 곧 하나님의 계명을 지키며 예수의 증언을 간직하고 있는 사람들과 싸우려고 떠나갔습니다. [18] 그 때에 그 용이 바닷가 모래 위에 섰습니다. (계 12:1-18)

아델라 야브로 콜린스(Adela Yarbro Collins)의 연구[31]로 인해, 다수의 학자들은 요한계시록 12장이 파이썬-레토-아폴로 신화의 모티프를 각색하여 채용했다고 본다. 파이썬-레토-아폴로 신화에 따르면 커다란 구렁이 파이썬이 신의 아들인 아폴로를 임신한 레토 여신을 죽이려고 쫓지만 결국에는 실패한다. 그리고 훗날에 파이썬은 아폴로에 의해 죽임을 당한다. 이처럼 신화의 내용과 요한계시록 본문의 내용 사이에는 무시할 수 없는 공통 모티프가 등장한다.

그러나 우리는 공통 모티프를 찾는 데서 멈추지 말고 그 모티프가 요한계시록에 사용된 의도를 파악해야 한다. 내 판단에 의하면, 요한계시록이 파이썬-레토-아폴로 신화를 채용한 이유는 바로 창세기 3장에 등장하는 뱀-하와-여자의 후손 모티프를, 유대인 독자들과 이방인 독자들—헬라 신화에 잠식되어 있던 독자들—에게 전달하기 위함이다.

---

31 Adela Yarbro Collins, *The Combat Myth in the Book of Revelation* (Missoula, MT: Scholars Press, 1976).

유대인 일차 독자:

(1) 붉은 용 → 뱀, (2) 아이를 밴 여인 → 하와, (3) 아이 → 여자의 후손

이방인 일차 독자:

(1) 붉은 용 → 파이썬(= 뱀), (2) 아이를 밴 여자 → 레토(= 하와), (3) 아이 → 아폴로(= 여자의 후손)

이를 기억하며 창세기 3장을 살펴보자.

> [14] 주 하나님이 뱀에게 말씀하셨다. "네가 이런 일을 저질렀으니, 모든 집짐승과 들짐승 가운데서 네가 저주를 받아, 사는 동안 평생토록 배로 기어다니고, 흙을 먹어야 할 것이다. [15] 내가 너로 여자와 원수가 되게 하고, 너의 자손을 여자의 자손과 원수가 되게 하겠다. 여자의 자손은 너의 머리를 상하게 하고, 너는 여자의 자손의 발꿈치를 상하게 할 것이다." (창 3:14-15)

이 본문을 보면, 요한계시록 12장에 사용된 모티프를 찾을 수 있다: (1) 붉은 용 → 뱀, (2) 아이를 밴 여인 → 하와, (3) 여자의 아이 → 여자의 후손.[32] 이와 같은 공통점은 창세기 3장의 내용이 요한계

---

32 나는 계시록에 등장하는 "붉은 용"이 창세기 3장의 "뱀", "아이를 밴 여인"이 "하와", "여자의 아이"가 "여자의 후손"이라고 주장하는 것이 아니다. 단지 두 본문에 등장하는 공통 모티프를 연결하는 것뿐이다.

시록 12장을 해석하는 데 유의미하게 개입될 수 있음을 의미한다.[33] 이를 고려하며 요한계시록 본문을 살펴본다면 예수님께서 창세기가 예언한 "여자의 자손"의 역할을 감당하는 분임을 알 수 있다. 이러한 독법은 예수님을 짐승의 세력, 곧 뱀의 머리를 괴멸하는 승리자로 묘사하는 구절로 우리를 이끈다.

승리자 모티프

요한계시록은 예수님을 가리켜 절대적인 힘과 능력으로 짐승의 세력들을 멸절하시는 승리자로 묘사한다.

> [19:11] 나는 또 하늘이 열려 있는 것을 보았습니다. 거기에 흰 말이 있었는데, '신실하신 분', '참되신 분'이라는 이름을 가지신 분이 그 위에 타고 계셨습니다. [12] 그의 눈은 불꽃과 같고, 머리에는 많은 관을 썼는데, 그분밖에는 아무도 알지 못하는 이름이 그의 몸에 적혀 있었습니다. [13] 그는 피로 물든 옷을 입으셨고, 그의 이름은 '하나님의 말씀'이라고 하였습니다. [14] 그리고 하늘의 군대가 희고 깨끗한 모시 옷을 입고, 흰 말을 타고, 그를 따르고 있었습니다. [15] 그의 입에서 날카로운 칼이 나오는데, 그는 그

---

33 다시 한번 반복하지만, 창세기의 근접 및 원격 문맥은 "여자의 후손"을 반드시 메시아적 독법(protoevangelium)으로 읽어야 한다는 근거를 제공하지 않는다. 하지만 신약성경은 "여자의 후손"이 해야 할 일을 예수님께서 이루셨다는 가르침을 전해준다.

것으로 모든 민족을 치실 것입니다. 그는 친히 쇠지팡이를 가지고 모든 민족을 다스리실 것이요, 전능하신 하나님의 맹렬하신 진노의 포도주 틀을 밟으실 것입니다. [16] 그의 옷과 넓적다리에는 '왕들의 왕', '군주들의 군주'라는 이름이 적혀 있었습니다. … [19] 또 나는 짐승과 세상의 왕들과 그 군대들이, 흰 말을 타신 분과 그의 군대에 대항해서 싸우려고 모여 있는 것을 보았습니다. [20] 그러나 그 짐승은 붙잡혔고, 또 그 앞에서 기이한 일들을 행하던 그 거짓 예언자도 그와 함께 붙잡혔습니다. 그는 짐승의 표를 받은 자들과 그 짐승 우상에게 절하는 자들을 이런 기이한 일로 미혹시킨 자입니다. 그 둘은 산 채로, 유황이 타오르는 불바다로 던져졌습니다. (계 19:11-20)

[20:7] 천 년이 끝나면 사탄은 옥에서 풀려 나서, [8] 땅의 사방에 있는 민족들, 곧 곡과 마곡을 미혹하려고 나아갈 것입니다. 그리고 전쟁을 하려고 그들을 모을 것인데, 그들의 수는 바다의 모래와 같을 것입니다. [9] 그들은 지면으로 올라와서, 성도들의 진과 하나님께서 사랑하시는 도시를 둘러쌌습니다. 그러나 하늘에서 불이 내려와서 그들을 삼켜 버렸습니다. [10] 그들을 미혹하던 악마도 불과 유황의 바다로 던져졌는데, 그곳은 그 짐승과 거짓 예언자가 있는 곳입니다. 거기에서 그들은 영원히, 밤낮으로 고통을 당할 것입니다. (계 20:7-10)

사도 요한은 적그리스도의 세력을 "짐승"(θηρίον)으로 묘사하는 데서 그치지 않고, 여자의 후손으로 오신 예수님께서 짐승을 완전히 패배시키는 모습까지 담고 있다. 아담은 뱀의 머리를 밟지 못했다. 그러나 여자의 후손으로 오신 예수님께서 뱀의 머리를 온전히 밟으실 것이다. 예수님께서 짐승들의 세력을 궤멸시키는 그날, 하나님의 형상과 뱀 사이에 일그러졌던 질서는 다시 회복될 것이다. 캐시 레이머(Kathie Reimer)의 말을 들어보자.

> 요한계시록은 세상의 구주이시며 전능하신 하나님이신 예수님에 관한 책이다. 요한계시록은 또한 우리 주님께서 언제 어떻게 다시 오셔서 마귀를 이기시고 영원히 승리하실지에 관한 책이기도 하다.[34]

이제 우리는 사도 요한이 "아멘. 오십시오, 주 예수님!"(계 22:20)이라는 감격스러운 표현으로 요한계시록의 대미를 장식한 이유에 충분히 공감할 수 있게 되었다.

생명나무 모티프

앞서 언급했듯이, 창세기에 등장하는 생명나무(τὸ ξύλον τῆς ζωῆς; 창 2:9; 3:22, 24) 모티프는 요한계시록에도 등장한다(τὸ ξύλον τῆς ζωῆς [계 2:7; 22:14, 19]; ξύλον ζωῆς [22:2]).[35]

---

34 Kathie Reimer, *1001 Ways to Introduce Your Child to the Bible* (Nashville, TN: B&H, 2002), 313.
35 본서 제9장을 보라.

"귀가 있는 사람은, 성령이 교회들에 하시는 말씀을 들어라. 이기는 사람에게는, 내가 하나님의 낙원에 있는 생명나무의 열매를 주어서 먹게 하겠다." (계 2:7)

창세기 3장에 의하면 하나님은 아담과 하와, 그리고 그의 후손들이 생명과를 먹지 못하도록 생명나무로 향하는 길을 막으셨다.

> 22 주 하나님이 말씀하셨다. "보아라, 이 사람이 우리 가운데 하나처럼, 선과 악을 알게 되었다. 이제 그가 손을 내밀어서, 생명나무의 열매까지 따서 먹고, 끝없이 살게 하여서는 안 된다." 23 그래서 주 하나님은 그를 에덴 동산에서 내쫓으시고, 그가 흙에서 나왔으므로 흙을 갈게 하셨다. 24 그를 쫓아내신 다음에 에덴 동산의 동쪽에 그룹들을 세우시고 빙빙도는 불칼을 두셔서, 생명나무에 이르는 길을 지키게 하셨다. (창 3:22-24)

그런데 요한계시록 본문에 따르면, 바로 예수님께서 생명나무로 향하는 길을 다시 열어 주신다. 이것이 무슨 뜻일까? 창세기 사건이 해결되었다는 의미이다. 어떻게 그럴 수 있을까? 창세기의 예언처럼 하나님의 형상(=첫 사람 아담)이 일으킨 무질서를 하나님의 형상(=마지막 아담)이 상쇄하셨기 때문이다. 그리고 이사야의 예언처럼 하나님의 형상(=첫 사람 아담)이 일으킨 범죄의 대가를 하나님의 형상(=마지막 아담)이 받으셨기 때문이다.

⁵ 그러나 그가 찔린 것은 우리의 허물 때문이고, 그가 상처를 받은 것은 우리의 악함 때문이다. 그가 징계를 받음으로써 우리가 평화를 누리고, 그가 매를 맞음으로써 우리의 병이 나았다. ⁶ 우리는 모두 양처럼 길을 잃고, 각기 제 갈 길로 흩어졌으나, 주님께서 우리 모두의 죄악을 그에게 지우셨다. (사 53:5-6)

그렇다. 예수님의 대속적 죽음으로 인해 "우리가 평화를 누리고 … 우리의 병이 나았다." 예수 그리스도의 고귀한 사역으로 인해 하나님과 하나님의 형상 사이를 가로 막고 있었던 무질서가 질서로 바뀌었고, 하나님의 형상들에게 닫혀 있었던 생명나무의 길이 다시 열렸다. 그리고 이 모든 것은 예수 그리스도의 사랑과 은혜로 인한 크나큰 축복이다.

다스림 모티프

끝으로 창세기에 등장하는 다스림 모티프가 요한계시록에도 등장한다는 점은 매우 감동적이다. 요한계시록 21:23-22:5을 보자.

^{21:23} 그 도성에는, 해나 달이 빛을 비출 필요가 없습니다. 그것은, 하나님의 영광이 그 도성을 밝혀 주며, 어린 양이 그 도성의 등불이시기 때문입니다. ²⁴ 민족들이 그 빛 가운데로 다닐 것이요, 땅의 왕들이 그들의 영광을 그 도성으로 들여올 것입니다. ²⁵ 그 도성에는 밤이

없으므로, 온종일 대문을 닫지 않을 것입니다. … ²²:⁵ 다시는 밤이 없고, 등불이나 햇빛이 필요 없습니다. 그것은 주 하나님께서 그들을 비추시기 때문입니다. 그들은 영원무궁 하도록 다스릴 것(βασιλεύσουσιν)입니다. (계 21:23-22:5)

이 본문에 따르면 새 하늘과 새 땅은 하나님의 빛이 찬란하게 비치는 세상이다. 왜냐하면 하나님의 영광인 예수 그리스도께서 새 인류의 빛이 되시기 때문이다. 그리고 성도들은 그 빛을 옷으로 입을 것이다.

그런데 창세기 모티프를 충분히 고려하지 않고 요한계시록 22:5을 읽는다면, 다스림 모티프(βασιλεύσουσιν)가 등장하는 이유를 정확히 이해할 수 없다. 단순한 문맥적 읽기에 따르면 다스림 모티프가 갑자기 툭 튀어나온 것처럼 보이기 때문이다. 하지만 창세기 사건을 기억하고 해당 본문을 본다면 다스림 모티프의 등장이 매우 적합하게 보인다.

창세기의 증언에 따르면 하나님께서 인간을 당신의 형상으로 창조하신 후에 그들에게 다스림의 기능을 부여하셨다(창 1:26, 28).[36] 다스림은 하나님의 형상이 동물들을 향해 수행할 수 있는 권리였다. 그러나 하나님의 형상들은 선악과 사건으로 인해 다스림의 능력을 상실했고, 그 결과 그들과 짐승 사이에 무질서가 찾아왔다.

요한계시록에 등장하시는 예수님께서는 사람의 아들, 여자의 후

---

36 본서 제2장을 보라.

손, 하나님의 형상으로 그 무질서를 전복시키신다. 예수님께서 그 일을 온전히 이루시는 날, 세상을 가득 채우고 있는 무질서는 종식될 것이며, 하나님의 형상들은 회복된 피조계를 "영원무궁 하도록 다스릴 것"이다.

맺으며

지금까지 우리는 본서 제1장부터 제9장까지 나누었던 핵심 내용을 예수 그리스도의 사역을 통해 조명했다. 살펴본 바에 따르면 신약성경이 계시하는 예수님―진흙을 만드시는 예수님, 생명의 기운을 불어넣으시는 예수님, 두 천사 사이에 누우셨던 예수님, 하나님의 형상인 예수님, 요한계시록이 소개하는 예수님―은 창세기 사건을 상쇄할 수 있는 하나님의 궁극적인 해결책이다. 신약성경의 저자들은 예수님을 무질서의 전복자, 뱀을 밟으실 승리자, 옛 인류의 구원자, 새 인류의 창조자, 그리고 새 하늘과 새 땅의 빛으로 고백함으로써 하나님의 해결책을 기쁘게 받아들였다. 그리고 앞으로 반드시 도래할 새 하늘과 새 땅을 고대하며 예수님을 온전히 믿고 따랐다. 초대교회 성도들에게 있어서 예수님은 절대적으로 필요한 구원자요, 목숨을 걸고 따라야 할 주인이며, 온 맘 다해 사랑해야 할 하나님이셨다.

아담의 후손들이여, 우리도 마찬가지이다. 우리에게도 예수님이 반드시 필요하다. 우리의 자녀들에게도 예수님이 반드시 필요하다. 우리의 이웃들에게도 예수님이 반드시 필요하다. 우리가 사는 세상에도 예수님이 반드시 필요하다. 그래서 하나님의 초대는 오늘도 우리를 향해 열려있다. 그러니 그 초대에 온전히 응하자. 예수님께서 우리의 정체성을 소생시켜 주시고 우리의 직분을 회복시켜 주실 것이다.

사람이 창조된 목적

연필 하나가 책상 위에 놓여 있다고 가정하자. 책상 앞에는 연필을 처음 보는 영수가 있다. 호기심이 발동한 영수는 연필이 무엇에 쓰는 도구인지 알고 싶어서 연필을 이리저리 살펴본다. 하지만 답이 나오지 않는다. 그래서 그는 다른 사람들이 연필을 어떻게 사용하는지를 관찰한다. 안타깝게도 답은 여전히 멀리 있다. 연필이 다른 목적을 위해 사용되는 사례들이 관찰되었기 때문이다. 누구는 연필을 필기 도구로 사용했다. 누구는 연필을 젓가락으로 사용했다. 누구는 연필을 공격용 무기로 사용했다. 누구는 연필을 도박의 도구로 사용했다. 결국 영수는 연필의 목적을 특정하지 못한 채 여러 가지 경우의 수들을 놓고 고민하고 있다.

위에 소개한 이야기는 극단적인 상황을 가정한 예이다. 그렇지만 "사람은 무엇인가?"라는 질문 앞에서 길을 잃은 현대인의 모습을 잘 반향하고 있다. "인간은 무엇인가?", "인간은 어디에서 왔는가?", "인간은 어디로 가는가?", "인간은 왜 오늘을 살고 있는가?" 다수의 사람들이 이 질문들의 답을 찾고자 노력하지만, 그 답은 쉽게 발견되지 않는다. 타인의 삶을 관찰하는 방법은 우리를 더 깊은 미궁 속으로 끌고 간다. 우리의 주변에는 창조의 목적대로 살지 않고 있는 사람들이 많아도 너무 많기 때문이다. 돈을 더 많이 벌어야 한다는 일념으로 살아가는 사람, 명예를 더 많이 쌓아야 한다는 일념으로 살아가는 사람, 쾌락을 더 즐겨야 한다는 일념으로 살아가는 사람들은, 마치 목적대로 사용되지 않는 연필처럼 망망대해를 표류하고 있다. 그렇다면 정답을 찾을 방법은 없는 것일까?

연필의 목적을 가장 빠르고 확실하게 알 수 있는 길이 있다. 연필을 만든 사람에게 물어보는 것이다. 그는 특별한 목적으로 연필을 만들었기 때문에 연필이 무엇에 쓰는 물건인지 잘 알고 있다. 영수가 그에게 연필의 목적에 관해서 묻는다면 분명한 답을 찾을 수 있다. 마찬가지로 사람의 목적을 알기 원한다면 필히 사람을 만든 창조자에게 물어봐야 한다. 창조자께서 특별한 목적을 가지고 우리를 만드셨기 때문이다. 그래서 오직 그분만이 "사람은 무엇인가?"라는 질문에 명확한 정답을 주실 수 있다. 이러한 내용을 기억하며 성경의 첫 장을 편다면 우리에게 속삭이시는 하나님의 뚜렷한 음성을 들을 수 있을 것이다.

너희는 내 형상들이야. 나는 너희가 내 형상으로 기능하게 하려고 너희를 만들었어. 내가 창조한 피조계를 다스리며 나의 영광을 드러내는 일, 그리고 너희의 창조자인 나를 사랑하는 일이 너희가 창조된 목적이야.

하나님의 형상

내가 누구인지를 기억하기 위해 창세기 1-3장을 종종 읽곤 한다. 본문을 천천히 읽어 내려가다 보면 내 눈은 항상 창세기 1:26-27에서 멈춘다.

> [26] 하나님이 말씀하시기를 "우리가 우리의 형상을 따라서, 우리의 모양대로 사람을 만들자. 그리고 그가, 바다의 고기와 공중의 새와 땅 위에 사는 온갖 들짐승과 땅 위를 기어다니는 모든 길짐승을 다스리게 하자" 하시고, [27] 하나님이 당신의 형상대로 사람을 창조하셨으니, 곧 하나님의 형상대로 사람을 창조하셨다. 하나님이 그들을 남자와 여자로 창조하셨다. (창 1:26-27)

내 눈이 창세기 1:26-27에서 멈추는 이유는 1:11부터 반복적으로 나타나는 패턴이 나타나지 않기 때문이다. 아니, 좀 더 구체적으로 말하자면, 11절부터 등장한 패턴과 상당히 다른 패턴이 나타나기 때문이다.

¹¹ 하나님이 말씀하시기를 "땅은 푸른 움을 돋아나게 하여라. 씨를 맺는 식물과 씨 있는 열매를 맺는 나무가 그 **종류대로**(לְמִינוֹ) 땅 위에서 돋아나게 하여라" 하시니, 그대로 되었다. ¹² 땅은 푸른 움을 돋아나게 하고, 씨를 맺는 식물을 그 **종류대로**(לְמִינֵהוּ) 나게 하고, 씨 있는 열매를 맺는 나무를 그 **종류대로**(לְמִינֵהוּ) 돋아나게 하였다. 하나님 보시기에 좋았다. … ²¹ 하나님이 커다란 바다 짐승들과 물에서 번성하는 움직이는 모든 생물을 그 **종류대로**(לְמִינֵהֶם) 창조하시고, 날개 달린 모든 새를 그 **종류대로**(לְמִינֵהוּ) 창조하셨다. 하나님 보시기에 좋았다. … ²⁴ 하나님이 말씀하시기를 "땅은 생물을 그 **종류대로**(לְמִינָהּ) 내어라. 집짐승과 기어다니는 것과 들짐승을 그 **종류대로**(לְמִינָהּ) 내어라" 하시니, 그대로 되었다. ²⁵ 하나님이 들짐승을 그 **종류대로**(לְמִינָהּ), 집짐승도 그 **종류대로**(לְמִינָהּ), 들에 사는 모든 길짐승도 그 **종류대로**(לְמִינֵהוּ) 만드셨다. 하나님 보시기에 좋았다. (창 1:11-25)

보다시피 이 짧은 본문에 "그 종류대로"라는 문장이 무려 10번이나 등장한다. 본문을 집중해서 읽지 않는다고 할지라도 같은 표현이 수없이 반복된다는 점을 인지할 수 있을 정도이다. 이와 같은 패턴에 노출된 독자들은 인간 창조의 문맥에도 동일한 패턴이 나올 것으로 기대하게 된다. "하나님께서 사람을 그 **종류대로** 만드셨다." 그러나 우리의 기대는 이내 빗나간다. 사람은 "그 종류대로"가 아니라 "하나님의 형상대로" 만들어졌기 때문이다.

[26] 하나님이 말씀하시기를 "우리가 우리의 형상을 따라서(בְּצַלְמֵנוּ), 우리의 모양대로(כִּדְמוּתֵנוּ) 사람을 만들자. 그리고 그가, 바다의 고기와 공중의 새와 땅 위에 사는 온갖 들짐승과 땅 위를 기어다니는 모든 길짐승을 다스리게 하자" 하시고, [27] 하나님이 당신의 형상대로(בְּצַלְמוֹ) 사람을 창조하셨으니, 곧 하나님의 형상대로(בְּצֶלֶם אֱלֹהִים) 사람을 창조하셨다. 하나님이 그들을 남자와 여자로 창조하셨다. (창 1:26-27)

이와 같은 탈(脫)패턴의 등장은 창세기 1장을 읽는 독자들에게 매우 중요한 가르침을 준다. 사람은 다른 피조물들과 마찬가지로 하나님에 의해 창조되었지만, 다른 피조물들과는 다른 정체성과 직분을 받았다는 점이다.[1] 그렇다. 사람 역시 피조물이다. 그러나 하나님의 형상대로 만들어진 매우 독특한 피조물이다. 이것은 그 누구도 바꿀 수 없는 자명한 사실이다.

---

1   Catherine L. McDowell, *The Image of God in the Garden of Eden : The Creation of Humankind in Genesis 2:5–3:24 in Light of the* Mīs Pî Pīt Pî *and* Wpt-r *Rituals of Mesopotamia and Ancient Egypt* (Siphrut 15; Winona Lake, IN: Eisenbrauns, 2015), 132–33; idem, "'In the Image of God He Created Them': How Genesis 1:26–27 Defines the Divine-Human Relationship and Why It Matters," in *The Image of God in an Image Driven Age: Explorations in Theological Anthropology* (eds. Beth F. Jones and Jeffrey W. Barbeau; Downers Grove, IL: IVP Academic, 2016), 29–46 (38)을 참고하라.

제한된 기능

하지만 선악과 사건으로 인해 우리가 하나님의 형상으로 기능할 수 있는 범위가 제한되었다. 우리가 하나님의 형상으로 온전히 기능하게 될 날은 재림하신 예수님께서 회복 사역을 완성하실 미래이다. 하지만 그렇다고 해서 우리가 하나님의 형상이라는 사실이 변하는 것은 아니다. 우리는 여전히 하나님의 형상이고, 앞으로도 하나님의 형상이다. 그러므로 우리는 과거(선악과 사건)에만 머물거나 혹은 미래(도래할 회복 사역)만 기다려서는 안 된다. 그 대신 과거와 현재를 연결하는 십자가 사건을 기억하며 오늘을 살아내야 한다. 우리가 하나님의 형상으로 할 수 있는 일을 찾아 오늘을 살아내야 한다는 의미이다. 아무리 제한이 따른다고 할지라도 말이다. 그렇다면 우리가 지금 하나님의 형상으로서 할 수 있는 일은 무엇이 있을까? 나는 이 질문에 대한 답으로 네 가지 지침을 소개하고 싶다.

#1 나를 소중히 여길 것

우리는 가끔 '너는 무가치해', '너는 쓸모없어', '너는 전혀 존귀하지 않아'라는 내면의 속삭임을 듣는다. 그 속삭임은 내가 만든 목소리일 수도 있고, 타인이 넣은 목소리일 수도 있다. 우리는 이 목소리를 들을 때마다 자신을 매정하게 힐난하며 절망의 수렁 속으로 빠지기도 한다. 그리고 개중에는 스스로 목숨을 버리는 선택을 하는 자들도 있다. 그렇다면 우리가 반드시 기억해야 할 점이 있다. 우리의 가치는 창조자께서 정하신다는 사실이다.

잠시 십자가 사건을 떠올려보자. 십자가 사건은 우리에게 무엇을 말하고 있는가? 우리가 죄인이라는 사실? 우리가 더럽다는 사실? 우리가 절망적이라는 사실? 모두 맞다. 십자가는 이 모든 내용을 여실히 드러낸다. 그러나 이것이 십자가가 드러내는 모든 것이라고 착각하지는 말자. 십자가는 이 모든 것들에 하나를 더해 **우리가 얼마나 소중한 존재**인지도 명시한다. 그렇다. 예수님께서 우리를 위해 십자가에 달려 돌아가신 이유는 단지 우리가 죄인이기 때문만이 아니다. 여기에 하나를 더해, 우리가 예수님께서 십자가에 달려 돌아가실 만큼 소중한 존재이기 때문이기도 하다. 하나님께서 단지 동정심으로 십자가 사건을 일으켰다는 생각은 오산이다. 하나님께서는 동정심에 이끌려 무가치한 것을 위해 하나님의 목숨을 버리지 않으셨다. 하나님을 닮은 인간, 곧 하나님의 형상대로 창조하신 인간이 너무나도 소중했기 때문에 우리의 자리에서 우리를 대신하여 돌아가신 것이다. 결국 십자가는 죄인을 향한 하나님의 공의와 우리를 향한 하나님의 사랑을 사방팔방에 계시하는 신적 확성기이다.

반드시 기억하라. 당신은 정말로 귀하고 소중한 존재이다. 당신은 하나님이 십자가에 달려 돌아가실 만큼 가치 있는 존재이다. 이 세상 그 무엇도 당신의 존귀함을 평가 절하 할 수 없다. 당신을 향한 하나님의 사랑에서 당신을 끊어낼 수 없다. 그러니 **하나님께서 사랑하**

시는 당신을 당신도 사랑하라. 그것이 하나님이 만드신 작품에 보여야
하는 마땅한 태도이다.

#2 타인을 소중히 여길 것

창세기 1장은 모든 사람이 하나님의 형상으로 창조되었음을 계
시한다. "나"라는 개인을 넘어 "우리"라는 인류가 하나님의 형상이
라는 의미이다. 놀랍게도 고대 근동의 문서들을 살펴보면 왕이나
제사장 같은 통치자들만 "하나님의 형상"으로 불렸음을 알 수 있
다.[2] 고대인들은 사람 사이에도 존재적 위계가 있다고 믿었기 때문
이다. 그러나 창세기 1장은 이와 전혀 다른 가치를 전달한다. 왕과
제사장뿐만 아니라 모든 사람이 하나님의 형상으로 창조되었다는
게 아닌가? 이 얼마나 놀라운 계시인가! 성경에 의하면 우리 모두가
하나님의 형상이다. 남녀노소, 빈부귀천, 동서고금을 막론하고 모두
가 하나님의 형상이다. 우리의 학벌이 어떻게 되든, 우리의 연봉이
얼마큼 되든, 우리의 육신이 얼마나 건강하든 상관없이 우리는 하

---

2   J. Richard Middleton, *The Liberating Image: The Imago Dei in Genesis 1* (Grand
     Rapids, MI: Brazos, 2005), 108-22 [=『해방의 형상』(SFC출판부, 2010)];
     idem, "The Image of God in Ecological Perspective," in *The Oxford Handbook
     of the Bible and Ecology* (eds. Hilary Marlow and Mark Harris; New York:
     Oxford University), 284-98 (286); William Edgar, *Created and Creating: A
     Biblical Theology of Culture* (Downers Grove, IL: IVP, 2017), 165.

나님의 형상이다. 이와 같은 가르침은 우리가 타인을 어떻게 대해야 하는지를 설명한다: 우리가 하나님의 형상인 것만큼 우리의 이웃도 하나님의 형상이니 이웃을 소중히 여기라.

타인을 존대하는 방법에는 여러 가지가 있다. 그중에서 가장 으뜸은 응당 예수님을 전하는 일이다. 예수님은 일그러진 하나님의 형상을 소생시키는 유일무이한 회복자시다. 베드로전서 2:9은 이를 명시한다.

> 그러나 여러분은 택하심을 받은 족속이요, 왕과 같은 제사장들이요, 거룩한 민족이요, 하나님의 소유가 된 백성입니다. 그래서 여러분을 어둠에서 불러내어 자기의 놀라운 빛 가운데로 인도하신 분의 업적을, 여러분이 선포하는 것입니다. (벧전 2:9)

베드로전서 본문은 성도를 가리켜 "왕과 같은 제사장들"($\beta\alpha\sigma\acute{\iota}\lambda\epsilon\iota\sigma\nu$ $\iota\epsilon\rho\acute{\alpha}\tau\epsilon\upsilon\mu\alpha$)이라고 표현한다. 앞서 살펴봤듯이, 고대 근동 사람들은 오직 왕이나 제사장들만 하나님의 형상이라고 생각했다. 그러나 본문은 예수님을 믿는 모든 성도들이 "왕과 같은 제사장들"이라고 말한다. 그 이유가 무엇일까? 일그러진 하나님의 형상들이 예수님을 통해 본연의 직분을 되찾을 수 있기 때문이다. 모든 인류는 하나님의 형상으로 지어졌지만, 모든 인류가 하나님의 형상으로 기능할 수 있는 것은 아니다. 오직 선악과 사건을 상쇄하신 예수 그리스도의 십자가 사건 안에 있는 자들만 그 기능을 수행할 수 있다. 이처럼 우리가 타인을 소중히 여길 수 있는 가장 확실한 방법은 이들에게 예수님을 전하는 일이다. "여러분을 어둠에서 불러내어 자기의 놀라운 빛 가운데로 인도하신 분의 업적을, 여러분이 선포하는 것입니다."(벧전 2:9)

#3 부부는 서로를 도울 것

창세기 2-3장은 부부가 최선을 다해 서로를 도와야 함을 천명한다. 남편에게 돕는 사람이 필요했던 이유는 남편이 에덴 동산을 홀로 지키기에 역부족이었기 때문이다. 남편은 아내의 도움을 받아야 하고, 아내는 남편을 도와야 했다. 마찬가지로 아내는 남편의 도움을 받아야 했고, 남편도 아내를 도와야 했다. 둘은 존재적 위계 구조(ontological hierarchy)가 아닌 기능적 질서(functional order) 안에서 한마음 한뜻으로 에덴을 지켜야 했다. 그러나 부부가 서로 돕지 않았을 때, 에덴은 병들고 시들었다. 여기에서부터 인류의 문제가 시작된 것이다. 놀랍게도 이와 같은 패턴은 욥기에도 등장한다.

우선 욥기 1-2장에 등장하는 사탄의 시험을 살펴보자. 2장에 등장하는 사탄은 1장과 마찬가지로 욥을 시험한다. 그런데 1장과 2장에 나타나는 시험의 도구가 다르다. 1장에서는 욥의 자녀와 소유물이 시험의 통로가 되지만, 2장에서는 욥의 몸이 통로가 된다.

⁴ 사탄이 주께 아뢰었다. "가죽은 가죽으로 대신할 수 있습니다. 사람은 자기 생명을 지키는 일이면, 자기가 가진 모든 것을 버립니다. ⁵ 이제라도 주께서 손을 들어서 그의 뼈(עצמו)와 그의 살(בשרו)을 치시면, 그는 당장 주님 앞에서 주님을 저주하고 말 것입니다!" (욥 2:4-5)

본문을 얼핏 보면 욥의 몸—욥의 "뼈"(עצמו)와 욥의 "살"(בשרו)—이 공격의 대상이 되는 것처럼 읽힌다. 하지만 창세기 2장을 기억하며 본문을 본다면 중의적인 해석이 가능해진다. 본문에 "뼈"와 "살"로 번역된 히브리어가, 아담이 그의 아내 하와에게 건넨 첫 번째 표현에 모두 등장하기 때문이다.

아담이 이렇게 외쳤다 '이는 내 뼈 중의 뼈(עצמו)요 살 중의 살(בשרו)이구나! 남자에게서 나왔으니 이를 여자라고 부르리라' (창 2:23 『현대인의 성경』)

아담은 하와를 본인의 "뼈"와 "살"로 불렀다. 따라서 욥기의 사탄이 공격한 "욥의 살"과 "욥의 뼈"는 욥의 아내까지 포함하는 표현으로 이해할 수 있다.³ 이 경우 욥에게 임한 두 번째 시험의 통로는

---

3   이 독법은 창세기 사건에 등장하는 여러 요소들이 욥기 2장에 등장한다는 점을 통해 설득력을 얻는다. 첫째, 욥기 2장에 소유형 구조 - "그의 뼈"(עצמו)와 "그의 살"(בשרו) - 가 사용되었듯이 창세기 2장에도 소유형 구조 - "나의 뼈 중의 뼈요 나의 살 중의 살"(עצם מעצמי ובשר מבשרי) - 가 사용되었다. 둘째, 욥을 시험하는 사탄이 욥기 1-2장에 등장하듯, 창세기 3장에도 아담과 하와를 시

그의 아내를 포함한다는 독법이 가능해진다. 이를 기억하며 욥기 2장을 읽어보면 의미심장한 내용을 만나게 된다. 창세기 3장에서 하와가 뱀에 의해서 넘어졌듯이, 욥기 2장에도 욥의 아내가 사탄에 넘어지는 장면이 나온다.

> 그러자 아내가 말하였다. '그래, 이 지경이 되었는데도 아직도 믿음을 지키고 있단 말이에요. 참, 속 터지는 양반 다 보겠네. 차라리 하나님에게 욕이나 퍼붓고 죽는 편이 더 낫지 않겠어요?' (욥 2:9 『현대어성경』)

남편을 넘어뜨리기 위해 아내가 먼저 넘어지는 모티프는 창세기 사건에 등장하는 패턴과 매우 유사하다. 하와가 뱀에 의해 넘어졌듯이, 욥의 아내도 사탄에 의해 넘어졌다. 그리고 뱀에게 넘어진 하와가 아담을 시험했듯이, 사탄에게 넘어진 욥의 아내도 남편을 시험한다.[4] 하지만 아담과 욥 사이에는 중요한 차이가 있다. 아담은

험하는 뱀이 등장한다. 셋째, 사탄이 욥기 2장에 언급한 "가죽"(עוֹר)은 창세기 3:21에 등장하는 아담과 하와의 가죽(עוֹר) 옷을 지칭하는 히브리어와 동일하다. 넷째, 사탄은 욥기 2장에서 욥을 "치자"는 제안을 한다. 여기에 사용된 히브리어(נגע)는 창세기 3:3에 등장하는 선악과를 "만지지" 말라는 문장에도 사용되었다. David Shepherd, "'Strike His Bone and His Flesh': Reading Job from the Beginning," *JSOT* 33.1 (2008): 81–97도 나와 비슷한 주장을 한다. 참고로, 나는 Shepherd의 연구와 독립적으로 그와 비슷한 결론에 이르렀음을 밝힌다.

4 이 사건 이후에 욥의 아내가 어떻게 되었는지에 대한 학계의 이견이 있다.

아내에 의해 넘겨졌지만, 욥은 아내에 의해 넘어지지 않았다는 점이다.[5] 우리는 이와 같은 패턴을 기억하며 배우자를 통해서도 가정에 위협이 찾아올 수 있음을 인정해야 한다. 그리고 서로 시험의 통로가 되지 않기 위해 자신을 지켜야 한다.[6]

내가 목회하면서 성도분들께 종종 물었던 질문이 있다. "남편과 아내가 싸우면 누가 이길까요?" 다수의 성도분들은 "아내가 이기지요"라고 답했다. 그때마다 나는 "틀렸습니다"라고 답했다. 그러면 일부 성도분들께서 "남편이 이겨요"라고 답했다. 나는 그때도 "틀렸습니다"라고 답했다. 그러면 교회당이 잠시 고요해진다. 그때, 나는 침묵을 깨고 이렇게 말했다. "남편과 아내가 싸우면 뱀이 이깁니다." 우리도 마찬가지이다. 우리 중에 결혼이라는 언약에 들어간 자들이 있다면 남편과 아내는 "나"라는 개인주의를 넘어 "우리"라는

욥의 아내가 결국에는 회개하고 돌아왔다고 보는 관점도 있지만, 그녀가 죽었거나 욥을 떠났다는 주장도 있다. 이럴 경우, 욥기 42장에 등장하는 욥의 새로운 자녀들은 새로운 아내를 통해 낳았다고 볼 수 있다. Scott C. Jones, "Job," in *The Oxford Handbook of Wisdom and the Bible* (ed. Will Kynes; New York, NY: Oxford University, 2021), 533-50 (547); Heidi L. Maibom, *The Space Between: How Empathy Really Works* (New York, NY: Oxford University, 2022), 233. 우리는 욥의 본처의 행방에 대해서 확신할 수 없지만, 욥기 2장은 그녀가 사탄의 시험에 넘겨졌음을 확실히 보여준다.
5   물론 남편을 통해 아내가 넘어지는 경우도 수없이 많다!
6   사도행전 5:1-11에도 비슷한 패턴이 등장한다. 본문에 의하면 아나니아와 삽비라가 "서로 공모해서 주의 영을 시험"하려고 했다가 하나님의 심판을 받는다. 우리는 이들의 이야기가 우리의 삶에 반복되지 않도록 노력해야 할 것이다.

부부의 관계 속에서 생각하고 행동해야 한다.

만약 배우자가 선악과를 먹으려 한다면 우리는 그/그녀의 손에 들려 있는 선악과를 빼앗아야 한다. 만약 배우자가 내 손에 들려 있는 선악과를 빼앗으려 한다면 우리는 그/그녀의 도움을 받아야 한다. 부부는 그렇게 내부와 외부의 유혹으로부터 본인과 서로를 보호하며 가정을 지켜야 한다.

친애하는 부부들이여, 서로의 신앙에 무관심하지 말라. 서로의 나태함을 방관하지 말라. 서로의 영적 상태를 수시로 확인하며, 서로가 서로에게 넘어지지 않도록 특별히 주의를 기울이라. 이기는 싸움을 하고 싶다면 함께 일어나라. 함께 뭉쳐라. 함께 보호하라. 함께 위로하라. 함께 격려하라. 함께 하나님의 편에 서라. 부부는 그렇게 가정을 파괴하려는 영적 세력과 심리적 요소, 그리고 물리적 환경을 헤쳐 나가기 위해 뭉친 언약의 짝꿍이다.

#4 부모는 자녀들을 가르칠 것

사람은 하나님의 형상이다. 그리고 하나님의 형상인 우리는 출산을 통해 하나님의 형상을 낳는다.[7] 이와 같은 성경의 가르침은 세 명의 자녀를 키우고 있는 나에게 사명을 알리는 경종처럼 다가왔다. 아담이 자기 모습을 닮은 하나님의 형상을 낳았듯이, 나도 나를

---

7   제2장을 보라.

닮은 하나님의 형상을 낳았다. 나는 아이들을 소중하고 존귀하게 대해야 한다. 그래서 내게는 자녀들에게 하나님을 가르쳐 주어야 한다는 거룩한 부담감이 있다. 하나님을 모르는 하나님의 형상들에게 하나님을 가르쳐 주는 일은 가장 보람되고 가치 있는 일이 아니던가? 하물며 내가 키우는 하나님의 형상에게 우리의 창조자를 가르쳐 주는 일은 더할 나위 없이 위대한 일일 것이다.

나는 부모의 으뜸되는 사명이 자녀에게 하나님을 가르쳐 주는 일이라고 생각한다. 부모에게 이보다 더 중요한 일은 없다. 물론 아이들의 교육에 개입하는 일도 중요하다. 아이들의 취직에 개입하는 일도 무척 의미 있다. 그러나 부모에게 가장 중요한 일을 말하라면 응당 자녀에게 하나님을 알려주는 일이다. 하지만 안타깝게도 우리가 몸담은 세상은 우리를 무척 분주하게 만든다. 그래서 '자녀에게 성경을 가르쳐주는 부모'라는 개념은 소수의 사람들만 누릴 수 있는 사치처럼 들린다. 일분일초를 쪼개고 아껴 써야 하는 이 시대를 사는 부모가 어떻게 자녀의 성경 공부까지 책임질 수 있다는 말인가? 하루 벌어 하루 먹고 살기도 힘든 이 시대, 자녀의 성경 공부를 인도하는 부모라는 개념은 지나치게 배부른 소리가 아닐까? 그래서 다수의 부모들, 아니, 거의 모든 부모들은 교회 학교를 통해 자녀들의 성경 공부 문제를 해결하려고 한다.

하지만 성경은 부모가 자녀들의 일차 교사가 되어야 한다고 말한다(신 4:9; 6:7; 11:19; 잠 1:8). 바꿔 말하면, 자녀들은 부모의 가르침을 우선적으로 받으며 성장해야 한다는 의미이다. 물론 삶이 바빠 매일매일 가르치지 못할 수 있다. 시간이 없어 몇 시간씩 가르치지 못할 수 있다. 그렇다면 며칠에 한 번씩, 한 번에 몇 분씩만 가르치면 된다. 이렇게만 가르쳐도 아이들의 삶에 유의미한 변화가 일어날 수 있다. "낙숫물이 댓돌을 뚫는다"라는 옛말처럼, "가랑비에 옷 젖는다"라는 옛말처럼, 아이들과 짧게 반복적으로 하는 성경 공부는 그들의 삶에 하나님의 말씀을 잔잔하게 불어 넣을 것이다. 일주일에 한 번이라도 좋다. 한 번에 10분씩이라도 좋다. 이렇게 공부하는 편이 전혀 하지 않는 편보다 훨씬 낫다. 만약 우리에게 일주일에 10분도 아이들의 성경 공부에 할애할 시간이 없다면, 우리는 지나치게 바쁜 삶을 살고 있는 것인지도 모른다.

　육아 전문가의 말에 따르면 부모의 으뜸가는 일은 아이들을 건강한 사회의 일원으로 자립시키는 일이라고 한다. 세상은 "자립"을 물리적인 부분과 연결하여 이해하지만, 우리는 영적인 부분까지 포함하여 이해해야 한다. 이것이 무슨 뜻일까? 자녀들이 성인이 되어 출가하기 전까지 부모가 기독교의 핵심 교리들만큼은 자녀들에게 가르쳐 주어야 한다는 의미이다. 내가 목회를 하면서 목격했던 부모들의 아픔이 있다. 가장 대표적인 예는 준비되지 않은 채 세상으로 나갔다가 신앙을 버리는 자녀들을 마주하는 아픔이다. 우리는 우리를 닮은 하나님의 형상들에게 이와 같은 상황이 발생하지 않도록 최선을 다해야 한다.

　친애하는 부모들이여, 자녀들의 신앙에 무관심하지 말자. 자녀들의 신앙은 타인이 책임져 주는 것으로 생각하지도 말자. 자녀들의 신앙을 수시로 확인하며 그들에게 필요한 말씀으로 먹이자. 반드시 기억하자. 부모에게 가장 중요한 사명은 우리가 낳은 하나님의 형상들에게 하나님을 가르쳐 주는 일이다. 그러니, 자녀를 위해 일어나자. 그리고 그들을 위해 결단하자. 지금!

학교를 다녀온 아들이 거실에서 원고 작업을 하는 나에게 질문을 던졌다.

아빠, 아담과 하와의 자녀들은 남매끼리 결혼해서 아이들을 낳았던 거예요? 그때는 그래도 괜찮았어요? 남매끼리 결혼하는 것은 이상하잖아요? 저와 슬이가 결혼해서 아이를 낳는 것과 똑같은 거잖아요?

옆에 있던 슬이가 고개를 좌우로 세게 흔들며 소리쳤다.

아, 싫어, 싫어! 어떻게 오빠하고 동생하고 결혼을 해? 그게 말이 돼?

나는 아들이 갑자기 이러한 질문을 하는 이유가 궁금해졌다. 그래서 언이에게 물었다.

재미있는 질문이네. 그런데 그런 생각을 왜 하게 된 거야? 아빠한테 설명해 줄래?

아들은 바로 답했다.

음… 아담과 하와가 첫 번째 사람들이잖아요? 그러면 아담과 하와 말고는 지구에 다른 사람은 없었고요. 그런데 지금 밖에 나가보면 정말 많은 사람들이 있어요. 우리 학교에도 사람들이 아주 많아요. 선생님도 많고, 학생들도 많고… 그러면 아담과 하와의 자녀들이, 그러니까 남매들끼리 서로 결혼해서 아이들을 낳았다는 뜻이 아닌가요?

드디어 올 것이 왔다고 생각했다. 나도 한때는 그런 생각을 한 적이 있기 때문이다. 나 역시 동일한 질문을 끌어 안고 오랜 시간 고민했다. 홀로 답을 찾을 수 없기에 교회 관계자분들께 여쭤봤지만 내게 돌아오는 답은 "그때는 그랬어"가 전부였다. 나를 더 놀라게 했던 부분은 창세기의 가계도를 근친혼(近親婚)으로 이해하는 독법이 교회에 보편적으로 수용되고 있다는 사실이었다. 나는 이 부분이 매우 힘들었다. 아무리 "그때는 그랬어"라는 말을 이해하려고 노력해 봤지만, 그 말은 내가 이해하기에는 너무 비이성적이고 비윤리적이었다. 그래서 이후 근친혼 독법과 오랜 시간 사투하며 나만의 탈출구를 찾기 시작했다. 그리고 그 탈출구를 찾았다. 나중에 알게 된 사실이지만, 나와 같은 탈출구를 통해 근친혼 독법을 버린 학자들이 상당히 많았다는 사실은 나에게 큰 안도감을 주었다.

아들의 눈을 보니 내가 예전에 겪었던 혼란의 불씨가 타오르고 있었다. 그래서 나는 내가 근친혼 독법을 빠져나왔던 그 탈출구를 소개해 주기로 결심했다. 하지만 이 작업은 하루에 끝낼 수 있는 분량이 아니었다. 적어도 몇 주 정도 시간을 두고 천천히 공부해야 할 분량이었다. 그래서 나는 아이들이 이해할 수 있는 분량만큼만 우선 생각을 나누기로 했다.

아주 예리하고 중요한 질문이야. 그런 부분까지 생각하다니 참 기특하네! 아빠가 몇 가지 생각을 나눠줄게. 잘 들어봐.

내 옆에 서 있던 언이는 의자를 가지고 와서 옆에 앉았다. 슬이는 바닥에 앉아 우리의 대화를 들을 준비를 했다. 나는 숨을 한번 크게 쉬고 말했다.

아빠는 말이야, 아담과 하와의 자녀들이 서로 결혼해서 지금의 인류를 만들었다고 생각하지 않아.

내 말을 들은 아들이 바로 질문했다.

네? 그러면 우리는 어디에서 온 거예요?

나는 아들의 눈을 바라보며 말을 이었다.

잘 들어봐. 아담과 하와의 자녀들은 다른 사람들과 결혼했을 거야.

이번에는 딸이 눈을 크게 뜨면서 질문했다.

네? 다른 사람들이요? 그럼, 아담과 하와 말고 다른 사람들도 있었어요? 아담과 하와의 자녀들은 그들과 결혼한 것이고요?

아들도 놀라며 질문했다.

그게 정말이에요? 아담과 하와 말고 다른 사람들도 있었다고요? 도대체 그들이 누구예요? 성경책에 그들도 나와요? 그 사람들은 아담과 하와보다 먼저 있었어요?

아이들이 크게 놀라는 모습이 역력히 드러났다. 하지만 한편으로는 남매가 서로 결혼하여 인류를 형성하지 않았다는 생각에 크게 안도하는 모습도 보였다. 그러나 나는 알고 있었다. 앞으로 내가 들려줄 이야기는 아이들에게 더 큰 충격을 줄 것이라는 점을. 그리고 아이들이 모든 내용을 소화하기에는 긴 시간이 걸릴 것이라는 점을. 하지만 나는 멈추지 않기로 했다. 지금껏 그래왔듯이, 계시의 영이신 성령 하나님께서 내 입과 아이들의 귀를 주관하실 것을 믿기 때문이다. 나는 아이들을 바라보며 천천히 입을 열었다.

그 사람들은 말이지…

이렇게 우리는 오늘도 성경이라는 포털을 통해 보이지 않는 세계로 여행을 떠났다. 어떤 깨달음이 우리를 기다리고 있을지 기대하면서 ….

참고 문헌

참고 문헌 1

Matthew Barrett (ed), *Four Views on the Historical Adam*. Grand Rapids: Zondervan, 2013. [=『아담의 역사성 논쟁』(새물결플러스, 2015)]

William VanDoodewaard, *The Quest for the Historical Adam: Genesis, Hermeneutics, and Human Origins*. Grand Rapids, MI: Reformation Heritage, 2015. [=『역사적 아담 탐구』(부흥과개혁사, 2017)]

Dennis R. Venema and Scot McKnight, *Adam and the Genome: Reading Scripture after Genetic Science*. Grand Rapids, MI: Brazos Press, 2017. [=『아담과 게놈』(새물결플러스, 2024)]

S. Joshua Swamidass, *The Genealogical Adam & Eve: The Surprising Science of Universal Ancestry*. Downers Grove, IL: IVP Academic, 2019.

James Stump and Chad V. Meister (eds), *Original Sin and the Fall: Five Views* Downers Grove, IL: IVP Academic, 2020. [=『원죄와 타락에 관한 논쟁: 죄의 기원과 확산에 대한 5가지 관점』(새물결플러스, 2023)]

Loren Haarsma, *When Did Sin Begin?: Human Evolution and the Doctrine of*

Original Sin. Grand Rapids, MI: Baker Academic, 2021. [=『죄의 기원』(새물결플러스, 2024)]

William Lane Craig, *In Quest of the Historical Adam: A Biblical and Scientific Exploration*. Grand Rapids, MI: Eerdmans, 2021. [=『역사적 아담을 추적하다』(새물결플러스, 2023)]

Thomas A. Howe, *A Critique of William Lane Craig's in Quest of the Historical Adam*. Eugene, OR: Wipf and Stock, 2022.

Andrew Ter Ern Loke, *The Origin of Humanity and Evolution: Science and Scripture in Conversation*. London: T&T Clark, 2022.

Kenneth Keathley (ed), *Perspectives on the Historical Adam and Eve: Four Views* Brentwood, TN: B&H Academic, 2024.

참고 문헌 2

J. Richard Middleton, *The Liberating Image: The Imago Dei in Genesis 1*. Grand Rapids, MI: Brazos, 2005. [=『해방의 형상』(SFC출판부, 2010)]

J. Richard Middleton, "The Image of God in Ecological Perspective," in *The Oxford Handbook of the Bible and Ecology*. eds. Hilary Marlow and Mark Harris; New York: Oxford University, 2022.

Stefanie Lorenzen, *Das paulinische Eikon-Konzept: Semantische Analysen zur Sapientia Salomonis, zu Philo und den Paulusbriefen*. WUNT 2.250; Tübingen: Mohr Siebeck, 2008.

George Hendrik van Kooten, *Paul's Anthropology in Context: The Image of God, Assimilation to God, and Tripartite Man in Ancient Judaism, Ancient Philosophy and Early Christianity*. Tübingen: Mohr Siebeck, 2008.

John F. Kilner, *Dignity and Destiny: Humanity in the Image of God*. Grand Rapids, MI: Eerdmans, 2015.

Catherine L. McDowell, *The Image of God in the Garden of Eden: The Creation of Humankind in Genesis 2:5–3:24 in Light of the* Mīs Pî Pīt Pî *and* Wpt-r *Rituals of*

Mesopotamia and Ancient Egypt. Siphrut 15; Winona Lake, IN: Eisenbrauns, 2015.

Beth F. Jones and Jeffrey W. Barbeau (eds), *The Image of God in an Image Driven Age: Explorations in Theological Anthropology*. Downers Grove, IL: IVP Academic, 2016.

William Edgar, *Created and Creating: A Biblical Theology of Culture*. Downers Grove, IL: IVP, 2017.

Chris Kugler, *Paul and the Image of God*. Lanham MD: Fortress Academic, 2020.

참고 문헌 3

Hannah Hunt, *Clothed in the Body: Asceticism, the Body and the Spiritual in the Late Antique Era*. ASPTLA; Farnham: Ashgate, 2012, 137-57.

Andrei A. Orlov, *Heavenly Priesthood in the Apocalypse of Abraham*. Cambridge: Cambridge University, 2013, 121-26.

Grant Macaskill, *Union with Christ in the New Testament*. Oxford: Oxford University, 2013, 133-36.

Catherine L. McDowell, *The Image of God in the Garden of Eden : The Creation of Humankind in Genesis 2:5-3:24 in Light of the* Mīs Pî Pīt Pî *and* Wpt-r *Rituals of Mesopotamia and Ancient Egypt*. Siphrut 15; Winona Lake, Indiana: Eisenbrauns, 2015, 160-70.

Friedhelm Hartenstein, "Clothing and Nudity in the Paradise Story (Gen. 2-3)," in *Clothing and Nudity in the Hebrew Bible*. ed. Christoph Berner; London, UK: T&T Clark, 2019, 357-78.

Nathan S. French, *A Theocentric Interpretation of* הדעת טוב ורע: *The Knowledge of Good and Evil as the Knowledge for Administering Reward and Punishment*. Göttingen: V&R, 2021, 135-37.

Sara M. Koenig, "Styling Eve and Adam's Clothes: An Examination of Reception History," in *Dress Hermeneutics and the Hebrew Bible: "Let Your Garments Always be Bright,"* ed. A. Finitsis; New York: Bloomsbury, 2022, 57-79.

아이가 묻고 아빠가 답하다

초판1쇄   2024년 5월 31일

저자   이상환
편집자   노힘찬 박선영 서요한 이찬혁 이학영

발행처   도서출판 학영
이메일   hypublisher@gmail.com
총판처   기독교출판유통

ISBN   9791193931011 (03230)
정 가   21,000원